히브리
시인에게
설교를
배우다

히브리 시인에게
설교를 배우다

ⓒ 생명의말씀사 2015

2015년  8월 20일  1판  1쇄 발행
2016년  4월 15일         2쇄 발행

펴낸이 | 김재권
펴낸곳 | 생명의말씀사

등록 | 1962. 1. 10. No.300-1962-1
주소 | 서울시 종로구 경희궁1길 5-9(03176)
전화 | 02)738-6555(본사) · 02)3159-7979(영업)
팩스 | 02)739-3824(본사) · 080-022-8585(영업)

지은이 | 김진규

기획편집 | 박혜주, 이은숙
디자인 | 최윤창, 윤보람
인쇄 | 예원프린팅
제본 | 정문바인텍

ISBN 978-89-04-07131-9 (03230)

저작권자의 허락없이 이 책의 일부 또는 전체를
무단 복제, 전재, 발췌하면 저작권법에 의해 처벌을 받습니다.

# HEBREW

청중의 가슴을 뛰게 하는 생생한 설교 언어

# 히브리 시인에게 설교를 배우다

김진규 지음

생명의말씀사

# 추천의 글

I enthusiastically commend the work of Kim Jinkyu to all Christians, particularly preachers. Dr. Kim is an expert on biblical poetry and in this work he shares his knowledge in a way that will help his readers employ the richness of Hebrew poetry in their preaching. My hope and prayer is that many will read Dr. Kim's book and preach the message of Scripture with renewed passion and power.

모든 기독교인들에게 특히 설교자들에게 김진규 박사의 저술을 적극 추천합니다. 김 박사는 성경의 시가서의 전문가로, 이 책에서 독자들이 히브리 시의 풍성함을 설교에 활용하도록 돕는 데 자신의 지식을 나누고 있습니다. 많은 사람들이 김 박사의 책을 읽고 새로운 열정과 능력으로 성경의 메시지를 설교하길 희망하고 기도합니다.

_Tremper Longman III
Robert H. Gundry Professor of Biblical Studies
Westmont College
_트렘퍼 롱맨 3세 (웨스트몬트 대학, 로버트 건드리 성서학 교수)

최근 한국 교회의 강단에서 답답함과 메마름을 느낍니다. 설교 신학도 발전하고 성경 해석학도 연구가 적지 않음에도 말입니다. 그것은 설교 내용만큼 중요한 전달의 기법에 관심을 갖지 않기 때문입니다.

옛부터 우리 선배들은 이를 가르쳐 수사학의 기법이라고 말해 오기도 했습니다. 달리 말하면 로고스를 전달하는 파토스의 예술성을 등한히 한 것이 원인이기도 합니다.

금번에 김진규 교수께서 이런 답답함을 해갈하는 데 도움이 될 책을 펴내셨습니다. 성경학자로서 히브리 시인들의 생명이 넘쳐나는 언어 세계를 주목하시고 설교의 마음 언어의 표현의 장으로 우리를 초대하고 있습니다. 포스트모던의 사람들은 그들의 영혼을 터치할 언어를 기다리고 있습니다. 하나님의 말씀이 이런 언어를 만나 하나님의 마음을 그려내는 것을 보고 싶습니다.

저는 여전히 강해설교의 중요성을 신뢰하고 가르치는 사람입니다. 그러나 강해설교를 한다는 말이 성경 내용의 기계적 전달을 의미하는 건 아닙니다.

언어는 살과 뼈와 피를 가진 화육의 과정을 통해 조형되는 수단입니다. 성경의 문학적 장르의 다양성만큼이나 표현의 세상은 아름답습니다. 그런 아름다움으로 아름다운 복음이 전달되는 것을 보고 싶습니다.

우리의 강단에 메마른 영혼들을 적시는 샘물을 붓고 싶은 설교자들, 시대의 사막에 다시 은혜의 수로가 트이는 것을 보고픈 이들에게 강력 추천합니다.

_이동원 (지구촌교회 원로목사, 지구촌 미니스트리 네트워크 대표)

김진규 교수님의 귀한 노력과 성실함이 깃든 글이 개신교회의 잃어버린 페이지 복원같이 생각됩니다. 하나님께서 사람의 인격을 지·정·의의 삼요소로 만드셨습니다. 그리고 하나님의 말씀도 세 가지 요소를 향하여 기록으로 주셨습니다. 그런데 개혁교회는 모든 성경을 이성적으로만 이해하기에 인간 이해의 부족한 부분이 많았는데, 이 책은 이 한계를 넘어서려는 시도이기에 소중한 소출이라 생각됩니다.

_홍정길 (남서울은혜교회 원로목사)

시편을 전공한 학자의 손에서 나온 저술답게 이 책은 히브리 시 이해에 가장 중요한 두 가지 요소인 '그림 언어'와 '대구법'이 한국교회의 설교와 강단을 활성화시키는 데 결정적 역할을 할 수 있다고 강하게 논증합니다.

저자는 그림 언어와 대구법이 단순히 히브리 시에만 국한되는 현상이 아니라 구·신약 성경 전체에 스며들어 있다고 주장합니다. 이런 주장은 그가 제시하는 여러 명의 위대한 설교자나 연설가들의 실례를 통하여 강한 설득력을 얻습니다.

이 책은 구약의 히브리 시를 제대로 배우려는 신학생들이나 생동감 있는 설교를 준비하려는 목회자와 설교자들의 필독서가 되어야 합니다. 학문과 설교단을 연결시켜 주는 중요한 공헌입니다. _류호준 (백석대학교 신학대학원 구약학 교수)

김진규 교수님의 책 『히브리 시인에게 설교를 배우다』를 읽으면서 희열이 넘쳤습니다. 설교에서 언어기법의 중요성을 강조하는 책은 많지만 구체적으로 언어의 힘을 성경과 실제를 통해 보여 주는 책은 흔하지 않습니다. 이 책은 성경신학과 실천신학의 다리를 건너 설교자와 강단에 생기를 불어넣어 줄 명저입니다.

설교는 언어로 빚어가는 예술입니다. 설교자는 이 책을 읽고 나면 살아 있는 언어가 무엇인지 깨닫게 될 것입니다. 그리고 설교의 변화는 청중의 가슴을 뛰게 하고 삶의 변화를 가져올 것입니다. 일반 독자들이 이 책을 읽으면 생명이 넘치고 향기가 흐르는 삶의 언어를 배우게 될 것입니다. 꼭 읽어 보십시오. 설교와 삶이 달라집니다. _류응렬 (전 총신대학교 신학대학원 설교학 교수, 현 와싱톤중앙장로교회 목사)

본인은 신약 갈라디아서에 나타난 바울의 수사기법에 관하여 박사 학위 논문을 쓴 경험이 있습니다. 성경신학과 설교학을 전공한 후 설교학 교수로 사역하면서 설교에 관심을 가진 구약 학자 중에서, 구약 속에 나타난 설교에 도움을 주는 문학적 수사학적 장치에 대한 저서를 누군가가 집필해 주었으면 하는 마음을 늘 갖고 있었습니다. 그러던 차에 구약학자인 김진규 박사가 이 귀한 작업을 해서 책으로 세상에 나온 것은 가뭄 끝에 소낙비와 같이 귀하고 반가운 일이 아닐 수 없습니다.

성경은 설교 작성은 물론이요, 전달에 유익을 주는 요긴한 기법과 장치들의 보고라 할 수 있습니다. 김 박사는 구약 문학 속에 숨어 있는, 설교와 관련된 진귀한 보배들을 탁월한 재능으로 잘 들춰내어 한 권의 책으로 만들었습니다.

자칫 무겁고 딱딱하고 이론으로 그칠 가능성이 많은 내용들을 자신의 목회 경험과 타고난 필력을 살려 쉽고 재미있고 실제적으로 도움을 주는 맛깔스런 방식으로 잘 집필했습니다. 고루하고 따분한 설교에 생동감과 생명력을 부여했으면 하는 바람을 갖고 있는 이 시대 모든 설교자들에게 일독을 권합니다.

_신성욱 (아세아연합신학대학교 설교학 교수)

## 감사의 글

이 책이 출간되기까지 여러 가지 도움을 주신 분들에게 감사드린다. 무엇보다 이 책이 나올 수 있도록 영감을 주신 성삼위 하나님께 감사와 영광을 올려드린다. 보혜사 성령님의 '가르치시고 지도하시고 생각나게' 하시는 인도하심이 없었다면 이 책의 출간은 불가능했을 것이다.

이 책에서 다루는 두 가지 두드러진 히브리 시(詩) 문체에 대한 깨달음을 주신 트렘퍼 롱맨(Tremper Longman III) 교수님께 감사드린다. 미국 웨스트민스터 신학대학원(Westminster Theological Seminary) 석사 과정 재학 시절에 롱맨 교수의 가르침이 없었더라면 히브리 시의 이 중요한 특성들을 결코 깨닫지 못했을 것이다. 이 책의 출간에 즈음하여 기꺼이 추천 단평을 써 주신 데 대해 또한 감사드린다.

삶과 사역과 설교에 있어서 귀중한 모범을 제공하신 지구촌교회 원로 이동원 목사님과 남서울은혜교회 원로 홍정길 목사님께 감사드린다. 두 분은 바쁜 일정 가운데도 원고를 기꺼이 검토해 주셨다. 또 현시대의 설교학적 필요의 관점에서 매우 긍정적인 평가를 해 주시고 정성스러운 추천 단평을 써 주신 데 대해 감사드린다.

히브리 시가서의 특성을 누구보다 잘 알면서 원고를 면밀히 검토해 주신 류호준 교수님께 감사드린다. 류호준 교수님의 귀중한 피드백은 이 책의 균형을 잡는 데 큰 도움을 주었다. 백석대학교의 선배 교수로서 또한 시가서 전공의 선배로서 그의 일상적인 여러 가지 도움에 또한 감사드리며 기꺼이 추천 단평을 써 주신 데 대해 감사드린다.

필자가 구약의 시가서 전공자로서 이 책에서 다루는 그림 언어와 대구법에 대해서는 상당 부분 연구를 했지만 이 책이 출간되기까지 설교학 전문가들의 긍정적인 평가 없이는 이 책의 출간이 불가능했을 것이다. 원고를 면밀히 검토한 후에 이 책의 설교학적 가치를 높이 평가해 주신 와싱톤중앙장로교회 류응렬 담임목사님(전 총신대학교 신학대학원 설교학 교수)과 아세아연합신학대학교의 신성욱 교수님께 진심으로 감사드린다. 두 분의 정성 어린 추천 단평에 또한 감사드린다.

이 책의 저술을 위해서 연구년을 허락해 주신 백석학원 설립자 장종현 목사님과 백석대학교 최갑종 총장님께 감사를 드리고, 연구년 동안 연구실 및 연구 자료를 제공한 미국 칼빈신학대학원(Calvin Theological Seminary)과 메덴블릭(Julius Ted Medenblik) 총장님께 감사드린다.

무엇보다 이 책을 집필하는 데 숨은 공로자는 아내이다. 모태신앙인으로서 오랫동안 설교를 들어오면서 설교에 대한 천부적인 감각을 갖고, 남편의 부족한 점을 정확히 가려내어 조언을 해 주었기에 이 책을 집필할 수 있는 언어적 감각을 얻게 되었다. 하나님께서 맡기신 돕는 배필로서의 사명을 성실히 감당하였을 뿐만 아니라 늘 기도의 후원자가 되어 준 아내 박은주에게 감사한다.

2015년 7월
저자 김진규

## 차례

추천의 글 · 4
감사의 글 · 8
들어가는 글 · 12

## 1부 들어야 산다!

1. 어떻게 청중의 머릿속에 있는 이미지를 바꿀 수 있을까? · 25
2. 청중들은 어떤 설교에 지루함을 느낄까? · 31
3. 어떻게 설교에 감동과 생명력을 불어넣을 수 있을까? · 36
4. 성령의 기름 부으심이 더 중요하지 않을까? · 59
5. 성경은 수사법에 대해 부정적이지 않은가? · 62
6. 수사법 이전에 구비되어야 할 것은 무엇일까? · 66

## 2부 생명력의 원리, 그림 언어

1. 생동감과 생명력의 수사 원리인 그림 언어 · 73
2. 그림 언어란 무엇인가? · 82
3. 그림 언어가 생명력을 유발하는 원리 · 106
4. 성경의 그림 언어, 어떻게 해석할 것인가? · 114
5. 그림 언어의 두 가지 주된 형태는? · 123

**6.** 현시대에 호소력 있는 그림 언어를 사용하려면? · 146

**7.** 그림 언어의 출처들 · 172

**8.** 그림 언어에 탁월한 설교자들 · 205

## 3부 감동의 원리, 대구법

**1.** 설교의 감동은 대구법의 사용에 달렸다 · 233

**2.** 대구법이란 무엇인가? · 251

**3.** 대구법이 감동을 일으키는 원리 · 259

**4.** 대구법의 유형들 · 266

**5.** 대구법을 효과적으로 사용하기 위한 비법은 무엇인가? · 292

**6.** 대구법에 탁월한 설교자들 · 315

**나가는 글** · 336
**주** · 340

## 들어가는 글

오늘날 흑인 대통령 버락 오바마가 있기까지, 약 반 세기 전에 흑인의 인권 회복을 위한 위대한 연설이 하나 있었다. 1963년 8월 28일 '워싱턴 행진'에서 마틴 루터 킹 목사(Martin Luther King, Jr.)는 "나는 꿈이 있습니다"라는 제목으로 연설을 했다. 지금도 그의 연설을 듣노라면 가슴 깊이 감동이 넘친다. 그의 연설은 왜 그렇게 감동적일까? 그의 연설은 왜 그렇게 생명력이 넘칠까? 그는 어떻게 청중의 마음을 휘어잡았을까? 그의 연설에는 고대 히브리 시인들이 '하나님의 영감'으로 청중의 마음을 사로잡았던 것과 똑같은 감동의 원리와 생명력의 원리가 살아 숨 쉬기 때문이다.

19세기 '설교의 황태자'라고 불린 찰스 스펄전 목사는 20대 초반에 최고의 설교자 반열에 들어갔다. 지금도 전 세계의 수많은 성도들이 그의 설교를 책으로 읽는다. 스펄전 목사의 설교가 사람들의 마음을 사로잡은 이유는 무엇일까?

첫 번째는 탁월한 영성, 깊은 말씀 연구와 묵상이 배경에 있었기 때문이었고, 두 번째로 설교 중에 청중들이 오감을 통해 보고, 듣고, 느끼고, 맛보고, 냄새를 맡을 수 있도록 풍부한 감각언어, 즉 그림 언어를 사용했기 때문이다.

제이 아담스(Jay E. Adams) 교수는 스펄전 목사의 설교를 "감각적 호소"(sense appeal)라는 관점에서 평가하고 있는데 시각, 청각, 촉각, 후각, 미각에 이르기까지 오감의 사용에 탁월한 설교자로 평가하고 있다. 아담스 교수가 말하는 "감각적 호소"가 바로 '그림 언어'(이미지)이다.[1] 그림 언어는 설교에 생동감과 생명력을 부여하고 청중들의 머릿속에 선명한 그림을 그리면서 다가가기 때문에 강력한 호소력이 있다.

오늘날 TV, 영화, 동영상과 같은 시청각 기술의 발전으로 인해, 웬만큼 노력해서는 어떤 설교자도 청중들의 마음을 끌기 어렵다. 그렇다면 과연 무엇으로 이런 시청각적 마력에 빠진 우리 청중을 구할 수 있을까?

물론 가장 먼저는 청중의 마음을 사로잡는 하나님의 은혜이다. 그러나 설교자 편에서 해야 할 일도 있는데, 이때 마음에 그림을 그리는 '그림 언어' 활용이 큰 역할을 담당한다. 그러기 위해 설교자는 그림 언어의 작동 원리를 이해하고 이를 효과적으로 사용하는 방법을 터득해야 한다. 나아가 실전에서 그림 언어를 사용해 청중의 마음속에 영상물을 능가하는 생생한 그림을 그릴 수 있는 능력을 갖추어야 한다.

설교학자들은 그림 언어의 중요성을 오래전부터 깨닫고 이 분야에 많은 글들을 남겼다. 히브리 시는 성경 속 그림 언어의 보고(寶庫)라 할 수 있다. 그런데 어찌 된 일인지 히브리 시에 쓰인 풍부한 그림 언어를 해석하고 그림 언어의 활용 비법을 파악해 설교에 적용한 책은 별로 없다. 이

것이 바로 이 책을 집필하게 된 첫 번째 이유이다.

시편 114편에 사용한 생생한 그림 언어를 보자.

1 이스라엘이 애굽에서 나오며

　야곱의 집안이 언어가 다른 민족에게서 나올 때에

2 유다는 여호와의 성소가 되고

　이스라엘은 그의 영토가 되었도다

3 바다가 보고 도망하며

　요단은 물러갔으니

4 산들은 숫양들같이 뛰놀며

　작은 산들은 어린 양들같이 뛰었도다

5 바다야 네가 도망함은 어찌함이며

　요단아 네가 물러감은 어찌함인가

6 너희 산들아 숫양들같이 뛰놀며

　작은 산들아 어린 양들같이 뛰놂은 어찌함인가

7 땅이여 너는 주 앞 곧 야곱의 하나님 앞에서 떨지어다

8 그가 반석을 쳐서 못물이 되게 하시며

　차돌로 샘물이 되게 하셨도다(시 114:1-8).

히브리 시인의 눈에는 산들이 숫양들처럼 뛰놀고 작은 산들이 어린 양들같이 뛰논다. 이들의 눈에는 바다가 사람이 눈으로 보듯 보고 도망가며, 요단이 사람이 하듯 물러간다. 어떻게 산이 뛸 수 있는가? 어떻게 바다가 도망갈 수 있는가? 어떻게 땅이 공포에 휩싸인 사람처럼 떨 수

있는가?

이런 상상력은 이미지의 세계에서 가능하다.[2] 이런 상상력은 죽은 언어를 살려 낸다. 그림 언어로써 생동감과 생명력을 얻는 것이다. 이런 그림 언어를 사용하면 온갖 영상물에 짓눌린 현대인의 생각을 깨울 수 있다.

이를 위해 우리가 가장 먼저 알아야 할 것은 그림 언어의 작동 원리다. 그다음은 그림 언어의 사용법을 알고, 나아가 그림 언어를 개발하는 방법을 연구하는 것이다.

2001년 타임지가 미국 최고의 설교자로 뽑은 티 디 제익스(T. D. Jakes) 목사의 설교를 듣고 있노라면, 그가 자주 사용하는 반복적 대구법에 압도당한다. 비슷한 말을 반복하는 것을 두고 자칫 지겹다고 생각할 수도 있으나 전혀 그렇지 않다. 사실 효과는 그런 생각과 정반대이다. 그가 반복적 대구법을 사용하면 할수록 그의 메시지는 더욱더 깊이 우리의 심금을 울린다. 어떻게 이런 일이 있을 수 있을까? 그 비결을 터득한 것은 불과 몇 십 년밖에 되지 않는다.

수천 년 동안 성경의 시인들이 사용한 대구법의 비밀을 깨닫지 못했다. 잘못된 신학적 전제들 때문에 오랫동안 성경의 대구법에 대한 해석조차 제대로 이루어지지 않았다. 그러다가 1980년대에 들어와 히브리 문학에 탁월한 두 유대인 학자가 대구법이 감동을 유발하는 원리를 발견했다. 이로 인해 히브리 시를 이해하는 데 혁명적인 변화가 일어났다.

앞서 인용한 시편 114편은 여덟 절 가운데 일곱 절이 대구법으로 구성되어 있다. 대구를 이루는 일곱 절이 비슷한 말을 반복하는 것 같지만 실상은 이런 반복으로 의미가 더욱 강화, 강조, 고조되고 있다. 이것이 바로 하버드 대학 쿠걸(James Kugel) 교수와 버클리 캘리포니아 대학 올터(Robert Alter) 교수가 발견한 대구법의 귀중한 원리이다.

성서학계에서 히브리 시를 이해하는 데 이토록 큰 변화가 일어났지만 안타깝게도 이 학자들의 이론이 지금까지 설교에 거의 적용되지 않았다. 대구법이나 반복법의 중요성은 알았지만 대구법의 '강화의 원리'를 설교에 적용할 수 있도록 이론으로 정립하지 못한 탓이었다.

이제 설교에 '강화의 원리'에 기초한 대구법 이론을 도입한다면 누구나 그 원리를 터득해 설교에 자유롭게 사용할 수 있으리라 믿는다. 이것이 이 책을 집필한 두 번째 목적이다.

어느 신학자는 오늘날 강단 황폐화의 원인은 설교자들이 "케케묵고 진부한 언어"를 사용하기 때문이라고 한탄했다.[3] 어느 정도 일리가 있는 말이라 생각한다. 전달하는 진리만큼이나 전달하는 방식 또한 중요하기 때문이다.

특히 신학교를 갓 졸업한 목회 초년생들은 설교 시간에 신학교에서 물든 진부한 신학 용어들을 버릇처럼 사용하는 일을 삼가야 한다. 자칫 성도들이 귀를 닫고 마음 문을 닫을 수 있기 때문이다.

이신칭의, 성화, 예지, 예정설, 구속사, 인식론, 칭의, 전천년설, 무천년설, 후천년설, 세대주의, 개혁주의 등등. 게다가 헬라어, 히브리어까지 동원하는 통에 평신도들이 들으면 소귀에 경 읽기 식으로 들리는 용어들을 설명도 없이 쏟아 내는 경우가 얼마나 많은지 모른다. 누구를 나무랄 것도 없이 바로 내 자신의 부끄러운 경험이다.

대학 졸업 후 박사학위를 마치기까지 14년간이나 미국에서 신학 공부를 했다. 그만큼 신학 용어에 찌들어 있었다. 목회 초기에 설교를 마치면 아내는 늘 설교 용어를 바꾸어야 한다고 말했다. 거리낌 없이 쓰던 진부하고 케케묵은 용어를 평신도들이 이해하기 쉬운 말로 바꾸라는 뜻이었다.

감사하게도 시편을 전공하면서 히브리 시인들이 사용한 그림 언어와 대구법이라는 수사기법들을 이미 알고 있었던 터라 설교에 실제로 적용하기 시작했다. 시간이 지날수록 설교에 사용해야 할 용어로 무엇이 적당한지 감이 왔다. 점차 진부한 신학 용어의 두꺼운 갑옷을 벗어 던지고 감동 있고 생명력 넘치는 비단결 같은 언어로 바꾸어 갔다.

이 책은 단순히 이론을 정립한 책이 아니다. 학문적인 배경과 함께 목회 현장에서 고민하며 적용한 결과를 담았다. 사실 이 책을 쓰게 된 것은 박사 과정에서 시편을 전공하면서 얻은 통찰 덕분이다.

웨스트민스터신학교 박사 과정 시절에 여름이면 한국에서 오신 한국어 목회학 박사 과정 학생들을 위해 강의 통역을 맡곤 했다. 한번은 시편을 담당한 강사가 강의를 못하게 되어 나에게 강의를 해 달라고 부탁했다. 짧은 준비 기간이었지만, 강의를 듣는 사람들이 목회자들이니 시편에 대한 강의뿐 아니라 목회자들에게 도움을 줄 아이디어가 없을까 고민하면서 설교학 책들을 여러 권 읽었다. 그때 히브리 시인이 주된 수사법으로 사용하는 이미지(그림 언어)와 대구법의 설교적 가치에 대해 눈을 뜨게 되었다.

당시 웨스트민스터신학교에서 한국어 목회학 박사 과정 책임을 맡은 황규명 박사가 필자가 강의한 이 부분의 내용을 좋은 관점이라고 평가했다. 솔직히 박사 과정 학생이 뭘 대단한 것을 가르쳤겠는가? 졸강의 수준이었을 것이다. 하지만 그때 얻은 통찰은 나의 머리를 떠나지 않았다.

졸업 후 바로 이에 관한 책을 집필하고 싶었으나 목회에 분주한 나머지 도저히 집필할 시간을 낼 수 없었다. 그러나 목회 현장에서 틈날 때마다 이 원리를 사용하면서 사람들의 반응을 보니 확실히 효과가 있었다. 무엇보다 이 책에서 예를 든 훌륭한 설교자들의 공통점이 바로 그림 언어와 대구법에 탁월하다는 사실이 더욱 명확해졌다. 그들의 설교 사역이 크게 성과를 본 것이 바로 그 증거다.

다만 이 책을 읽을 때 한 가지 주의할 점이 있다. 이 책에서 인용은 하였으나 필자의 신앙 노선이나 신학 노선과는 다른 사람들이 있다. 대구법 강화의 원리를 발견한 쿠걸과 올터는 유대인 학자이고, 그림 언어에 대해 좋은 통찰을 제공한 피츠제럴드는 가톨릭 학자이다. 또 이미지와 스토리텔링 설교에 대한 좋은 통찰을 제공한 크래독과 로우리, 버트릭은 신설교학자들이다.[4] 특히 대구법의 대가인 제익스 목사는 나와는 신학 노선이 전혀 다른 사람이다. 그러므로 이들의 책이나 설교를 직접 참고할 시에는 신학적인 부분에 대해 조심해 주기를 바란다.

그런데도 이들의 실례를 인용한 것은 이들의 신앙이나 신학 노선이 아니라, 이들이 사용하는 수사 기법들 때문이다. 이 책에서 주로 다루는 그림 언어와 대구법은 수사학에서 문체(style)의 연구 영역에 속하는 기법이다. 이는 이미 아리스토텔레스(Aristotle; 384-322 BC), 키케로(Cicero; 106-43 BC), 퀸틸리안(Quintilian; 35-100 AD) 등이 정립한 고전수사학(classical rhetoric)에서 중요하게 다루었던 영역들이다.[5]

필자와 신학 노선이 다른 저자의 이론이나 실례를 사용하면서 가졌던 고민은 이미 오래전에 이들 세속 고전수사학자들의 이론을 설교에 도입하면서 고민했던 초대교회 시대 교부들에 의해 답이 나왔다.

대표적으로 어거스틴은 이방신을 찬양하는 도구로 사용하던 수사법을 설교에 도입하는 문제를 두고 고민했다. 그런 그가 찾은 답은 아리스토텔레스에게로 거슬러 올라간다. 고대 희랍 시대에 궤변론자들이 도덕성 없이 마음대로 수사법을 사용하자 소크라테스와 플라톤은 수사법을 비난한다. 이에 대해 아리스토텔레스는 "수사법은 의사소통의 기술로써, 도덕적으로 중립적이이므로 선한 목적으로도 나쁜 목적으로도 수사법을 얼마든지 사용할 수 있음"을 최초로 명시적으로 밝힌다.[6]

예를 들어 '칼' 자체는 좋지도 나쁘지도 않다. 칼은 그 자체에 도덕적으로 옳고 그름이 없다. 오직 그것을 사용하는 사람에 달렸다. 칼을 의사가 사용하면 사람의 생명을 살릴 수 있지만, 도둑이 사용하면 사람을 죽일 수 있다. 수사학 역시 이런 학문이다.

아리스토텔레스는 이런 학문을 '도구 학문'이라고 칭했다. 어거스틴도 수사학을 사용할 것인가, 하지 말아야 할 것인가 고민 끝에 아리스토텔레스의 이 말에서 해답을 찾았다. 어거스틴의 말을 들어 보자.

수사학의 기술을 통해 진리 또는 허위를 (상대방에게) 설득시키는 것이라면, 허위에 대항해 진리를 옹호하는 사람들을 (수사학의 기교로) 무장시킬 필요가 없다는 말을 누가 감히 하겠는가? 말을 바꾸어, 허위를 펴는 자들은 그럴싸한 허두(虛頭)를 꺼내 청중이 호감을 갖고 귀를 기울이고 순순히 따르게 만들어도 되지만 (진리를 옹호하는 자들은) 그것을 몰라도 된다는 말을 누가 하겠는가?
그자들은 허위를 간결하고 명료하고 그럴듯하게 이야기하는 데 비해, 이 사람들은 진리를 말하면서도 듣기에 지루하고 이해하기 어렵고 끝에 가서는 믿기가 힘들어서야 되겠는가? 저자들은 허위의 논리를 갖고서 진리를 공박하고 거짓을 주장하는데 이 사람들은 진리도 옹호하지 못하고 허위도 배격할 능력이 없어서야 되겠는가? 저자들은 듣는 이들의 마음을 오류로 유도하고 떠밀면서도 그 말주변으로 사람을 두려워 떨게 하고 울리고 웃기며 뜨겁게 달아오르게 하는데, 이 사람들은 진리에 이바지하면서도 느리고 냉담하고 졸고 있어서야 되겠는가? 이런 생각을 할 만큼 어리석은 자가 도대체 누구인가?

모름지기 언변의 능력은 중립적인 위치에 있어서 그릇된 것을 설득시키든 옳은 것을 설득시키든 간에 매우 힘 있는 것이다. 따라서 만약 악인들이 도착되고 허황한 사건을 승소시키기 위해 악의와 오류에다가 이용하고 있는 지경이라면, 왜 선을 위하여 진리에 이바지하는 데 사용할 수 없단 말인가?[7]

개종 전에 수사학 교수로 지냈던 어거스틴은 누구보다 수사학의 장단점을 잘 알았다. 그의 수사학에 대한 입장은 분명하다.

그리고 무엇보다 이 책에서 인용하는 설교자 가운데 그림 언어와 대구법을 가장 탁월하게 사용한 분이 예수님이라는 사실을 주목할 필요가 있다. 주님께서 즐겨 사용한 설교 기법을 누가 감히 사용할 수 없다고 말하겠는가!

또한 구약 시대의 히브리 시인들이 감동과 생명력을 창출하기 위해 애용한 문체가 그림 언어와 대구법임을 이 책을 통해 알게 될 것이다. 그러므로 이 책에서 다루는 그림 언어와 대구법이라는 두 가지 문체는 수사법을 떠나 성경적 원리에 충실히 기초하고 있음을 말하고 싶다.

오늘날 잘못된 신학적 전제들 때문에 설교에 예화조차 사용하기를 주저하는 설교자들은 어거스틴의 말을 꼭 기억하기를 바란다. 아울러 히브리 시인들이 하나님의 말씀을 선포하면서 왜 그림 언어와 대구법을 그렇게 즐겨 사용하는가를 책을 읽으면서 깊이 고민해 보길 바란다. 그러면 분명히 주님께서 청중을 감동시키기 위해서 가신 그 설교자의 길을 함께 가게 되리라 확신한다.

마지막으로 첨언하면 이 책은 일반 목회자들이 쉽게 볼 수 있도록 가능하면 전문용어를 최소화하고 쉬운 설명과 함께 많은 예를 들어 이해를 도왔다. 히브리어 원문도 꼭 필요한 경우 외에는 거의 사용하지 않았다.

그림 언어와 대구법에 대해 더 깊은 학문적인 연구를 원하는 독자를 위해서는 별도의 책을 쓰고 있다. 2014년도에 국가대표 연구관리 전문 기관인 '한국연구재단'으로부터 저술 출판 분야에 부족하나마 본인의 연구 프로젝트가 선정되어, 3년간 재정 지원을 받으면서 써 오고 있다. 앞으로 출판할 책 제목은 『구약성경에서 배우는 설교 수사법』인데, 이 책을 통해 여기서는 깊이 다루지 않은 수사학과 내러티브까지 함께 다룰 예정이다. 학문적인 연구를 위해서는 앞으로 출판될 책을 참고하길 바란다.

이 책은 일반 목회자의 관점에서 접근하여, 어려운 성경해석학적 이론을 쉽게 설교에 적용할 수 있도록 최선을 다했다. 아무쪼록 이 책이 목회 현장에서 말씀의 양식을 어떻게라도 성도들에게 맛있게 먹이기 위해서 애쓰는 선한 목자들께 조금이나마 도움이 되길 바란다.

# HEBREW

# 1부
# 들어야 산다!

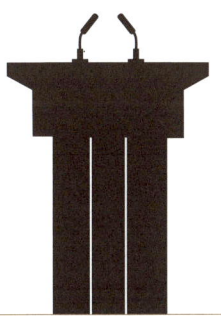

이미지는 개념이 아닌 다른 이미지들로 대치되는데, 그 대치 과정은 꽤 느리다. 어떤 사람은 머리로는 설교자의 사상에 동의하나 이후로도 상당히 오랫동안 옛날 이미지들이 마음속에 걸려 있을 수 있다. 그 이미지가 대체되기 전에는 그 사람은 바뀌지 않는다. 그때까지 그 사람은 자기와 싸우면서 찢기는 일을 감내해야 하고, 심지어 그 과정을 겪으며 주위에 있는 사람들을 희생자로 만들 수도 있다. 이 변화를 경험하기까지 꽤 오랜 시간이 필요한데, 사람에게 가장 오래 걸리는 여정은 머리로부터 마음에 이르는 길이기 때문이다.[8] _ 크래독

# 1
# 어떻게 청중의 머릿속에 있는 이미지를 바꿀 수 있을까?

미국 필라델피아에서 교육목사로 섬길 때 일이다. 새가족반을 맡아 신앙생활을 갓 시작하는 성도들에게 복음을 제시하고 기초 양육을 통해 이들이 믿음 위에 서도록 도와주는 일이 나의 주된 사역이었다. 꽤 큰 교회였기 때문에 등록하는 새신자가 많았다. 새가족반에 등록한 교인들은 이미 신앙을 갖고 있거나 아니면 새롭게 신앙에 관심을 갖게 된 사람들이었다. 다섯 주간의 교육 과정을 거치면 하나님의 은혜로 대부분의 교인들이 구원의 확신을 갖게 되었다.

그런데 지금도 잊히지 않는 새신자 부부가 있다. 부인은 믿음이 있었으나 남편은 전혀 믿음이 없었다. 남편은 한국에서 미국 지사로 발령을 받아 우리 교회에 등록한 꽤 똑똑한 분이었다. 5주간의 교육을 마친 후에도 그에게서 믿음이 생긴 모습을 찾을 수 없었다. 그럼에도 매주일 부인을 따라 교회에 나왔다.

얼마 뒤 그분을 만나 이야기를 나눴는데 진짜 믿음이 생긴 것으로 보였다. 나도 모르게 대뜸 물었다. "그렇게 신앙에 대해 냉소적이었는데, 어떻게 예수님을 영접하게 되었습니까?"

대답이 의외였다. 어느 날 교회에서 발간하는 작은 책자에 실린 "하루살이와 메뚜기와 개구리"라는 글을 읽고 심오한 것을 깨달은 덕분이라 했다. 잘 알려진 이야기지만 옮겨 본다.

하루살이가 메뚜기하고
아침부터 놀다가 저녁이 되었습니다.
메뚜기가 하루살이에게
"하루살이야, 벌써 저녁이 되었으니
그만 놀고 내일 만나자"고 했습니다.
그러자 하루살이가 메뚜기에게 묻습니다.
"내일이 뭔데?"
하루살이는 하루만 살기 때문에
'내일'을 모릅니다.
하루살이가 죽고 나니 메뚜기는 외로웠습니다.
그래서 만난 것이 개구리였습니다.
개구리와 놀다가 가을이 왔습니다.
그러자 개구리가 "메뚜기야, 겨울 지나고
내년에 만나서 놀자"고 했습니다.
그러자 메뚜기가 개구리에게

"내년이 뭐야?"라고 물었습니다.
메뚜기는 '내년'을 모릅니다.
1년만 살기 때문입니다.[9]

그가 예수님을 믿게 된 계기를 듣고 무척 기뻤지만, 한편으로는 나의 학문적 자존심이 뭉개지는 것 같았다. 10년 이상 신학 공부를 하면서 예수 그리스도의 구원 역사에 대한 큰 깨달음을 얻고, 배운 모든 지식을 동원해 예수 그리스도의 유일성을 논리 정연하게 구속사적으로 설명했으나 그 모든 지식은 그의 가슴을 조금도 파고들지 못했다. 그런데 유통기한을 초과해 폐기처분할 만큼 진부해 보이는 이야기에 그가 변화되었다는 사실이 납득이 가지 않았다.

무엇이 그를 변화시켰는가? 이 질문은 이후 한동안 나를 따라다녔다. 물론 그의 변화에 우리의 마음 문을 여시고 회심케 하시는 성령님의 강권적인 역사가 있었음을 알고 있다. 내가 궁금했던 것은 성령님이 어떤 방법을 사용하셨는가였다. 논리적으로 꽉 짜인 신학적 지식에 의해 그의 마음 문이 열린 것이 아니었다. 흔하디흔한 평범한 이야기 한 편에 그의 마음 문이 열렸다. 그 이야기에 어떤 특효약이 있었던 것일까? 감사하게도 필자가 전공한 '시편'이 바로 그의 삶에 변화를 일으킨 수사학적 원리를 가르쳐 주었다.

"하루살이와 메뚜기와 개구리"는 평범한 이야기지만 복음의 진수를 우리가 잘 아는 이미지에 실어 전달하기 때문에 복음의 핵심인 부활의 진리를 쉽게 깨닫게 해 주었던 것이다. 동시에 인간의 이해가 얼마나 제한적일 수 있는가도 깨닫게 해 준다. 하루밖에 살지 못하는 하루살이의 이해력의 한계, 한 해밖에 살지 못하는 메뚜기의 이해력의 한계, 겨울잠을 자고 내년을 바라볼 수 있는 개구리의 또 다른 이해의 차원에는 현저한 차이가 있다.

하루살이가 이해할 수준이 안 되서 내일은 없다고 말해도 내일은 엄연히 존재한다. 메뚜기의 이해력의 한계 때문에 내년이 없다고 말해도 내년은 엄연히 존재한다. 천국, 영생, 부활과 같은 영적인 세계에 대한 인간의 이해력의 한계를 이 이야기는 하루살이라는 이미지와 메뚜기라는 이미지를 통해 강렬하게 전달한다.

'아, 그렇구나! 나의 이해가 하루살이와 같고, 메뚜기와 같을 수 있구나!' 하는 깨달음이 그에게 찾아온 것이다. 그리하여 그는 천국과 영생과 내세가 존재함을 확신하고 예수 그리스도의 부활을 마침내 믿은 것이다. 할렐루야!

앞에서 인용한 크래독의 짧은 말에는 심오한 진리가 숨어 있다. 그의 말은 설교의 생명이 무엇인가에 대한 답을 준다. 그리고 그 방법도 가르쳐 준다. 설교의 생명은 한마디로 '변화'이다. 머리로 알던 지식이 가슴으로 내려와서 삶이 변화되는 것이 설교의 생명이다. 아무리 유창하고 박학다식한 설교를 한들 설교를 듣는 청중이 변화되지 않는다면 무슨 소용이 있을까? 차라리 "하루살이와 메뚜기와 개구리"와 같은 짧은 이야기를 들려주고 듣는 이를 변화시킨다면 그게 진정한 설교가 아닐까?

예수 그리스도의 십자가의 복음만을 전하겠다고 외쳤던 사도 바울의 역설을 가볍게 여기는 것이 아니다. 필자가 강조하고 싶은 것은 그 십자가의 복음을 청중의 귀에 들리는 언어로 표현해야 한다는 것이다.

설교에 대해 많은 고민을 하던 중에 옥한흠 목사님께 "어떤 설교가 좋은 설교입니까?"라고 개인적인 질문을 드렸다. "교인들의 귀에 들리는 설교를 해야 한다." 옥 목사님은 이렇게 대답하셨다. 지나고 생각해 보니 그 대답은 명언 중에 명언이었다. 좋은 설교란 교인들의 귀에 들리는 설교가 아닐까? 아무리 박학다식한 설교라도 귀에 들리지 않는다면 무슨 의미가 있겠는가?

크래독은 머리로부터 마음에 이르는 변화의 길로 가는 방법을 위의 글에서 소개한다. 흔히 말하듯이 생각이 바뀌면 그냥 변화되는 것이 아니라, 마음속에 있는 영상(이미지)이 바뀌어야 진짜 변화가 일어난다. 다시 강조하지만, 영상이 바뀌어야 생각이 바뀐다. 우리의 생각은 영상의 지배를 크게 받는다. 다음 인용을 보면 더욱 명확해진다.

> 이미지는 개념이 아닌 다른 이미지로 대치되는데, 그 대치 과정은 꽤 느리다. 어떤 사람은 머리로는 설교자의 사상에 동의하나 이후로도 상당히 오랫동안 옛날 이미지가 여전히 그의 마음속에 걸려 있을 수 있다. 그러나 그 이미지가 대체되기 전에는 그 사람은 바뀌지 않는다.[10]

이제 관건은 '어떻게 청중의 머릿속에 있는 이미지를 바꿔 놓을 수 있을까?'이다. 대답은 바로 '새로운 이미지'를 통해서이다. 이는 인간이 어떻게 깨닫는가를 알면 쉽게 이해할 수 있다. 다음에 인용한 워런 위어스비(Warren Wiersbe)의 말이 정곡을 찌른다.

> 우리는 언어로 말하고 쓴다. 하지만 생각을 할 때는 언제나 영상이나 그림을 통해서 한다.[11]

언어는 기본적으로 은유적이다. 즉, 언어는 그림을 통해 의사 전달을 하는 것이다. 하나님께서 창조하신 세계는 무대이며 인간의 정신은 화랑이라 했다. 우리는 이 둘을 말(언어)로 연결한다.[12]

맥닐 딕슨(Macneile Dixon)이 말한 것처럼 인간의 두뇌는 철학자들의 토론장이 아니라 개념들이 그림으로 걸려 있는 화랑과도 같다.[13] 사람들이 도식화된 개념을 쉽게 이해하는 이유가 여기에 있다. 그러므로 우리가 전하고자 하는 언어를 그림 언어(이미지)로 담아서 전달하는 것이 가장 효과적인 소통 방법이다. 설교에 그림 언어를 사용하는 방법은 2부에서 구체적으로 다루겠다.

# 2
# 청중들은 어떤 설교에 지루함을 느낄까?

클라이드 라이드(Clyde Reid)는 오늘날 청중들이 많은 설교에서 흥미를 잃는 요인 몇 가지를 지적한다. 그가 열거한 항목들은 청중들이 어떤 설교에 지루함을 느끼는가를 단적으로 보여 준다.

(1) 설교자들은 보통 사람들이 이해하지 못하는 복잡한 고어체의 언어(complex, archaic language)를 사용하는 성향이 있다.
(2) 오늘날 대부분의 설교들은 따분하고, 지겹고, 흥미가 없다.
(3) 오늘날 대부분의 설교는 삶과 관계가 없다.
(4) 오늘날 설교에는 용기가 결여돼 있다.
(5) 설교가 청중과 소통되지 않는다.
(6) 설교가 사람들을 변화시키지 못한다.

(7) 설교가 (다른 사역에 비해) 너무 강조되고 있다.[14]

　이는 서구 강단의 예이지만, 한국 강단의 상황도 크게 다르지 않은 것 같다. 교인들이 잘 이해하지 못하는 철학적, 신학적 용어가 너무 많지 않은가? 들으면 들을수록 따분하고 지겨운 설교는 아닌가? 그래서 '이 설교가 나와 무슨 상관이 있단 말인가'라는 의문을 갖게 하는 설교는 아닌가? 현시대의 죄악상을 신랄하게 책망하며 용기 있게 선포하지 못하고 '좋은 게 좋다'는 식의 귀에만 듣기 좋은 설교는 아닌가? 설교가 듣는 사람의 귀에 전혀 들어가지 않고 허공에 떠다니는 느낌을 받은 적은 없는가? 오랫동안 설교를 들어도 교인들의 삶이 전혀 변화가 없는 그런 설교는 아닌가?

　이런 의문의 상당 부분은 부끄럽게도 나 자신에게 해당하는 질문들이었다. 미국에서 유학을 마치고 뉴욕에서 목회를 시작했다. 오랫동안 신학 공부를 하면서 내 머릿속은 온통 신학적 용어가 가득했다.

　오랫동안 신학 공부를 했기 때문에 설교는 논리 정연했을지 모르지만, 지금 돌아보면 라이드의 지적대로 교인들의 삶과는 거리가 멀어 지겹고 따분했을 것이다. 설교 후에 아내가 종종 했던 말이 이를 입증했다. "본문을 열심히 설명하고, 이제 막 은혜를 받으려고 하면 당신은 그때 막 설교를 끝낸다." "정말 은혜 받아야 할 부분을 더욱 자세하게 가르쳐 주어야 하는데, 그 부분이 너무 짧아서 아쉽다." "설교할 때의 용어를 좀 바꾸면 좋을 것 같다."

　신학을 많이 공부한 탓에 성경 본문 설명에 너무 치중했던 것이다. 사실 신학 논문이나 소고들은 주로 본문 설명 위주이기 때문에 적용을 하는 훈련이 거의 되어 있지 않았다. 교인들은 그 본문이 의미하는 바가 내 삶과 어떤 연관이 있는지가 궁금한데 말이다. 그러니 본문 분석에만 중점을 두고 적용이 약한 설교를 들으면서 교인들은 너무도 지겨웠을 것이다.

오랫동안 신학 공부를 하면서 서구 신학 교육의 방법론에 큰 문제가 있음을 느낀다. 목회학 석사 과정부터 성경해석학 박사 학위를 마칠 때까지 크고 작은 글들을 아마 백 편은 족히 썼을 것이다. 그런데 설교학 소고들 외에 대부분의 소고는 적용을 요구하지 않는다. 그러니 그렇게 오랫동안 연구했음에도 불구하고 교인들의 삶과는 거리가 먼 설교를 했던 것이다.

설교의 적용도 문제지만 더욱 심각한 문제는 설교의 용어 문제였다. 교인들의 귀에 들리는 용어를 사용해야 한다. 아무리 성경 본문을 잘 분석하고 예리하게 설명한다 해도 교인들의 귀에 들리지 않는 설교라면 무슨 소용이 있겠는가?

어떻게 하면 교인들의 귀에 들리는 설교를 할 수 있을까? 다시 질문으로 돌아가서 교인들이 설교의 어떤 부분에 지겨움을 느낄까? 설교자라면 누구나 경험을 통해서 교인들이 어떤 부분에 지겨움을 느끼는지 알 것이다.

교인들이 설교를 들으면서 따분하고 단조롭게 느끼는 부분은 예화나 예증이나 실례를 들지 않고 장황하게 늘어놓는 설명들이다. 특히 성경 본문을 장황하게 설명할 때는 따분함이 극에 달한다. 은혜 충만해야 할 하나님의 말씀을 설명하는데, 어떻게 하나님의 말씀을 풀어 설명하는 부분에서 지겨움을 느낄까? 이는 하나님의 말씀이 능력이 없기 때문이 아니라 말씀을 전달하는 방식에 문제가 있기 때문이다.

바로 위에서 말한 대로 사람의 이해 방식 때문이다. 사람의 머리는 철학자들의 토론장처럼 질서 정연한 논리들이 걸려 있는 듯 생각하기 쉽지만 실상은 온갖 그림들이 걸려 있는 화랑과 같다. 그래서 사람의 마음에 걸 수 있는 그림 언어(이미지)로 전달해야 잘 받아들이고 이해할 수 있다.

어떤 목회자들은 교인들이 하나님의 말씀은 잘 기억하지 않고 설교 예화만 기억한다고 불평을 한다. 그게 사실이다. 바로 이 원리 때문이다. 사람의 마음은 새로운 이미지로 다가오는 영상들은 쉽게 이해하고 기억한다. 나중에 말하겠지만 예화는 탁월한 그림 언어이다. 아무리 복잡한 진리도 그림 언어로 전달하면 쉽게 이해하게 된다.

예수님께서 '하나님 나라'라는 심오하고 복잡한 진리를 '비유'를 사용해서 설명하신 이유가 여기에 있다. 하나님 나라가 어떤 영혼에게는 임하지만 어떤 영혼에게는 자라지 않는 모습을 예수님은 '씨 뿌리는 비유'(마 13:3-9)를 통해 기가 막히게 설명하셨다.

예수님이 사용하신 씨, 길가, 돌밭, 가시밭, 좋은 밭 등은 모두 그림 언어이다. 당시에 농사를 짓던 사람들이 너무 쉽게 접할 수 있는 이미지들이다. 그리고 씨앗이 이런 유형의 밭에서 자라는 모습을 당시 사람들은 아주 흔하게 접할 수 있었다.

길가와 같은 마음 밭은 하나님의 말씀인 씨앗이 떨어져도 전혀 반응이 없는 영혼을 가리킨다. 길가는 씨가 전혀 자랄 수 없는 딱딱한 영혼을 위한 좋은 이미지이다. 돌밭 같은 마음은 땅속에 깔린 자갈들 때문에 뿌리가 내리지 못하여 끝내 결실하지 못한다. 자갈들은 무엇을 의미하는가? 바로 환난과 박해를 상징하는 그림 언어이다. 돌밭과 같은 영혼은 하나님의 말씀을 듣지만 환난과 박해 때문에 신앙을 버리는 자를 상징한다.

가시밭의 가시는 무엇을 의미하는가? 이는 세상의 염려와 재리의 유혹을 의미하는 그림 언어이다. 가시밭 같은 마음은 하나님의 말씀을 기쁨으로 받지만 세상의 염려와 재리의 유혹 때문에 결실하지 못하는 자들이다. 얼마나 많은 사람들이 염려와 돈 때문에 하나님 나라에서 열매 맺지 못하는가? 하나님 나라에서 영혼의 결실을 막는 염려와 재리의 유혹을 '가시'라는 강렬한 그림 언어를 통해 듣는 이의 가슴에 꽂히게 한다.

마지막으로 하나님 나라에서 100배, 60배, 30배의 결실을 안겨 주는 고귀한 영혼을 '좋은 땅'이라는 그림 언어로 결론을 맺는다. 이 비유는 듣는 독자에게 '나는 어떤 마음 밭이 되어야 하겠는가?'라는 강렬한 도전을 하게 된다.

비유는 이렇게 듣는 이의 마음속에 생생한 그림을 그리게 하기 때문에 쉽게 이해할 수 있고, 마음에 잘 와 닿는다. 그리고 마침내 삶의 변화로 나아가게 된다. 이것이 참 설교가 아니겠는가!

# 3
# 어떻게 설교에 감동과 생명력을 불어넣을 수 있을까?

2001년 9월 17일자 「타임」(*Time*)지는 티 디 제익스 목사를 미국 최고 설교자로 선정했다. 표지에 그의 사진과 함께 "이 사람이 다음 세대 빌리 그레이엄인가?"(Is This Man the Next Billy Graham?)라는 찬사가 따라 붙었고, 그를 '대가'(virtuoso)이며 '천재'(prodigy)라고 격찬했다.[15] 22,500여 명의 남성들이 참여한 플로리다 주의 집회에서 그가 주강사로 설교한 내용을 「타임」지 기자는 다음과 같이 평가한다.

제익스 목사의 설교 주제는 하나님의 형상으로 창조된 모든 남자들의 가치에 대한 것이었다. 사진사가 필름 하나를 현상하듯(develop) 하나님께서 그의 형상을 개발하시도록(develop) 허용해야 한다고 말했다. 사진 현상과 영혼의 어두운 곳을 동시에 암시하면서 "여기 있는 사람 중에 지금 암실에 있는 사람이 있습니까?"라고 그는 질문했다. 감옥에서 위성으로 보고 있던 수백 명을 포함해 남자들은 '그렇다'고 인정하며 고함을 질렀다. 한 시간 후 온몸이 땀으로 뒤범벅이 된 제익스 목사는 형식이나 논리를 버리고, 이렇게 구호를 외쳤다. "남자 여러분, (여러분 속에) 하나님 형상을 개발하세요. 하나님 형상을 개발하세요. 하나님 형상을 개발하세요. 하나님 형상을 개발하세요. 어떤 대가를 치르더라도 하나님 형상을 개발하세요."16)

비록 짧게 인용했지만, 제익스 목사의 설교의 진수를 보여 주는 수사법을 엿볼 수 있다. 제익스 목사의 설교에는 두 가지 수사법이 두드러지게 나타난다. 하나는 그림 언어(image)이다. 하나님의 형상 개발을 필름 현상이라는 이미지에 빗대어 설명한다.

영어에는 하나님의 형상 '개발'에 사용된 단어와 필름 '현상'에 사용된 단어가 동일한 단어(develop)이다. 이 동일한 단어를 지렛대로 삼아 아름다운 사진을 만들기 위해서 필름을 현상해야 하듯이 훌륭한 하나님의 형상을 만들기 위해서 남자들이 자신을 개발해야 한다고 강력하게 호소한다. 그리고 사진을 현상하는 곳과 영혼의 어두운 곳을 동시에 암시하는 '암실' 이미지를 사용하여, 아직 암실과 같은 인생의 어두운 곳을 헤매고 있는 남자들이 어둠에서 빠져나오도록 도전한다.

제익스 목사의 설교에 드러난 또 다른 수사법은 대구법(parallelism)이다. 그가 얼마나 여러 번 대구법을 반복해서 사용하는지 보라. "남자 여러분, (여러분 속에) 하나님 형상을 개발하세요. 하나님 형상을 개발하세요. 하나님 형상을 개발하세요. 하나님 형상을 개발하세요. 어떤 대가를 치르더라도 하나님 형상을 개발하세요."

필자가 제익스 목사의 설교에서 강렬한 인상을 받은 대목들은 대부분 대구법을 사용한 반복 부분이다. 제익스 목사의 이 두 가지 수사법 덕분에 청중들은 감동과 생명력이 넘치는 살아 있는 말씀의 현장으로 빨려 들어가게 된다.

이 두 가지 수사법을 이 책에서 집중적으로 조명하고자 한다.[17] 그러면 이런 두 가지 수사법을 주된 의사소통의 방식으로 채택한 문학 양식이 어떤 것이 있는지 먼저 살펴보자.

## 산문과 시의 차이점

산문과 시는 문체에서 상당한 차이가 있다. 성경 중에 산문과 시를 비교해 보면 금방 알 수 있다. 성경에 사용된 다음 두 종류의 문체를 비교해 보자.

1 여호와께서 회막에서 모세를 부르시고 그에게 말씀하여 이르시되 2 이스라엘 자손에게 말하여 이르라 너희 중에 누구든지 여호와께 예물을 드리려거든 가축 중에서 소나 양으로 예물을 드릴지니라 3 그 예물이 소의 번제이면 흠 없는 수컷으로 회막 문에서 여호와 앞에 기쁘게 받으시도록 드릴지니라 4 그는 번제물의 머리에 안수할지니 그를 위하여 기쁘게 받으심이 되어 그를 위하여 속죄가 될 것이라 (레 1:1-4).

1 여호와는 나의 목자시니

　　　　내게 부족함이 없으리로다
2 그가 나를 푸른 풀밭에 누이시며

　　　　쉴 만한 물 가로 인도하시는도다
3 내 영혼을 소생시키시고

　　　　자기 이름을 위하여 의의 길로 인도하시는도다
4 내가 사망의 음침한 골짜기로 다닐지라도 해를 두려워하지 않을 것은

　　　　주께서 나와 함께하심이라

　　　　주의 지팡이와 막대기가 나를 안위하시나이다
5 주께서 내 원수의 목전에서

　　　　내게 상을 차려 주시고

　　　　기름을 내 머리에 부으셨으니

　　　　내 잔이 넘치나이다
6 내 평생에 선하심과 인자하심이 반드시 나를 따르리니

　　　　내가 여호와의 집에 영원히 살리로다(시 23:1-6).

　레위기 1장 말씀은 대표적인 산문체이다. 딱딱하고 지루하다. 많은 사람들이 신년이 되면 성경 일독을 결심하고 창세기부터 읽다가 레위기에 가서 성경 읽기를 중단하고 만다. 그 이유는 레위기의 딱딱한 산문체와 이해하기 힘든 제사 규정들을 읽으면서 성경 읽기의 맛을 잃어버리기 때문이다.

　물론 산문체로 글을 쓰거나 설교를 해야 할 경우도 있다. 성경에서도 모세오경이나 역사서는 대부분 산문체로 되어 있다. 산문체는 정확한 정

보 전달에 매우 효과적이다. 그러나 설교를 하거나 글을 쓸 때, 처음부터 끝까지 산문체를 사용하면 청중이나 독자는 곧 지루해진다. 역대상 1-12장에 나오는 산문체로 된 족보 이야기를 읽으면서 지겨움을 느껴봤을 것이다.

그런데 시편 23편을 읽으면 어떤 느낌이 드는가? 시어(詩語)에는 우리의 마음을 끌어당기는 뭔가가 있다. 마음속에 선명한 그림이 그려지고, 시행(詩行) 간에 고조되는 뭔가를 느낄 수 있다. 성화에서 자주 볼 수 있듯 푸른 풀밭 옆에 시냇물이 졸졸 흐르는 평화로운 모습과 풀밭 안에서 목자가 어린 양을 안고 양떼를 이끌고 있는 모습이 자연스레 그려진다.

4절에 "사망의 음침한 골짜기"라는 구절을 접하면서 마음은 또 다른 장면을 연상한다. 절벽처럼 가파른 골짜기에서 헤매고 있는 한 마리의 양을 목자가 갈고리 지팡이로 들어 올리는 모습을 연상하게 된다. 이 모습도 성화에서 자주 볼 수 있다. 화가는 바로 시편 23편 4절에 나타난 이미지를 그림으로 옮긴 것이다.

5절에 나오는 내용도 역시 당시의 친숙한 이미지로 묘사한다. 원수의 면전에서 진수성찬을 차려 놓고 대접하는 모습과 잔치 자리에 초대 받은 손님의 머리에 따뜻한 환영의 표시로 기름을 붓는 모습을 연상하게 한다.

이처럼 이미지를 풍부하게 사용하는 것이 바로 시어의 특징이다. 그래서 시를 읽으면 마음속에 생생한 그림이 그려지고 살아 역동하는 느낌을 받는다. 더불어 이런 시어는 독자의 마음속에 생명력을 불어넣는다.

산문에 비해 시에 사용된 그림 언어는 정확성이 떨어진다. 그럼에도 불구하고 그림 언어를 사용하는 이유는 정확도에서 잃어버린 것을 "표

현의 생생함"(vividness of expression)으로 만회하기 때문이다.[18]

미국 웨스트몬트 대학 트렘퍼 롱맨 3세 교수는 시에 쓰인 이미지(그림 언어)가 문자적인 언어보다 더욱 총체적으로 우리에게 다가오기 때문에 "그림 언어는 우리의 감정을 고무시키고, 우리의 주의를 끌고, 우리의 상상력을 자극하고, 비교된 대상에 관한 새로운 진리를 발견하도록 돕는다"고 했다.[19]

뿐만 아니라 1-3절에 사용한 언어는 반복적 대구법을 이루며 "여호와는 나의 목자시니 내게 부족함이 없으리로다"라는 내용을 점증적으로 강화하여 듣는 이의 심금을 울리는 감동을 준다. 개역개정판 번역에는 주어가 대부분 생략되어 있어 반복적 대구법의 운이 잘 살아나지 않지만 영어번역본(ESV)을 읽어 보면 반복적 대구법을 실감할 수 있다.

The LORD is my shepherd; I shall not want.
　He makes me lie down in green pastures.
　He leads me beside still waters.
　He restores my soul.
　He leads me in paths of righteousness for his name's sake.

여호와는 나의 목자시니 내게 부족함이 없으리로다.
　그가 나를 푸는 풀밭에 누이시고,
　그가 나를 잔잔한 물가로 인도하시고,
　그가 나의 영혼을 소생시키시고,
　그가 나를 그의 이름을 위하여 의의 길로 인도하시도다.

시의 두 번째 특징인 대구법은 듣는 이의 마음을 점점 고조시키는 효과가 있다. 나아가 대구법을 반복함으로써 마음에 진한 감동을 남긴다.

이런 이유 때문에 성경의 많은 부분이 시로 되어 있다. 시편은 말할 것도 없고, 시가서의 대부분이 시이며, 선지서의 상당한 분량도 시이다. 반복적인 외침에도 불구하고 회개치 않는 하나님의 백성들이 회개하도록 전인적으로 호소할 수 있는 최고의 방법은 시적 표현 말고 다른 방법이 없었던 것이다.

> 하늘이여 들으라 /
> 땅이여 귀를 기울이라 //[20]
>
> 여호와께서 말씀하시기를
>
> 내가 자식을 양육하였거늘 /
> 그들이 나를 거역하였도다 //
>
> 소는 그 임자를 알고 /
> 나귀는 그 주인의 구유를 알건마는 //
>
> 이스라엘은 알지 못하고 /
> 나의 백성은 깨닫지 못하는도다 //

하셨도다(사 1:2-3).

이사야 1장 2-3절의 내용은 간단하다. '이스라엘 백성들이 하나님을 잊어버렸다'는 내용이다. 그러나 단순히 산문체로 표현한 것에 비해 시적인 표현이 얼마나 생생하게 다가오는가! 얼마나 감동적인가! 여기에 나타나는 이미지(그림 언어)와 대구법이 이 말씀을 감동과 생동감이 넘치는 표현으로 끌어올려 우리의 가슴에 강하게 와 닿는다.

이 짧은 두 구절 안에 얼마나 다양한 그림 언어가 등장하는가? "하늘", "땅", "귀", "자식", "양육", "소", "임자", "나귀", "주인의 구유" 등의 그림 언어가 등장한다. "하늘이여 들으라 땅이여 귀를 기울이라"라는 표현에는 하늘과 땅에 마치 귀가 있는 듯 의인법을 사용해 하나님의 하소연을 들어 달라고 호소한다. 하늘과 땅도 그림 언어이지만, 하늘과 땅이 귀를 갖고 귀 기울여 듣는 모습 또한 의인법을 사용한 그림 언어이다.

"하늘이여 들으라"는 시행과 "땅이여 귀를 기울이라"는 시행은 대구법을 이루어 앞의 시행을 한층 더 강화한다. 대구법에 대해서는 3부에서 자세히 다루기 때문에 여기서 간단히 요지를 말하면, 동의적 대구법은 행간의 동일한 표현(로우쓰의 견해)을 말하는 것이 아니라, 앞의 행과 뒤의 행이 내용상 비슷해 보여도 실상은 강화, 강조, 발전시키는 효과(쿠걸과 올터의 견해)가 있다.[21]

그러므로 "하늘이여 들으라"라는 말을 이어서 따라오는 "땅이여 귀를 기울이라"는 표현이 한층 더 강화시키고 있다. 하나님께서는 하늘과 땅을 향해 '내가 하는 말에 정말 귀를 기울여 들으라'고 호소하신다. '도대체 이런 일이 있을 법한 일인가!'라는 하나님의 애절한 하소연을 들을 수 있다.

"내가 자식을 양육하였거늘 그들이 나를 거역하였도다"라는 표현 속에도 여러 가지 그림 언어가 등장한다. 이스라엘 민족을 '자식'이라는 환유법적 이미지를 사용하여, 하나님께서는 사랑하는 자식을 양육하는 양육자의 영상으로 다가온다. 이스라엘이 하나님을 버린 사실을 부모가 사랑으로 양육한 자식이 거역하는 불효자의 이미지로 묘사하고 있다. 하나님께 대한 이스라엘 민족의 반역은 대조적 대구법을 사용하여 반역의 이미지를 한층 더 부각시킨다. 하나님께서 그렇게도 정을 주며 양육한 자식과 같은 이스라엘 민족이 아버지와 같은 하나님을 거역한 있을 수 없는 일을 개탄하는 것이다.

"소는 그 임자를 알고 나귀는 그 주인의 구유를 알건마는"이라는 표현에는 당시의 농경사회에 흔한 소와 나귀와 같은 동물 이미지를 사용하는데, 친숙한 만큼 더 강렬하게 그들의 행동이 독자들에게 와 닿는다.

소가 힘은 세지만 얼마나 미련한 동물인가? 어릴 때 일이지만 지금도 기억에 생생한 사건이 하나 있다. 소 한 마리가 높이가 낮은 동네 다리 밑에 기어 들어간 적이 있었다. 그런데 소가 다리 밑에서 일어서서 나오려니까 등이 다리에 닿아 꼼짝을 할 수 없었다. 소는 다리를 들어 올리려고 안간힘을 썼다. 하지만 작은 다리여도 콘크리트 다리인데 들릴 리 만무했다. 온 힘을 쏟느라 부들부들 떨던 소의 모습이 지금도 생생하다. 결국 나중에 힘이 다 빠져 늘어진 소를 동네 사람들이 밧줄로 묶어 끌어냈다.

당시 초등학생이었지만 그런 소를 보며 소라는 가축이 얼마나 미련한 동물인지 깨달았다. 그런데 이렇게 미련한 소가 주인을 안다고 성경은 말한다. 잠언 26장 3절에 따르면 미련한 자를 매로 다스려야 함을 미련한 나귀를 다스리기 위해 재갈을 물리는 이미지에 빗대어 설명한다. 그만큼 나귀가 미련하지만 주인이 먹이를 주는 여물통은 안다.

여기서도 '소'와 '나귀'가 대구를 이루고, '임자'(주인)와 '주인의 구유'가 대구를 이루면서 이렇게 미련한 짐승조차 아버지도 아닌 주인을 알고, 아니 주인의 구유조차 아는데, 하나님의 백성은 자신을 양육한 아버지조차 잊어버렸으니 얼마나 미련한가라는 강렬한 이미지를 떠올리게 한다. 여기서 반의적 대구법을 사용하여, 정말 어리석은 짐승들인 소와 나귀는 주인도 알고 자신의 밥통도 아는데, 이스라엘 백성은 자신을 양육한 아버지조차 알지 못하는 무지몽매한 인간들임을 부각시킨다.

"이스라엘은 알지 못하고 나의 백성은 깨닫지 못하는도다"라는 행은 바로 앞에 나오는 행과 대조적 대구법을 형성하면서 이스라엘 백성의 무지를 강력히 규탄한다. 여기서도 "이스라엘은 알지 못하고"라는 시구와 "나의 백성은 깨닫지 못하는도다"라는 시구가 또한 대구를 이루고 있어, 이어지는 시구에서 이스라엘 백성의 알지 못함을 한층 더 강화, 강조한다.

이스라엘 백성은 아는 것은 고사하고 깨닫는 것조차 없다는 뜻이다. 하나님을 잊어버린 이스라엘 백성이 얼마나 무지몽매한 백성들인가! '야, 이 소보다 못하고 나귀보다 못한 백성들아!'라는 하나님의 깊은 탄식이 들려온다.

왜 하나님께서 '이스라엘 백성이 나를 잊었도다'라고 간단명료하게 말씀하시지 않고, 이렇게 현란한 그림 언어를 사용하셨을까? 그림 언어는 생동감과 생명력을 유발하므로, 무지한 이스라엘 백성을 회개토록 하는 데 그림 언어가 가장 유용하기 때문이 아니겠는가?

고전수사학에서는 설득을 수사법의 목표로 간주했으나, 신수사학(New Rhetoric)이 등장하면서 수사학의 목표는 청중의 변화에 있음을 강조한다.[22] 메시지를 듣고 청중이 변화되어야 메시지가 효과를 거두었다고 보는 것이다. 선지자들의 메시지를 듣고 이스라엘 백성이 회개해야 살 수 있으므로 강력한 그림 언어를 사용하고, 더불어 대구법과 같은 수사적 장치들을 사용하여 호소하신 것이 아니겠는가?

오늘날 설교자의 사명도 선지자의 사명과 다르지 않다. 세상살이로 찌들 대로 찌든 하나님의 백성을 깨우치기 위해 설교가 강렬한 감동과 생명력으로 청중에게 와 닿아야 이들이 변화되지 않겠는가? 감동과 생명력의 관건은 그림 언어와 같이 살아 있는 언어를 사용하느냐에 달려 있다. 감동과 생명력은 그냥 이루어지지 않는다. 정교한 수사기법에 의해 이루어진다. 그리고 말씀을 듣는 청중의 가슴을 움직이는 감동과 생명력은 '시적인 문체'에 그 비밀이 있다.

이 책에서 말하는 취지가 바로 여기에 있다. 목회자들이 설교를 할 때도 지루한 표현을 줄이고, 성경의 시인이 사용한 시적인 문체를 적극 사용해 감동이 넘치고 생동감이 넘치는 표현으로 전달하자는 취지이다. 이런 관점에서 "설교자는 시인이 되어야 한다"라고 말한 어느 학자의 주장에 진심으로 동의한다.[23]

## 생명력을 불어넣는 그림 언어(image)

울만은 그림 언어의 중요성을 설명하기 위해 여러 사람의 말을 인용한다. 수퍼빌(Supervielle)은 "이미지는 시인의 마법 랜턴"이라고 했고, 세인트 엑슈페리(Saint-Exupéry)는 "독자에게 던져진 주문"(呪文)이라 했고, 다른 사람들은 이를 "마약, 기수의 도약, 폭발물, 심지어 지진"에 비유한다.[24] 에즈라 파운드(Ezra Pound)는 "두꺼운 수많은 책을 쓰는 것보다 일생 동안 한 가지 이미지를 제시하는 것이 낫다"고 했다.[25]

이들의 주장처럼 그림 언어가 설교자에게 이토록 중요한 것일까? 그림 언어는 글로 표현하는 것보다 말로 표현하는 설교에 훨씬 더 중요하다. 글은 반복해서 볼 수 있지만 말은 지나가면 놓친다. 물론 녹음해서 들을 수도 있지만, 설교나 연설은 듣는 현장에서 감동과 생명력을 경험해야 효과가 있다.

설교를 듣는 현장에서 눈물이 쏟아지는 감동을 체험하는 데는 전달하는 언어가 결정적인 역할을 한다. 설교를 듣는 순간 마음속에 그림이 그려지고 성경의 사상 속으로 빨려 들어가게 하는 '갈고리'는 바로 그림 언어가 생성하는 이미지를 통해서이다. 설교의 황태자 찰스 스펄전 목사의 설교와 미국에서 대각성운동을 일으킨 조나단 에드워즈의 설교의 능력은 이들이 탁월한 영성을 지녀서이기도 하지만 뛰어난 그림 언어를 빈번히 사용하는 데 기인한다. 그림 언어의 자세한 내용은 2부에서 다루고 여기서는 '그림 언어 사용이 과연 성경적인가' 하는 문제를 생각해 보자.

답부터 말하자면 성경은 주로 그림 언어를 사용해 계시하는 방식을 택하고 있다. 성경에는 스토리와 비유와 생동감이 넘치는 구체적인 그림 언어들이 넘쳐난다. 인간에게 진리를 전달하실 때, 하나님께서는 추상적인 용어를 사용하지 않으셨다. 삶에서 드러나는 아주 구체적인 이야기를 통해 진리를 계시하셨다. 하나님의 소명을 추상적인 신학적 용어로 논하지 않으셨다.

아브라함을 부르신 장면을 보라. 하나님께서 갈대아 우르에서 우상 장사하는 데라의 가문으로부터 그를 부르신다. 아브라함에게 떠나라고 지시하는 장면에서도 구체적인 그림 언어를 사용하신다. "너는 너의 고향과 친척과 아버지의 집을 떠나 내가 네게 보여 줄 땅으로 가라"(창 12:1).

"고향", "친척", "아버지의 집", "땅"은 모두 그림 언어들이다. 동사 '떠나다', '가다', '보여 주다' 역시 모두 그림 언어이다. 추상적인 용어는 전혀 사용하지 않으셨다. 오직 보고 느끼고 행동할 수 있는 그림 언어들로 그를 부르셨다. 그에게 약속하신 복도 큰 민족의 복, 이름의 복, 복의 통로가 되는 복, 땅의 복과 같이 그림으로 그릴 수 있는 복을 약속하셨다(창 12:2-9).

아브라함, 이삭, 야곱을 무조건적으로 선택하고 부르시고 성화하는 과정을 모두 이야기 형태로 보여 주신다. 먼저 아브라함의 성화 과정을 보라. 그는 이방 왕들에게 아내를 누이라고 속이며 불완전한 모습으로 등장한다(창 12:10-20). 믿음이 연약한 그는 하나님 앞에서 엘리에셀을 자신의 상속자라고 우기고(창 15:2), 아내 사라의 말을 듣고 하갈을 취해 이스마엘을 낳는다(창 16:1-16).

아브라함의 믿음이 성장하는 모습은 하늘의 뭇별을 보면서 하나님께 대한 믿음을 갖는 것으로 묘사되어 있다(창 15:5-6). 하나님께서 아브라함과 맺은 언약도 쪼갠 고기 사이를 횃불이 지나가는 이미지로 묘사하며(창 15:17-18), 언약의 표징도 남자의 '포피를 베는' 할례라는 구체적인 이미지로 나타내신다(창 17:9-11). 아브라함의 성화의 절정은 모리아 산 제단 위에서 자기 목숨처럼 귀한 자식을 번제물로 드리는 모습으로 묘사되어 있다(창 22:1-19). 아브라함의 신앙 여정을 보면 신앙은 추상적인 용어가 아니라 행동으로 나타나는 스토리, 즉 이미지로 표현된다는 사실을 알 수 있다.

아브라함의 이야기들은 산문체로 쓰인 부분에 나온다. 이렇게 보면 시편뿐만 아니라 산문체에서도 상당히 많은 이미지를 사용한다는 것을 알 수 있다.

그런데 성경 가운데 시어체로 쓴 시편과 선지서는 특별히 이미지가 두드러진다. 시편 한 편을 분석해 보자.

> 1 복 있는 사람은
>
>     악인들의 꾀를 따르지 아니하며
>
>     죄인들의 길에 서지 아니하며
>
>     오만한 자들의 자리에 앉지 아니하고
>
> 2 오직 여호와의 율법을 즐거워하여
>
>     그의 율법을 주야로 묵상하는도다
>
> 3 그는
>
>     시냇가에 심은 나무가
>
>       철을 따라 열매를 맺으며
>
>       그 잎사귀가 마르지 아니함 같으니
>
>     그가 하는 모든 일이 다 형통하리로다
>
> 4 악인들은 그렇지 아니함이여
>
>     오직 바람에 나는 겨와 같도다
>
> 5 그러므로 악인들은 심판을 견디지 못하며
>
>     죄인들이 의인들의 모임에 들지 못하리로다
>
> 6 무릇 의인들의 길은 여호와께서 인정하시나
>
>     악인들의 길은 망하리로다 (시 1:1-6).

시편을 여는 첫 번째 시편은 생생한 그림 언어로 넘쳐난다. "복 있는 사람"은 어떤 사람인가? 복 있는 사람은 "악인들의 꾀"를 따르지 않는 사람, "죄인들의 길"에 서지 않는 사람, "오만한 자들의 자리"에 앉지 않는 사람이다(1절). 얼마나 생생한 이미지들인가?

2절에서는 복 있는 사람의 긍정적인 모습을 그림 언어로 묘사한다. "오직 여호와의 율법을 즐거워하여 그의 율법을 주야로 묵상하는" 자이다. 단순히 성경을 읽는 자가 아니라, 율법을 '즐거워 하고' 그래서 이를 '주야로 묵상'하는 구체적인 이미지로 설명한다.

그에게 주어진 복은 어떤 복인가? 3절에서 시냇가에 심은 나무의 이미지로 설명한다. 광야와 사막이 많은 근동 지방에서는 오아시스 물가에 심긴 나무의 이미지는 매우 강렬한 그림으로 독자들에게 다가온다. 물가에 심긴 나무가 철을 따라 열매를 맺는 모습은 풍부한 결실을 상징하는 그림 언어이다. 물가에 심긴 나무는 그 잎사귀가 마르지 않기 때문이다. 곧 이는 항상 활력과 은혜가 넘치는 삶을 상징하는 그림 언어들이다.

반면에 악인의 운명은 "바람에 나는 겨"에 비유한다(4절). 바람에 나는 겨는 세파에 쉽게 휩쓸리는 불쌍한 처지에 놓인 악인의 존재를 묘사한다. 알곡과 쭉정이를 가르는 키질은 바람의 원리를 이용한 것이다. 바람이 불 때 알곡은 남아 있지만 쭉정이는 곧 바람과 함께 사라진다. 그래서 "악인들은 심판을 견디지 못하며 죄인들이 의인들의 모임"에 들지 못한다(5절). 악인이 의인과 함께 섞일 수 없는 실존을 '겨'라는 그림 언어로 묘사한 것이다. 6절은 악인과 의인의 운명도 '길'이라는 이미지를 사용하여 결론을 맺는다. "의인들의 길"은 여호와께서 인정하시지만 "악인들의 길"은 망한다.

성경의 언어가 살아 있는 이유는 이런 풍성한 그림 언어를 사용하기 때문이다. 그래서 필자는 성경의 내용뿐 아니라 이런 성경의 언어 표현도 하나님의 영감을 받았다고 믿는다.

그런데 현대 신학교육은 어떤가? 성경의 그림 언어와는 거리가 먼 방향으로 가고 있다. 평신도 시절에는 모르던 신학 용어들이 신학교에 가면 넘쳐난다. 예정, 칭의, 성화, 구속, 무흠, 존재론, 화체설, 불가항력, 견인, 가시적, 비가시적, 섭리, 전지, 전능, 무소부재 등 신학 용어들을 반복해 들으면서 자신도 모르게 신학적이고 추상적인 용어로 중무장한 상아탑의 일부가 되어 버린다. 결국 설교 시간에 이런 용어들이 입에서 튀어나온다.

이런 신학 용어가 필요 없다는 말은 아니다. 잘 정비된 신학 용어는 성경의 개념 정리에 아주 유용하다. 한 평신도가 '하나님의 뜻'이라는 용어를 잘못 사용해 사회에서 지탄 받는 모습을 우리는 보았다.[26] 신학 용어에 대한 훈련을 받지 않아 하나님의 '뜻'과 '섭리'를 구분하지 못해 생긴 실수가 아닌가 생각한다.[27]

목회자들 먼저 신학 용어에 대한 확실한 지식을 갖추어야 하고, 성도들에게는 소그룹 모임 교육 시간을 활용해 신학 용어를 가르쳐 줘야 한다. 나아가 설교자는 신학 용어들이 얼마나 많은 내용을 포함하고 있는지 알고, 신학 용어들을 어떻게 효과적으로 전달할 것인지 연구해야 한다. 이런 용어들을 성경에서 사용하듯 그림 언어로 설명할 줄 안다면, 비로소 청중의 가슴에 파고드는 설교를 할 수 있을 것이다.

예수님은 '천국'이라는 매우 심오한 진리를 우리가 시청각으로 느낄 수 있는 비유로 쉽게 설명하셨다. 비유는 또 다른 차원의 그림 언어이다. 씨 뿌리는 비유, 가라지 비유, 감추인 보화 비유, 값진 진주를 구하는 장사꾼 비유, 열 처녀 비유, 달란트 비유, 양과 염소의 비유 등 모두 그림 언어들이다.

피츠제럴드는 설교자들에게 추상적인 용어 사용에 대해 경고하면서 이렇게 말한다. "추상적인 말들은 하나님의 언어의 일부가 아니다. 하나님께 속한 것은 자연의 이미지들과 강한 감정과 느낌들이다. 에스겔은 '주의 말씀을 먹는다.' 하나님은 타는 숯으로 이사야의 입술을 지진다. 예수님의 언어는 행동의 언어들, 드라마와 움직임 …… 생생한 몸의 이미지들이다."[28]

우리의 설교에 성경의 문예적 스타일을 회복해야 한다. 성경이 독자에게 호소력 있게 다가오듯이, 그림 언어가 풍부한 설교를 해야 우리의 설교도 청중들에게 살아 있는 언어로 다가갈 수 있다.

## 감동을 일으키는 대구법(parallelism)

"나는 꿈이 있습니다!"(I have a dream)

앞서 말한 바 있는 마틴 루터 킹 목사의 이 연설은 인권 연설 가운데 최고로 꼽힌다. 20세기의 위대한 연설문을 수록한 책들을 보면 그의 연설은 거의 빠지지 않는다. 지금도 녹화된 그의 연설을 인터넷에서 들을 수 있다. 녹화 연설을 듣노라면 청중들이 얼마나 그의 연설에 빠져들고, 열광하는지 금방 알 수 있다.

이 연설의 무엇 때문에 그렇게도 많은 사람들이 열광했을까? 열쇠는 다음 두 가지다. 생생한 그림 언어와 수없이 넘쳐나는 '반복적 대구법' (repetitive parallelism)이다.[29] 그의 반복적 대구법 사용은 가히 예술적이다. 아래 인용문은 그의 연설문 뒷부분이다. 얼마나 많은 대구법을 사용하는지 보라.

나의 친구들이여, 오늘 여러분들에게 말합니다.

비록 우리가 오늘과 내일 어려움에 직면하더라도, 나는 여전히 꿈이 있습니다.

이 꿈은 미국인의 꿈에 깊이 뿌리박고 있습니다.

어느 날 이 나라가 일어나 "모든 사람은 평등하게 창조되었다는 진리는 자명하다고 생각한다"라는 신조의 참된 의미에 따라 살게 되리라는 꿈이 있습니다.

어느 날 조지아의 붉은 언덕들 위에서 예전 노예의 아들들과 예전 노예 소유주의 아들들이 형제애의 식탁에 함께 앉을 수 있으리라는 꿈이 있습니다.

어느 날 부정의의 열기로 더위를 먹고, 억압의 열기로 더위를 먹은 미시시피 주조차도 자유와 정의의 오아시스로 변화되리라는 꿈이 있습니다.

나의 네 어린 아이들이 어느 날 그들의 피부 색깔에 의해서가 아니라 그들의 인격으로 판단받는 나라에 살게 되리라는 꿈이 있습니다.

오늘 나는 꿈이 있습니다.

어느 날 악한 인종차별주의자들이 함께 있는, 주권(州權) 우위설과 주(州)의 연방법 효력을 거부하는 말들을 입술에서 쏟아내는 주지사가 함께 있는 저 앨라배마 주에서, 어느 날 바로 그 앨라배마 주에서 흑인 소년들과 흑인 소녀들이 어린 백인 소년들과 백인 소녀들과 형제자매로서 손에 손을 맞잡을 수 있으리라는 꿈이 있습니다.

오늘 나는 꿈이 있습니다.

어느 날 모든 계곡이 높아지고, 모든 언덕과 산이 낮아지고, 거친 곳들이 평지가 되고, 뒤틀린 곳들이 곧게 변하고, 주의 영광이 나타나고, 모든 육체가 이를 함께 보리라는 꿈이 있습니다.

이것이 우리의 희망입니다.
이것이 내가 남부로 함께 갖고 갈 믿음입니다.
이 믿음으로 우리는 절망의 산에서 희망의 돌을 발견하게 될 것입니다.
이 믿음으로 우리는 우리나라에서 일어나는 다툼의 불협화음을 형제애의 아름다운 심포니로 변화시킬 수 있습니다.
이 믿음으로
    우리는 함께 일할 수 있고,
    함께 기도할 수 있고,
    함께 투쟁할 수 있고,
    함께 감옥에 갈 수 있고,
    함께 자유를 위해서 일어설 수 있고,
마침내 어느 날 우리는 자유하게 되리라는 것을 압니다.

이 날이 모든 하나님의 자녀들이 새로운 의미를 갖고 이 노래를 할 수 있는 바로 그날입니다. "나의 조국 이것이 너로다, 달콤한 자유의 땅, 그대에게 내가 노래하네. 우리 조상들이 죽은 땅, 순례자들의 자부심의 땅, 모든 산중턱에서 자유가 울려 퍼지게 하라."

그리고 만약 미국이 위대한 나라가 되려고 하면, 이것이 반드시 실현되어야 합니다.

그래서 <u>자유가</u> 뉴햄프셔 주의 거대한 언덕 꼭대기들에서 <u>울려 퍼지게 합시다.</u>

<u>자유가</u> 거대한 뉴욕의 산들에서 <u>울려 퍼지게 합시다.</u>

<u>자유가</u> 펜실베이니아 주의 높다란 앨러게이니 산맥에서 <u>울려 퍼지게 합시다.</u>

<u>자유가</u> 콜로라도 주의 눈 덮인 로키 산맥에서 <u>울려 퍼지게 합시다.</u>

<u>자유가</u> 캘리포니아 주의 굽이치는 경사지들에서 <u>울려 퍼지게 합시다.</u>

그뿐 아니라, <u>자유가</u> 조지아 주의 석산에서 <u>울려 퍼지게 합시다.</u>

<u>자유가</u> 테네시 주의 전망산에서 <u>울려 퍼지게 합시다.</u>

<u>자유가</u> 미시시피 주의 모든 언덕과 작은 흙두둑에서 <u>울려 퍼지게 합시다.</u>

모든 산중턱에서 <u>자유가 울려 퍼지게 합시다.</u>

그리고 <u>이렇게 될 때,</u>

<u>자유가 울려 퍼지게 할 때,</u>

모든 마을과 모든 작은 부락에서, 모든 주와 모든 도시에서, <u>자유가 울려 퍼지게 할 때,</u>

모든 하나님의 자녀들,

흑인 남자들과 백인 남자들,

유대인들과 이방인들,

개신교 교인들과 가톨릭 교인들이

함께 손을 잡고 옛 흑인영가의 가사인

"<u>마침내 자유!</u>

<u>마침내 자유!</u>

전능하신 하나님 감사합니다.
우리가 <u>마침내 자유하게 되었습니다!</u>"라고
노래할 수 있는 그날을 우리는 앞당길 수 있습니다.[30]

반복적 대구법이 마치 규칙적으로 몰려오는 파도처럼 그의 연설문 대목마다 굽이쳐 온다. "꿈이 있습니다"라는 말을 약간의 변화만 주면서 아홉 번이나 반복해서 사용한다. "어느 날"이라는 부사를 사용해 그 꿈이 이루어질 날을 강조하면서, 마침내 그날이 오고야 말 것이라는 확신을 심어 준다. "어느 날 …… 하게 되리라는 꿈이 있습니다"(I have a dream that one day ……)라는 형식을 아홉 번이나 동일하게 취하고 있기 때문에 전형적인 반복적 대구법의 형태를 이룬다.

이런 반복을 통해 앞의 내용을 더욱 강화, 강조, 발전시키는 효과를 거둔다. "…… 꿈이 있습니다"(I have a dream ……)라는 말을 처음 들을 때보다 두 번째 들을 때, 더욱 강화된 느낌을 받게 되고, 세 번째 들을 때 더욱 강화된 느낌을 받게 되고, 마지막 아홉 번째 들을 때는 "나는 꿈이 있습니다"라는 비전이 클라이맥스를 맞이하여 독자의 심금을 울리고 감동시키는 효과를 일으킨다.

또 언젠가 그 꿈이 이루어지리라는 확신을 강조하기 위해서 "이 믿음으로 우리는 …… 할 수 있을 것입니다"(With this faith we will be able to ……)라는 말을 세 번 반복한다. '이 믿음으로 할 수 있다'는 확신을 청중들이 반복해 들으면서 더욱더 깊이 새기게 된다.

마지막 "이 믿음으로"라는 말 다음에는 "함께"라는 말이 다섯 번 등장하면서 청중들이 행동해야 할 지침들을 제시한다. 이때 그렇게 행동할 때 마침내 자유를 얻으리라는 사실을 대구법 안에 대구법을 사용함으로써 더욱 강화했다.

다음에 나타나는 반복적 대구법은 "자유가 ……에서 울려 퍼지게 합시다"(Let freedom ring from ……)라는 반복이다. 이것 역시 아홉 번 반복해서 나타나고, 여기서도 대구법의 문예적 효과가 동일하게 드러난다. "자유가 …… 울려 퍼지게 합시다"라는 말을 들으면 들을수록 자유를 향한 청중들의 마음이 더욱 강렬하게 움직이는 것이다.

또한 자유가 울려 퍼지는 시점을 강조하기 위해 "자유가 울려 퍼지게 할 때"라는 표현을 세 번 반복해서 사용한다. 세 번 반복의 처음에 등장하는 "이렇게 될 때"라는 말은 표현은 다르지만 내용상 "자유가 울려 퍼지게 할 때"와 동일한 표현이다.

마지막으로 자유를 성취하는 그 순간도 흑인영가를 인용하지만 역시 삼중 대구법으로 구성되어 있다. "마침내 자유! 마침내 자유! 전능하신 하나님 감사합니다. 우리가 마침내 자유하게 되었습니다!"

삼중 대구법도 강조와 강화의 효과가 있다. '마침내 자유하게 되었다'는 메시지가 반복을 통하여 더욱 강하게 들리게 된다. 이로써 마침내 자유를 누리는 효과를 청중들은 현장에서 느끼게 된다. 킹 목사의 연설이 청중들의 마음을 사로잡고 20세기 최고 연설의 반열에 오른 것은 훌륭한 내용과 함께 이런 탁월한 반복적 대구법을 완벽하게 구사한 문예적 효과 덕분이다. 3부에서 대구법의 구체적 방법론에 기초해 이 연설이 갖고 있는 대구법의 특성을 좀 더 자세히 분석하겠다.

오늘날 강단에서 설교하는 설교자 중에서 최고의 대구법 사용자를 꼽으라면 단연 제익스 목사일 것이다. 그의 설교에는 대구법이 넘친다. 설교 초반부터 끝부분까지 반복적 대구법을 줄줄이 꿰어 엮어서 설교하는 느낌을 받는다.[31] 하나의 예를 들어 보겠다.

<u>좋은 소식</u>은, <u>최고의 좋은 소식</u>은 하나님께서 용서하신다는 사실입니다.
<u>그분은</u> (사람을) 괴롭히는 사람을 <u>용서하십니다</u>.
<u>그분은</u> 욕하는 사람을 <u>용서하십니다</u>.
<u>그분은</u> 중독자를 <u>용서하십니다</u>.
<u>그분은</u> 거짓말쟁이와 도둑을 <u>용서하십니다</u>.
<u>그분은</u> 죄인을 <u>용서하십니다</u>.[32]

여기에 "좋은 소식"이라는 말도 다시 "최고의 좋은 소식"이라는 말로 반복하여 강조한다. "그분(하나님)은 …… 용서하십니다"라는 표현을 여섯 번이나 반복해서 사용한다. 이로써 청중은 하나님의 용서에 대해 더욱 큰 확신을 갖게 된다.

제익스 목사가 타임이 선정한 최고의 설교자로 뽑힌 것은 우연이 아니다. 그의 설교에서 확연히 드러나듯 그에게는 반복적 대구법과 같은 감동을 창출하는 문예적 기법을 자유자재로 구사할 수 있는 수사적 감각이 있기 때문이다.

# 4
# 성령의 기름 부으심이 더 중요하지 않을까?

　모든 설교의 생명력과 감동의 원천은 성령님이시다. 성경이 살아 있는 하나님의 말씀으로 감동을 일으키는 것은 성령님의 역사를 통해서이다. 이는 부정할 수 없는 사실이다. 성령님의 감동 감화 없이는 어떤 영혼도 변화할 수 없다. 인간의 완악한 마음을 깨뜨리시고 회개하도록 마음 문을 여시는 분은 성령님이시다(요 16:8-9; 고전 12:3).

　대학생 시절 경험한 성령 충만 체험을 아마 필자는 평생 잊지 못할 듯싶다. 1985년 11월 3일 토요일, 새벽기도회 시간에 강력한 성령의 기름 부으심을 받아 오직 성령님께 영혼을 변화시키는 능력이 있다는 사실을 확실히 깨달았다. 성령 충만을 체험하기 이전에는 아무리 전도를 해도 한 사람도 마음 문을 열지 않았지만, 성령 충만을 체험한 이후에는 복음을 전하면 십중팔구는 마음 문을 열고 예수님을 영접했다. 과연 영혼을 변화시키는 분은 성령님이셨다.

그렇다면 성령님께서 인간의 마음을 변화시키는 데 왜 목회자가 감동과 생명력을 창조하는 수사법을 굳이 배워야 하느냐고 반문할 수 있다. 그래도 우리는 배워야 한다. 이를 설명하기 위해서는 먼저 성령님의 역사 방식을 이해해야 한다.

성령님은 인간의 노력을 제쳐두고 오로지 혼자 일하시는가? 그렇지 않다. 성령님은 우리 인간을 도구로 사용하시고, 인간이 가진 재능도 도구로 사용하신다. 사도 바울이 자신의 양육 사역을 어떻게 묘사하는지 보라.

> 우리가 그를 전파하여 각 사람을 권하고 모든 지혜로 각 사람을 가르침은 각 사람을 그리스도 안에서 완전한 자로 세우려 함이니 이를 위하여 **나도 내 속에서 능력으로 역사하시는 이의 역사를 따라** 힘을 다하여 수고하노라(골 1:28-29).

바울은 자신의 사역을 자신의 힘만으로 한다고 말하지 않는다. 그는 자신 속에 역사하시는 분의 능력을 알고 있다. 그래서 "내 속에서 능력으로 역사하시는 이의 역사를 따라"라고 먼저 전제하고 "나도 …… 힘을 다하여 수고하노라"라고 표현한다. 바울은 한 영혼 한 영혼을 바로 양육하기 위해 성령님의 능력과 동시에 자신의 최선이 필요하다고 고백한다. 우리가 감동과 생명력을 창조하는 히브리 시인의 수사 기법을 배우는 이유도 여기에 있다.

성령님은 우리에게 주신 언어를 사용하시는 영이시다. 그러나 우리의 언어를 어떻게 청중들이 쉽게 이해하고 생동감을 주고 감동을 주는 방식으로 표현해야 하는가는 우리가 연구하고 개발해야 할 몫이다. 물론 이 과정 역시 성령님께서 주시는 지혜를 받아서 해야 한다. 진정으로 영혼을 변화시키는 능력은 성령님께 있기 때문이다. 그러므로 우리는 먼저 그분의 능력을 믿고 의지해야 한다.

좋은 이미지를 생각나게 하시는 분은 성령님이시다. 성령님의 사역 가운데 하나는 "생각나게" 하시는 사역이다(요 14:26). 그러므로 우리가 노력은 하지만 끊임없이 그분의 지혜와 능력을 의지하면서 기도하는 마음으로 그림 언어를 개발해야 한다.

대구법도 마찬가지이다. 좋은 대구법은 성령님께서 주시는 지혜에서 시작한다. 잠언에 나오는 그 수많은 기가 막힌 대구법들을 누가 주셨는가? 순수하게 솔로몬의 지혜에서 나온 것일까? 아니라고 생각한다. 성령님의 감동 감화하심이 솔로몬에게 있었기에 가능했다고 믿는다. 그러므로 우리는 끊임없이 성령님의 지혜와 능력을 구하면서 동시에 수사법을 개발해야 한다.

일부 극단적인 사람들은 '이런 수사법을 배울 필요가 뭐가 있는가, 그냥 성령 충만하면 되지' 하고 생각할 수도 있다. 이는 위험한 생각이다. 이는 "성령님 전도하십시오. 마음 문을 여시는 분은 성령님이시니, 성령님이 모두 하십시오. 저는 가만히 있겠습니다"라고 말하는 것과 똑같다.

마음 문은 성령님께서 여시지만, 전도 방법을 개발하고 전도지를 만들고 접촉점을 개발하는 일은 성공적인 전도를 위해 우리가 해야 할 몫이다. 우리의 사역은 우리의 힘만으로 하는 것이 아니라 우리와 성령님과의 동역임을 잊어서는 안 된다(행 15:28).

# 5
# 성경은 수사법에 대해 부정적이지 않은가?

---

성경 기자들 가운데 특히 사도 바울은 수사적 표현을 부정적으로 평가하는 것처럼 보인다. 예를 들면, 바울은 이렇게 말한다.

> 내 말과 내 전도함이 <u>설득력 있는 지혜의 말로 하지 아니하고</u> 다만 성령의 나타나심과 능력으로 하여 너희 믿음이 사람의 지혜에 있지 아니하고 다만 하나님의 능력에 있게 하려 하였노라(고전 2:4-5).

사도 바울이 여기서 말하는 "설득력 있는 지혜의 말로 하지 아니하고"라는 말은 무슨 뜻인가? 이 책에서 논하는 그림 언어나 대구법을 모조리 부정하는 말인가? 결코 그렇지 않다. "설득력 있는 지혜의 말"은 당시 그리스, 로마 시대의 시대적 배경에서 이해해야 한다.

수사법은 본래 법정에서 자신의 입장을 변증하기 위해 시작되었다. 그런데 궤변론자들(sophists)이 등장하면서 수사법은 옳고 그름을 떠나서 무조건적으로 법정 논쟁에서 이기는 수단으로 변질되었다. 그리하여 철학자 소크라테스와 플라톤은 수사법을 부정적으로 평가하기에 이르렀다. 그러다 나중에 아리스토텔레스가 수사법이란 설득의 수단으로, 그 자체가 나쁜 것이 아니라고 하면서 원래 위치로 돌려놓았다.[33]

바울이 말하는 "설득력 있는 지혜의 말"은 바로 궤변론자들이 실행했듯이 진리의 여부를 떠나서 무조건 이기기를 꾀하는 변질된 수사법에 대한 경고가 아닌가 생각한다.[34] 고든 피(Gordon D. Fee)는 본문에 대한 바울의 의도를 이렇게 본다. "그가 거부하는 것은 설교가 아니다. 더군다나 설득력 있는 설교도 아니다. 그가 거부하는 것은 모든 설교의 진짜 위험인 자기 의존이다."[35]

사도 바울의 서신에는 이 책에서 강조하는 그림 언어와 대구법이 넘쳐난다. 바울이 사용하는 이미지들이 얼마나 종류가 많고 다양한가? 각자의 은사를 설명하기 위해 '지체'의 이미지를 사용하고, 사역에 전력을 다해야 하는 이유와 목표 의식과 정도(正道)를 가르치기 위해 '달리기'의 이미지를 사용하고, 그리스도를 향한 헌신을 설명하기 위해 '군사'의 이미지를 사용하고, 올바른 언어 사용을 위해 '소금의 맛' 이미지를 사용하고, 영적인 무장을 위해 군인의 '전신갑주' 이미지를 사용한다.

사도 바울이 이미지를 이토록 풍부하게 사용하는 것은 구약성경의 전통과 맥을 같이한다. 앞으로 보겠지만 구약성경의 시가서와 선지서에는 생동감과 생명력이 넘치는 이미지로 가득 차 있다. 이는 성경 고유의 수사법들로, 성경은 이런 성경 고유의 수사법 사용을 부정하지 않는다. 성경이 사용하는 수사법을 성경이 부정한다면 자기모순에 빠지고 만다.

바울은 또한 대구법도 곧잘 사용한다. 바울이 "설득력 있는 지혜의 말"에 대한 부정적인 평가를 하는 바로 이 본문에서조차 두 가지 대구법을 사용한다는 사실이 놀랍다.

내 말과 내 전도함이
    설득력 있는 지혜의 말로 하지 아니하고 /
    다만 성령의 나타나심과 능력으로 하여 // (대조적 대구법)
너희 믿음이 사람의 지혜에 있지 아니하고 /
다만 하나님의 능력에 있게 하려 하였노라 // (대조적 대구법)

바울은 여기에 두 번의 대조적 대구법을 사용한다. 어디 여기뿐인가? 본문이 나오는 고린도전서 2장에 바울은 여러 가지 대구법을 더 사용한다.

이는 이 세상의 지혜가 아니요 /
또 이 세상에서 없어질 통치자들의 지혜도 아니요 // (6절)
기록된 바 하나님이 자기를 사랑하는 자들을 위하여 예비하신 모든 것은
    눈으로 보지 못하고 /
    귀로 듣지 못하고 /
    사람의 마음으로 생각하지도 못하였다 //
        함과 같으니라(9절)
오직 하나님이 성령으로 이것을 우리에게 보이셨으니 /

성령은 모든 것 곧 하나님의 깊은 것까지도 통달하시느니라 // (10절)

　사람의 일을 사람의 속에 있는 영 외에 누가 알리요 /

　이와 같이 하나님의 일도 하나님의 영 외에는 아무도 알지 못하느니라 // (11절)

　우리가 세상의 영을 받지 아니하고 /

　오직 하나님으로부터 온 영을 받았으니 // (12절)

　우리가 이것을 말하거니와 사람의 지혜가 가르친 말로 아니하고 /

　오직 성령께서 가르치신 것으로 하니 // (13절)

　육에 속한 사람은 하나님의 성령의 일들을 받지 아니하나니 이는

　　그것들이 그에게는 어리석게 보임이요 /

　　또 그는 그것들을 알 수도 없나니 //

　　그러한 일은 영적으로 분별되기 때문이라(14절)

　여기에서 "…… / …… //" 부분은 모두 대구법을 사용한 곳이다. 이로 보건대 바울은 성경 중에 특히 히브리 시인들이 자주 사용하는 이미지와 대구법을 거리낌 없이 사용함을 알 수 있다. 그러므로 고린도전서 2장 4-5절에서 바울이 말하는 "설득력 있는 지혜의 말"은 성경적 수사기법을 거부하는 말이 아니다. 오히려 이런 성경적 수사기법을 바울처럼 더욱 적극적으로 사용해야 현시대의 추상화된 언어에서 벗어날 수 있다. 수사법 사용에 대해서 아직 의문이 든다면 "들어가는 글"에서 인용한 어거스틴의 말을 참조하길 바란다. 시간이 허락한다면 어거스틴의 『그리스도교 교양』 제4권을 읽어 보길 추천한다.[36]

# 6

# 수사법 이전에
# 구비되어야 할 것은 무엇일까?

---

고대 희랍 시대 철학자 아리스토텔레스와 로마시대의 키케로와 퀸틸리안 등은 수사학에 탁월한 사람들로, 이들이 주축이 되어 토대를 놓은 수사학을 "고전수사학"이라고 칭한다.[37]

이들의 글은 중세의 르네상스 시대뿐 아니라 지금까지 많은 영향을 준다. 이들 고전수사학자들은 수사학 훈련 영역으로 다섯 단계를 꼽았다. 이 다섯 가지 영역은 설교자들도 알고 있으면 도움이 된다.[38]

(1) 주제 설정 (inventio)

(2) 배열 (dispositio)

(3) 문체 (elocutio)

(4) 암기 (memoria)

(5) 전달 (actio)

주제 설정은 "연설을 계획하고 이에 사용할 논거"를 잡는 과정이다. 배열은 각 부분의 글을 효과적인 구조로 배치하는 과정이다. 문체는 "어휘의 선택과 어휘를 문장으로 만드는 일"과 "비유의 사용" 등을 포함한 과정이다. 암기는 "전달을 위해서 준비"하는 과정이다. 전달은 "음성의 통제와 제스처의 사용을 위한 규칙"을 익히는 과정이다. 이 다섯 단계는 고전수사학뿐만 아니라 모든 수사학의 "보편적인 범주"에 속한다.[39)] 고전수사학의 다섯 가지 훈련 영역은 설교자들이 설교를 준비하고 선포하는 과정과 크게 다를 바가 없다.

그런데 먼저 강조하고 싶은 것은 수사기법 사용 이전에 정확한 성경 해석에 기초한 설교를 해야 한다는 것이다. 간혹 설교자가 성경의 핵심 메시지에서 벗어난 설교를 하는 것을 들은 적이 있을 것이다. 어떤 설교자는 성경 본문을 읽고 메시지는 성경과는 전혀 관계가 없는 자기 말만 하기도 한다. 계시된 하나님의 말씀에서 벗어난 설교는 설교가 아니라 자기 소리다. 성도들이 목회자의 설교를 듣는 것은 사람의 말을 듣기 위해서가 아니라 하나님의 말씀을 듣기 위해서라는 사실을 잊지 말라.

그러므로 설교자는 하나님의 말씀인 성경을 철저히 읽고 연구하고 묵상한 후에 성경이 말하는 정확한 메시지를 청중들에게 전달해야 할 사명이 있다. 수사가는 특정한 정치 이슈와 같은 아이디어를 갖고 주제 설정을 한다. 그러나 설교자는 하나님의 말씀으로부터 메시지를 찾고 성도들에게 전달해야 한다.

청중의 필요를 무시하라는 말이 아니다. 청중의 필요를 다루지만 어디까지나 성경이 말하는 답을 주어야 한다. 성도들이 어떤 문제로 고민하는지 잘 파악하고 성경에서 답을 찾기 위해 성경을 읽고 연구하고 묵상하는 것이 설교를 준비하는 중요한 과정이 아니겠는가?

역사비평(자료비평, 양식비평, 편집비평, 전승사비평)이 성경 해석에 등장하면서 설교에 상당한 어려움을 끼친 것 같다. 이런 통시적(通時的) 접근 방법론들은 성경을 있는 대로 보지 않고 성경의 생성 배경에 주로 관심을 갖고 있다. 또 이런 방법론들은 너무 전문화되어 있기 때문에 설교를 위한 단순한 메시지를 파악하는 데 오히려 방해가 된다.

감사한 것은 1970년대 이후에 성경을 있는 그대로 보자는 공시적(共時的) 접근 방법론들(수사비평, 구조비평, 서사비평, 문예비평, 정경비평 등)이 등장하면서 성경해석학이 설교에도 많은 도움을 주고 있다.

무엇보다 성경해석학의 기본 원리들은 성경의 메시지를 파악하는 데 큰 도움을 준다. 성경 해석의 기본 원리인 면밀한 읽기(관찰), 본문 이해(해석), 그리고 삶에 적용하는 과정은 본문의 메시지를 올바로 이해하고 해석하고 적용하는 데 필수 과정이다. 성경 해석 과정 없이 설교에 임하면 본문의 메시지를 잘못 파악하는 우를 범하기 쉽다.

설교학자들 중에서 하돈 로빈슨(Haddon Robinson) 같은 학자는 커뮤니케이션 이론을 설교학에 도입하면서 성경의 핵심 메시지를 효과적으로 파악하는 데 크게 기여했다.[40] 그의 본문 분석 방법은 설교를 위해 성경 본문의 핵심 메시지를 효과적으로 찾는 방법을 잘 가르쳐 준다. 지금까지 성경해석학과 설교학은 서로 동떨어진 느낌이다. 설교를 염두에 두지 않은 성경해석학이나 성경해석학을 무시한 설교는 모두 문제가 있다.

그림 언어와 대구법을 사용하기 전에 성경 본문의 메시지를 정확히 파악하는 성경 해석 과정을 반드시 거쳐야 한다. 정확한 성경 해석 위에 감동과 생명력을 일으키는 수사 원리를 적용할 수 있다. 이런 관점에서 샐리 맥패그(Sallie McFague)의 말은 매우 설득력이 있다. "이미지는 개념을 '먹여 살찌우고' 개념은 이미지의 '규율을 잡는다.' 개념이 빠진 이미지는 장님과 같고 이미지가 없는 개념은 불모지와 같다."[41]

설교자의 관점에서 '개념'이란 '성경이 전하는 핵심적인 메시지'다. 성경의 분명한 메시지를 확립하지 못한 채 끌어들인 이미지는 맥패그의 말대로 '장님'과 같다. 올바른 성경 해석에 기초한 정확한 메시지 위에 그림 언어와 대구법을 사용해야 영적인 '불모지'에 진리의 생명수를 쏟아내는 사막의 오아시스가 될 것이다.

# HEBREW

# 2부
# 생명력의 원리, 그림 언어

추상적인 말들은 하나님의 어휘에 속하지 않았다. 하나님께 속한 것은 자연의 이미지들, 강한 감성들과 느낌들이다. 에스겔은 "여호와의 말씀을 먹는다." 하나님은 이사야의 입술을 타는 숯으로 정결케 한다. 예수님의 언어는 행동 언어들, 드라마와 움직임("차지도 덥지도 않은가? 내가 너를 내 입에서 토해내리라!")과 생생한 몸의 이미지들("오 주여, 내 뼈가 주께 부르짖나이다")을 선호한다.[42] _ 피츠제럴드

# 1
# 생동감과 생명력의
# 수사 원리인 그림 언어

한번은 목회자들 모임에서 이야기를 나누던 중에 김삼환 목사의 책이 화두에 올랐다. 명성에 비해 책 내용에서는 특별한 점을 발견할 수 없었다는 게 중론이었다. 목회자들의 이야기는 여기서 끝나지 않고, 그런데도 명성교회에는 어떻게 그리도 많은 성도가 모일까 하는 궁금증으로 이어졌다. "그의 설교에 무슨 마법이 있는 걸까?" 이후 여러 의견들을 나누다 '이거다' 싶은 말이 들려왔다. "김삼환 목사의 설교에는 마치 '갈고리'로 교인들의 마음을 꿰는 것 같은 무언가가 있습니다."

## 김삼환 목사의 '갈고리'

교인들의 마음을 꿰는 김삼환 목사의 '갈고리'가 도대체 무엇일까? 그날의 모임 이후 내내 궁금증을 놓지 못했는데, 나중에 성경에 나오는 수사법을 연구하면서 그 비밀을 깨달았다.

나 역시 김삼환 목사의 설교를 자주 듣고 은혜를 받았는데, 그의 설교를 설교학적 관점에서 보면 서론도 결론도 빈약하고 논리도 좀 부족하지만 설교를 들으면 '갈고리'에 마음이 꿰여 강하게 끌리는 느낌에 사로잡힌다.

필자는 물론이요 많은 교인들을 강하게 끌어당긴 김삼환 목사의 갈고리는 바로 그가 수없이 사용하는 '그림 언어'들이다. 그가 구사하는 구체적인 그림 언어들을 가만히 듣고 있노라면 마치 눈앞에 영상이 펼쳐지는 듯한 착각에 빠진다. 그렇게 그의 설교가 생동감을 얻고 생명력 있게 교인들에게 다가간다. 이 '갈고리'에 마음을 빼앗긴 청중들은 매 주일 그의 설교를 듣지 않고는 견디지 못하는 것이다.

아래 인용문은 2014년 2월 2일에 시편 18편 1-6절을 중심으로 "주만 나의 힘이십니다"라는 제목으로 했던 설교 일부다. 김삼환 목사는 이때 적어도 35개 이상의 그림 언어를 사용했다.

며칠 전 「문화일보」에 나온 "행복한 뇌는 포기하지 않는다"는 기사가 참 좋아서 여러분에게 한번 소개할까 합니다. 행복한 뇌는 끊임없이 행복 호르몬을 만들어 낸다고 합니다. 행복이 어디에 있느냐? 뇌에 있다는 것입니다. 성공이 어디에 있느냐? 뇌에 있습니다. 교인이 왜 좋으냐? 교회에 나오면 끊임없이 뇌가, 건강한 뇌가 움직이고, 믿음의 뇌가 움직이고, 사랑의 뇌가 움직이고, 감사의 뇌가 움직입니다.
그래서 교인은 피곤해지지 않습니다. 스트레스를 안 받습니다. 똑같은 상황에서도 뇌가 우리를 건강하게 회복해 주기 때문입니다.

싫증이 나지 않습니다. 남편이 아내를 사랑할 수 있는 사랑의 에너지는 1년 6개월이면 끝난다고 합니다. 과학자들이 분석해 본 결과입니다. 그다음부터는 억지로 산다고 합니다. 그런데 예수님을 믿으면 전혀 그렇지 않습니다. 교회 나오면 이 뇌가, 믿음의 뇌가 움직이기 때문에 끊임없이 사랑하게 되고, 감사하게 됩니다.

저도 저희 집사람과 결혼한 지가 45년이 지났지만 아직도 미스 이입니다. 이영자 그때보다 더 예쁘고, 더 사랑스럽고 볼 때마다 내 가슴이 두근두근 하는 것은 왜 그러냐? 이건 계속해서 40년, 100년 가도 마찬가지입니다. 앞으로 500년 가도 내 마음은 식지 않습니다. 왜 그런가 하면 주님이 주신 마음, 뇌가 움직이는 것입니다.

여러분, 교회를 사랑하는 사람은 뇌가 움직입니다. 이 뇌에서 끊임없는 창조적인 뇌가 움직이고, 믿음의 뇌가 움직이면서 미래의 희망의 뇌가 움직입니다. 뇌가 계속해서 공급해 주는 것입니다. 그래서 같은 사업을 해도 교인의 사업이 잘되는 이유가 어디 있느냐? 계속 뇌가 움직여서입니다.

그러니 교회라는 이 공간은 여러분의 뇌에 에너지를 공급해 주는, 하늘의 에너지를 공급해 주는 곳입니다. 교회가 여러분의 축복의 근원이 될 줄로 믿습니다.

김삼환 목사는 '뇌가 움직인다'는 강렬한 그림 언어를 반복적으로 사용해 성도들이 교회 생활을 잘하면, 뇌 활동에 매우 긍정적인 영향을 미친다고 설명한다. 이를 그림 언어를 사용하지 않고 표현한 것과 비교해 보자.

(김삼환 목사의 표현)

"교회에 나오면 끊임없이 뇌가, 건강한 뇌가 움직이고, 믿음의 뇌가 움직이고, 사랑의 뇌가 움직이고, 감사의 뇌가 움직입니다."

(그림 언어를 뺀 표현)

"교회에 나오면 건강한 생각을 하게 되고, 믿음이 자라고, 사랑을 하게 되고, 감사하는 사람이 됩니다."

(김삼환 목사의 표현)

"여러분, 교회를 사랑하는 사람은 뇌가 움직입니다. 이 뇌에서 끊임없는 창조적인 뇌가 움직이고, 믿음의 뇌가 움직이면서 미래의 희망의 뇌가 움직입니다."

(그림 언어를 뺀 표현)

"여러분, 교회를 사랑하는 사람은 활력이 있습니다. 마음에서 창조적인 생각이 들고, 믿음이 역사하고, 미래에 대한 희망이 생깁니다."

그림 언어를 넣은 표현과 그림 언어를 뺀 표현 간에 차이가 느껴지는가? 그림 언어가 들어 있는 표현에서는 마치 뇌가 살아서 펄쩍펄쩍 뛰어다니는 듯 느껴진다. 그림 언어와 함께 건강한 생각이 살아서 꿈틀거리고, 믿음이 살아서 꿈틀거리고, 사랑이 살아서 꿈틀거리고, 감사가 함께 살아서 꿈틀거리는 듯하다.

## 조나단 에드워즈의 그림 언어

설교에서 그림 언어의 역할이 얼마나 중요한가를 보여 주는 또 한 사람이 있다. 조나단 에드워즈(Jonathan Edwards; 1703-1758) 목사로, 그는 "미국에서 가장 중요하고 독창적인 철학적 신학자"로 인정을 받고 있고 "미국의 최고 지성인 중에 한 사람"으로 꼽힌다.[43]

에드워즈 목사는 미국의 제1차 영적각성운동을 일으키는 데 결정적인 역할을 했는데, 그가 전한 "진노한 하나님의 손에 있는 죄인들"(Sinners in the Hands of an Angry God)이라는 설교는 미국 대각성운동 시기의 대표적인 설교다. 이 설교에서 그가 얼마나 생생한 그림 언어를 사용하여 죄인들이 하나님의 임박한 진노 아래 있는지를 잘 묘사한다.

> 당신의 악함은 납이 무거운 것처럼 당신을 무겁게 만들고, 그 큰 무게와 압력이 지옥을 향하여 아래로 향하게 만듭니다. 하나님께서 당신을 놓으시면, 즉시 가라앉고 재빨리 떨어져 끝없는 심연으로 곤두박질할 것입니다. 당신의 건강한 몸과 당신 자신의 조심스러움과 신중함과 최선의 계획과 모든 당신의 의는, 거미줄이 떨어지는 바위를 받을 수 없는 것처럼 당신을 지탱하거나 당신을 지옥에서 지켜 줄 아무 영향도 줄 수 없습니다.[44]

죄악의 엄청난 무게를 '무거운 납'이라는 그림 언어로 생생하게 묘사하고 있고, 떨어지는 무거운 바위를 '거미줄'이 지탱할 수 없는 것처럼 더러운 누더기 같은 '인간의 의'도 너무도 연약한 실체임을 역시 그림 언어를 사용해 표현한다. 떨어지는 바위의 이미지와 거미줄이라는 이미지가 참으로 강렬하게 와 닿는다.

에드워즈가 그려낸 생생한 그림 언어는 그의 설교에 생동감과 생명력을 불어넣었고, 나아가 성령의 감동하심 가운데 수많은 죄인들이 회개하고 돌아오도록 이끌었다. 그렇게 그의 설교는 미국 대각성운동의 촉매 역할을 톡톡히 해냈다.

## 찰스 스펄전 목사의 감각 언어

설교의 황태자라고 불리는 찰스 스펄전(Charles Haddon Spurgeon; 1834-1892) 목사의 설교는 그림 언어로 넘쳐난다. 블랙우드(Blackwood)는 스펄전 목사를 사도 시대 이래로 가장 영향력 있는 설교자로 꼽았다.[45] 한편 제이 아담스 교수는 스펄전 목사의 설교를 그림 언어라는 표현 대신 다섯 가지 "감각적 호소"(sense appeal)의 관점에서 분석했다.[46]

아담스 교수는 스펄전 목사가 특별히 시각, 청각, 촉각, 후각, 미각 등 다섯 가지 감각에 생생하게 호소하는 탁월한 설교자라고 밝혔다.[47] 스펄전 목사가 가장 많이 사용한 감각적 호소 방법은 시각에 호소하는 방법인데, 다른 모든 감각에 호소하는 것을 합친 것보다 더 많았다고 한다.[48]

두 번째 많이 사용한 그림 언어는 청각적 언어였다. 청각적 언어도 나머지 촉각, 미각, 후각적 언어를 합친 것보다 많았다고 한다. 나머지 세 가지 중에 촉각적 언어가 미각과 후각적 언어를 합친 것보다 많았다고 한다.[49]

그랜빌 비망록에 따르면 스펄전 목사가 설교하기 시작해서 45분쯤 지나면 청중들이 손수건을 꺼내 눈물을 닦고 흐느끼는 소리가 들려왔다고 한다. 그때부터 설교의 효과가 나타나기 시작했던 것이다.[50]

오늘날 설교에는 이런 감동과 생명력이 나타날 수 없는가? 아담스 교수는 현대 설교자들이 설교에 실패하는 이유 중 하나로 스펄전 목사가 자주 사용했던 '감각적 호소'가 부족하기 때문이라고 진단한다.[51]

아담스 교수가 오관(伍官)이라는 감각에 호소한다고 설명하지만 이는 사실 더 넓은 범주인 그림 언어(이미지)의 하위 범주에 속한다.[52] 아담스 교수가 스펄전의 설교에서 발췌한 실례를 함께 보자.

> 예수님의 피 흘리는 손이 긍휼을 떨어뜨리는 갈보리의 십자가로부터, 구세주의 피 흘리는 땀구멍들이 용서를 흘리고 있는 겟세마네 동산으로부터, 부르짖음이 들려옵니다.
> "나를 보라, 그러면 구원을 받을 것이다."
> 그곳을 바라보세요. …… 그의 손이 당신을 위해서 못 박혔습니다. 그의 발이 당신을 위해 피를 솟구쳐 흘렸습니다. 그의 옆구리가 당신을 위해 넓게 열렸습니다. 그리고 당신이 긍휼을 입는 방법을 알기를 원한다면, "보라" 여기에 있습니다.[53]

스펄전 목사는 십자가 설교를 무척 자주 했는데, 그때마다 생생한 시각적 이미지를 사용했다. "예수님의 피 흘리는 손", "긍휼을 떨어뜨리는 갈보리의 십자가", "구세주의 피 흘리는 땀구멍들", "용서를 흘리고 있는 겟세마네 동산"이라는 표현에 예수님의 피와 함께 뭔가가 함께 흘러내리는 듯한 강렬한 영상들(images)이 마음속에 떠오른다.

여기에 반복해서 나타나는 그림 언어는 예수님의 피 흘리는 손과 피 흘리는 땀구멍들이라는 이미지에 착안하여, 긍휼을 떨어뜨리고 용서를 흘리고 있는 생생한 영상들을 연결시키고 있어, 마치 십자가에서 떨어지는 핏방울이 하나님의 긍휼과 용서로 변화되어 우리에게 쏟아져 내리는 듯한 강렬한 이미지로 다가온다.

이런 그림 언어로 마음의 영상을 선명하게 그린 후에 나타나는 "나를 보라"는 시각적 표현은 마치 주님께서 부르시는 음성처럼 들린다. 또한 "그곳을 바라보세요", "보라"라는 시각적 호소에 청중들은 자연스레 마음 문을 열고 "아멘"으로 응답하게 된다. 스펄전 목사는 과연 그림 언어의 천재이다.

예수님도 그림 언어의 천재이셨다. 예수님의 비유 대부분이 그림 언어들로 가득 차 있다. 마태복음 13장을 보자. 씨 뿌리는 비유, 겨자씨와 누룩 비유, 가라지 비유, 감춰진 보화 비유, 좋은 진주를 구하는 장사꾼 비유, 그물 비유 등 당시에 친숙한 그림 언어들을 사용하여 하나님 나라의 심오한 진리를 쉽게 설명하셨다. 예수님의 이와 같은 가르침에 청중들은 놀라움을 금치 못했다.

왜 선지자들과 시편 기자들과 예수님께서 그림 언어를 중요한 소통의 수단으로 사용하였겠는가? 그림 언어에는 생동감과 생명력이 넘쳐나기 때문에 머리에서 가슴까지 가는 시간이 오래 걸리지 않기 때문이다.[54]


## 그림 언어가 얼마나 중요한가?

크래독은 사람이 변화하는 최상의 방법은 그림 언어라고 말한다. 마음의 화랑에 걸린 이미지가 달라져야 사람이 변화된다는 말이다. 크래독이 이어서 강조하기를 과거에는 그림 언어를 장식 정도 혹은 부차적인 것으로 여겨 왔으나 "그림 언어가 마음속의 다른 이미지를 바꾸어 놓기 때문에 사람과 사회를 변화시키는 진정한 능력이 있다"라고 믿는다. 그래서 그림 언어는 설교에서 예화 정도로 여길 것이 아니라 "설교 전체의 형태에 본질적인 것일 뿐만 아니라 설교의 내용과도 불가분"의 관계가 있다고 강조했다.[55]

그림 언어가 이렇게 중요하기 때문에 1872년 "예일대학교 리먼 비처 설교 강좌"를 설립한 헨리 와드 비처(Henry Ward Beecher, 1813-1887)는 그림 언어를 "설교자가 지녀야 할 요소들 중에 가장 중요한 것"이라고 했다.[56] 또 미국 전국 가톨릭 주교 컨퍼런스에서는 "우리가 시인과 이야기꾼의 그림 언어에 호소하면 할수록, 사람들이 가슴과 마음으로 그만큼 더 반응하도록 설교할 수 있을 것이다"라고 신부들에게 도전했다.[57] 가톨릭 신부들도 그림 언어가 사람들의 가슴과 마음을 파고드는 최상의 언어임을 감지하고 있는 것이다.

크래독은 "설교는 표현에서 시작하는 것이 아니라, 감동에서 시작하기" 때문에 삶에 대한 시각적 청각적 미각적 '민감성'을 지녀야 한다고 강조했다.[58] 그가 말하는 민감성은 곧 그림 언어적 민감성이다.

## 2
## 그림 언어란 무엇인가?

미국 뉴저지 주에 목회자와 성도들이 자주 찾는 〈크리스천 아카데미〉라는 수양관이 있다. 그곳에서는 울타리를 치고 사슴, 양, 염소, 토끼, 닭 등을 키운다. 갈 때마다 가끔 주변에 난 풀을 뜯어 넣어 주곤 했는데 어느 날 놀라운 광경을 보았다.

풀이 닭장 안에 떨어지자 제일 먼저 덩치 큰 수탉이 쫓아왔다. '아, 요놈이 먼저 다 먹어 버리겠구나!'라고 생각했는데, 웬걸 이 수탉이 먹지 않고 풀잎들을 물었다 놓았다 하면서 맛있는 음식이 왔다고 쿠쿠쿠 소리를 내는 게 아닌가! 수탉의 소리를 듣고 암탉들이 곧 쫓아왔다. 암탉들은 오자마자 풀을 맛있게 쪼아 먹기 시작했다. 암탉들이 어느 정도 먹은 후에야 수탉이 먹기 시작했다. '수탉의 암탉 사랑'은 상당히 충격이었다.

그날 본 수탉이 암탉을 사랑하는 그림은 지워지지 않고 내 머릿속에 생생하게 남아 있다. 그리고 이 그림은 곧 내 설교의 귀중한 예화가 되었다. 다른 무엇보다 가정이 화목해야 하나님의 은혜도 임한다. 가정이 화목하지 못하면 신앙생활 자체도 힘들다. 신앙을 가장 먼저 실천해야 할 장소가 바로 가정이다. 가정에 대한 설교를 하면서 부부 사랑을 백번 외치는 것보다 '수탉의 암탉 사랑 이야기'를 하면 더 효과적이었다. 머리 안 좋은 동물의 대명사인 닭조차도 암컷을 그리 아끼는데, 하물며 사람이 자기 아내를 진정으로 사랑해야 하지 않겠는가! 백 마디 말보다 한 폭의 그림 언어가 많은 이들에게 더 깊은 인상을 남긴다.

## 그림 언어란?

어떤 개념을 마음속에 선명한 그림으로 전달하는 것이 그림 언어이다. 부부 사랑이라는 개념을 추상적인 언어로 논하는 것이 아니라, 수탉이 암탉을 사랑하는 모습(마음의 그림)을 통해 부부가 어떻게 사랑해야 하는가를 보여 주는 것이다.

수탉의 암탉 사랑이라는 예화에는 얼마나 여러 가지 그림 언어가 등장하는가? 수탉, 암탉, 풀, 울타리, 쿠쿠쿠 소리 등. 그리고 필자는 그 수양관의 그래픽한 이미지를 보여 주기 위해 그곳에서 키우는 동물들을 열거했다. 그렇게 함으로써 그곳이 얼마나 목가적이며 아름다운 곳인지 그릴 수 있도록 도왔다.

시편 기자들도 이와 같은 그림 언어로 기록을 남겼다. 롱맨 교수가 예로 든 시편 114편을 보라.

바다가 보고 도망하며

요단은 물러갔으니

산들은 숫양들같이 뛰놀며

작은 산들은 어린 양들같이 뛰었도다

바다야 네가 도망함은 어찌함이며

요단아 네가 물러감은 어찌함인가

너희 산들아 숫양들같이 뛰놀며

작은 산들아 어린 양들같이 뛰놂은 어찌함인가(시 114:3-6).

이 시편을 문자적으로 받으면 이해하기 힘들다. 어떻게 바다가 도망가며 요단이 사람처럼 물러가겠는가? 어떻게 산들이 숫양들처럼 뛸 수 있는가? 어떻게 작은 산들이 어린 양들같이 뛸 수 있겠는가? 그런데 시편 기자는 이렇게 표현한다. 출애굽의 기쁨을 생생하고 생동감 넘치도록 묘사하기 위해 그림 언어들을 풍성하게 사용한다.[59] 그림 언어가 청중들의 가슴에 가장 잘 와 닿기 때문이다. 생동감과 생명력을 불어넣기 때문이다.

그림 언어를 복잡하게 생각할 필요가 없다. 롱맨 교수는 그림 언어를 매우 단순하게 정의한다. 그림 언어란 "(시를 읽을 때) 우리 마음속에 생겨나는 그림들"이다.[60]

『성경 이미지 사전』(Dictionary of Biblical Imagery)에서도 비슷하게 정의했다. "이미지란 (나무와 집과 같은) 구체적인 것이나 (달리기나 타작과 같은) 행동을 지칭하는 단어이다. 우리가 그림을 그릴 수 있는 어떤 대상이나 행동도 이미지이다."[61]

이미지의 종류를 열거하자면 구체적인 것이나 행동만으로 묘사하기에는 너무 단순한 느낌이 있으나 개념의 단순화를 위해서는 좋은 정의라고 생각한다. 그래서 스트론(B. A. Strawn)은 여러 학자들의 정의를 종합하여 실험적 정의를 내렸는데, 그림 언어란 "그림을 그리거나 시각적이라는 점에서 공통적"이라고 했다.[62]

## 상징도 그림 언어의 일종이다

『성경 이미지 사전』에서는 그림 언어와 상징(symbol)을 구분해서 정의를 내린다. "상징이란 문자적인 의미에 더하여 뭔가를 나타내는 이미지이다. 이는 직설적인 이미지가 단순히 함축하고 있는 것보다 더 많은 의미를 포함하고 있다."[63]

예를 들면, 요한복음 4장에 나오는 '물 이미지'는 "그림 언어와 상징이 어떻게 다른가"를 잘 보여 준다. 예수님께서 우물가 여인에게 물 이야기를 할 때, "물은 그림 언어를 뛰어넘어 상징의 역할"을 한다. 물이라는 그림 언어에서는 "일차적으로 물의 문자적 속성이 중요하지만," 예수님이 사용한 "물이라는 상징은 문자적인 의미는 부차적이고 '구원'이 일차적인 의미이다."[64] 바로 이것이 이미지와 상징의 차이점이다.

그러나 중요한 점은 상징도 일종의 그림 언어로 표현된다는 점이다. 예수님께서 구원을 그냥 단순히 추상적인 용어인 '구원'으로 표현하지 않고 '물'이라고 표현한 이유가 있다. 예수님과 여인과의 처음 대화 주제는 물이었다. 예수님은 그때 목이 마르셨고 그녀에게 물을 좀 달라 요청했다. 사마리아에 사는 이 여인에게 물은 참으로 소중하다. 그래서 힘들어도 물 긷는 일을 해야 생존할 수 있다. 바로 이 '물 이미지'에 착안하여 예수님은 그의 배에서 영원히 솟아나는 생수를 소개하신다(요 4:14).

그녀의 눈이 번쩍 뜨이지 않았겠는가? 예수님께서 물이라는 상징을 통하여 구원을 소개함으로써, 그만큼 듣는 이의 가슴이 열리고 그 물을 사모하게 만들었다. 이를 접촉점으로 삼아 예수님은 생수의 근원이 되는 자신을 소개하셨다. 그 여인의 반응이 어떠했는가? 나에게 그 물을 주어 나로 하여금 목마르지 않고 이곳에 물 길러 오지도 않게 해 달라고 요청하기에 이른다(요 4:15).

여기서 중요한 점은 상징도 일종의 그림 언어라는 사실이다. 물이라는 그림 언어 때문에 상징이 더욱 가슴에 와 닿은 것이다.

## 효과적인 그림 언어란?

왓슨(W. G. E. Watson)은 그림 언어에 대하여 설명하기를 화가가 그림을 그리듯이 "시인은 그의 어휘에 생동감과 움직임이 있는 그림들로 채워서 감각에 호소한다. 미술가는 다양한 색채를 사용할 수 있지만, 시인은 비유적 언어로 그림을 그리도록 이미지에 호소해야 한다"고 했다.[65] 왓슨은 울만(Stephen Ullmann)의 견해를 빌려 이미지의 특성을 세 가지로 요약한다.

첫째, 그림 언어는 "추상적인 개념에 기초하지 않으며, 매우 구체적이고, 감각과 관계있다."

둘째, "이미지는 놀라움의 요소를 포함해야 한다."

셋째, "그림 언어는 새로워야 하고, 비교적 알려지지 않은 것이어야 한다. 만약 옛날 이미지를 사용한다면 적어도 새로운 각도로 주어져야 더 효과적이다."66) 울만이 원래 세 번째 항목에서 강조한 의미는 진정한 이미지에는 "신선함과 독창성"이 있어야 한다는 뜻이다.67) 울만과 왓슨이 말한 이 세 항목 가운데 둘째와 셋째 항목은 어떤 그림 언어가 효과적인가를 생각할 때 유용하리라고 본다.

이사야 7장에는 애굽을 '파리'라는 그림 언어로 앗수르를 '벌'과 '삭도'라는 그림 언어로 묘사한다. 애굽과 앗수르가 이스라엘과 유다 땅에 쳐들어온 모습을 표현한 것이다.

> 18 그날에는 여호와께서 애굽 하수에서 먼 곳의 파리와 앗수르 땅의 벌을 부르시리니 19 다 와서 거친 골짜기와 바위 틈과 가시나무 울타리와 모든 초장에 앉으리라 20 그날에는 주께서 하수 저쪽에서 세내어 온 삭도 곧 앗수르 왕으로 네 백성의 머리 털과 발 털을 미실 것이요 수염도 깎으시리라 (사 7:18-20).

애굽 군대를 나일강에 바글거리는 파리떼에 비교한 것과 앗수르 군대를 벌떼와 면도칼에 빗댄 표현은 신선하고 독창적이며 사뭇 충격적이다. 파리떼와 벌떼가 몰려다니는 것을 본 적이 있는가? 파리떼는 더러운 곳에 번성하기에 파리떼의 이미지는 더럽고 추한 인상을 남긴다. 벌떼의 공격을 받아 본 사람은 벌떼가 얼마나 무서운가를 안다. 벌떼가 온 이스라엘 땅에 날아와 앉아 있듯이 수많은 군대가 얼마나 무서운 위력으로 쳐들어오는지 느껴진다.

앗수르를 '면도칼'(삭도)이라는 그림 언어로 묘사한 것도 놀라움과 신선함, 독창성을 겸한 표현이다. 면도를 할 때 날카로운 면도칼로 털을 밀 듯이, 백성의 머리털과 발 털과 수염을 밀겠다는 말은 백성이 철저히 수치를 당하도록 심판하신다는 뜻이다.[68] 얼마나 생생한 그림이 그려지는 시각적인 묘사인가! 이와 같이 호소력 있는 그림 언어를 위해 충격적인 요소와 함께 신선함과 독창성을 갖출 때 최대 효과를 얻을 수 있다.

## 그림 언어의 분류에 대한 견해들

이미지(image)라는 용어를 "그림 언어"라고 번역하는 데는 조금 어려움이 있다. 그런데도 그림 언어라는 용어를 계속 사용하는 이유는 언어가 사회문화적 현상이기 때문에 그 사회에서 보편적으로 사용하는 언어를 사용해야 한다는 언어적 제약 때문이다. 지금까지 한국의 많은 학자들이 이미지를 "그림 언어"로 번역해서 사용했다.

그런데 이미지라는 용어를 좀 더 정확하게 번역한다면 "감각 언어"가 더 나은 듯싶다. 왜냐하면 이미지는 시각적 요소뿐 아니라 청각, 후각, 미각, 촉각, 운동감각 등 인간이 느낄 수 있는 모든 감각을 포괄하는 개념이기 때문이다.

앞서 말했듯 제이 아담스 교수는 찰스 스펄전 목사의 설교를 "감각적 호소" 관점에서 보고 스펄전의 설교 언어를 시각, 청각, 촉각, 미각, 후각 등 다섯 가지 감각기관에 맞추어 분석했다. 아담스는 이미지라는 용어를 사용하지는 않았지만 그의 분석은 정확히 우리가 연구하는 그림 언어와 일치한다.

이미지 연구의 대가인 미첼(W. J. T. Mitchell)은 그림 언어의 족보를 다음과 같이 분류한다.

① 그래픽 이미지 (사진, 동상, 디자인)
② 광학적 이미지 (거울, 투사)
③ 지각적 이미지 (감각 데이터, 종류, 외관들)
④ 정신적 이미지 (꿈, 기억, 아이디어, 공상들)
⑤ 언어적 이미지 (은유들, 묘사들)

그래픽 이미지는 미술 역사가의 영역이고, 광학적 이미지는 물리학자의 영역이며, 감각적 이미지는 생리학자, 신경학자, 심리학자, 미술 역사학자, 광학자의 영역이고, 정신적 이미지는 심리학과 인식론의 영역이고, 언어적 이미지는 문학비평가의 영역이라고 분류했다.[69]

미첼은 그의 책에서 정신적 이미지와 언어적 이미지에 대해 분류학상의 이의를 제기한다. 그는 철학적인 관점에서 보았기 때문에 이 책에서 말하는 그림 언어와는 거리가 먼 영역까지 다룬다. 특히 현대 "시학"(poetics)에서 비유적 표현과 문자적 표현을 구분하지 않고 모두 이미지의 관점에서 접근하는 방법론은 여기서 말하는 이미지(그림 언어)와는 거리가 먼 논의이다.[70] 그러므로 여기서 그의 이론을 더 깊이 다루지 않겠다.

심리학자들은 이미지를 일곱 가지로 분류했는데, 이와 같은 분류가 그림 언어를 생성하는 데 도움이 될 것 같아 소개한다.

① 시각적 이미지 (시각, 밝기, 명료성, 칼라, 동작),

② 청각적 이미지 (청각),

③ 후각적 이미지 (냄새),

④ 미각적 이미지 (맛),

⑤ 촉각적 이미지 (울퉁불퉁함, 온도, 질감),

⑥ 유기적 이미지 (심장박동, 맥박, 호흡, 소화),

⑦ 운동감각적 이미지 (근육의 긴장감, 움직임)[71]

그림 언어를 관찰할 때, 이런 분류를 염두에 두면 상황에 맞는 그림 언어를 구상하는 데 도움이 될 것이다.

## 그림 언어의 분류

### 1) 시각적 이미지

하나님께서도 그림 언어를 즐겨 사용하셨다. 아브라함도 인간인지라 하나님의 약속을 의심하는 순간이 있었다. 하나님께서 부르신 후에 상당한 시간이 지났음에도 아브라함은 자식을 얻지 못하자, 그는 자신의 종인 엘리에셀이 나의 상속자라고 하나님께 우긴다(창 15:2). 이에 하나님께서는 시각적 이미지를 사용해 아브라함의 믿음이 떨어지지 않도록 교육하셨다. 아브라함을 밖으로 이끌어 내시고는 하늘을 보여 주시며 "<u>하늘을 우러러 뭇별을 셀 수 있나 보라</u>"(창 15:5)고 말씀하신다. 이어서 네 자손이 이와 같이 많을 것이라고 약속하셨다.

하늘에서 반짝이는 수많은 '별' 이미지를 사용하셔서 아브라함 자신의 후손이 별처럼 빛나는 모습을 마음속에 그리게 하셨다. 얼마나 마음에 와 닿는 그림 언어인가! 아브라함이 하늘의 뭇별을 본 직후에 성경은 이렇게 기록한다. "아브람이 여호와를 믿으니 여호와께서 이를 그의 의로 여기시고"(창 15:6).

아브라함이 얻은 믿음이 하나님께서 별 이미지를 사용해 교육하신 뒤에 생겨났듯 우리 역시 마음을 파고드는 강렬한 그림 언어 덕분에 귀가 열리고 눈이 열리고 메시지가 가슴에 와 닿는다.

또한 아들 이삭을 모리아 산에 번제로 드리는 시험을 통과한 아브라함에게 하나님께서는 '바닷가의 모래' 이미지를 동원해 자손을 더욱 번성케 하겠다고 약속하셨다(창 22:17). '바닷가의 모래'가 얼마나 많은가? 누가 바닷가의 모래를 능히 셀 수 있겠는가? 바닷가의 모래는 과장인 것 같지만, 이는 실상 살아 있는 그림 언어이다. 이런 그림 언어로 다가오는 하나님의 메시지는 아브라함의 믿음을 더욱 강하게 만들었고, 그를 마침내 믿음의 조상이 되도록 이끌었다.

하나님께서 선지자들에게 메시지를 전할 때도 시각적인 이미지를 자주 사용하셨다. 하나님께서 예레미야를 부르신 후에 북에서부터 기울어진 끓는 가마의 모습을 그에게 보이셨다(렘 1:13-14). 그걸 본 예레미야의 마음이 얼마나 불안했겠는가? 게다가 끓는 가마가 더 기울어져 쏟아지기라도 하면 얼마나 큰 재앙인가? 이어서 하나님께서 끓는 가마 이미지의 숨은 뜻은 재앙이 북방에서 일어나 땅의 모든 주민들에게 부어질 것이라고 설명하셨다. 이처럼 절박한 심정으로 이스라엘 백성에게 회개를 촉구하도록 선지자에게 사명을 주셨다.

메시지를 받는 사람들에게도 시각적인 이미지로 자주 전달하셨다. 에스겔 선지자는 왼쪽으로 390일을 누워 지내며 이스라엘의 죄를 담당했고, 오른쪽으로 40일을 누워 유다의 죄를 담당했다(겔 4:4-6). 이는 하루를 일 년으로 계산해 죄를 담당하는 모습을 보여 준 시각적 이미지이다. 에스겔은 예루살렘이 완전히 함락되기까지 꼼짝하지 못하도록 줄로 동이고 예루살렘을 향하여 팔을 걷어 올리고 예언했다(겔 4:7-8). 그리고 음식을 달아 먹고 물도 달아 마시고 음식을 요리할 때 인분으로 요리를 해야 했다. 선지자가 역겨워하자 하나님은 인분 대신 쇠똥으로 대신하게 하셨다(겔 4:9-17).

이스라엘 백성이 성이 함락되기 전에 부정한 음식을 먹게 될 것을 그래픽한 이미지로 생생하게 묘사하게 하셨다. 왼편으로 일 년 이상 누워 있는 선지자의 모습을 보면서 사람들은 무슨 생각을 했겠는가? 줄로 꽁꽁 묶인 선지자의 모습을 보면 어떤 이미지가 떠올랐겠는가? 쇠똥으로 음식을 만들어 먹는 선지자의 모습을 보면서 사람들이 얼마나 역겨웠겠는가? 이는 모두 살아 있는 메시지를 전하기 위한 강렬한 시각적 이미지들이다.

예루살렘에 남아 있는 이스라엘 백성들의 죄악이 얼마나 심각한지, 그리고 그들이 멸망 당하면서 겪을 고통이 얼마나 가혹할지 깨우치기에 충분하다. 오늘날 하나님의 말씀을 전하는 설교자들이 이런 살아 있는 그림 언어로 메시지를 전한다면 청중들에게 미치는 감화력은 훨씬 더 클 것이다.[72]

찰스 스펄전 목사는 때로 청중들을 향해 마음속에 의식적으로 그림을 그리도록 요청하곤 했다. 그리스도의 죽음에 대해 설교할 때 이야기다.

고통스럽긴 하겠지만 그림을 그려 보는 게 여러분에게 좋습니다. 캔버스나 붓이나 팔레트나 물감이 필요 없습니다. 여러분의 생각으로 윤곽을 그리세요. 여러분의 사랑으로 자세한 부분을 채우세요. 상상으로 색깔을 고상하게 하더라도 저는 불평하지 않겠습니다.[73]

아담스 교수는 스펄전 목사가 얼마나 다양한 시각적 그림 언어를 사용했는지 여러 가지 실례를 들고 있다.

"저 십자가에 못 박힌 예수님을 마음속으로 주목하십시오! 그의 손에서 피가 흐르는 모습이 보입니까? 그의 발에서 핏덩이가 솟구쳐 흐르는 모습이 보입니까? 그를 주목하십시오!"[74]

스펄전 목사가 인간 마음의 죄성을 화산에 비유해 시각적인 그림 언어로 묘사한 설교가 있다.

"인간의 마음이 용암을 분출하지 않을 때에도, 부패의 뜨거운 돌들을 쏟아내지 않을 때에도, 여전히 동일한 사화산일 뿐입니다."[75]

또 그는 예수 그리스도께서 인간이 당할 수 있는 모든 시험을 대신 짊어지신 사실을 화살 이미지를 사용하여 묘사했다.

"지옥의 화살통에서 단 하나의 화살도 남기지 않고 모두 그를 향하여 쏘아 댔습니다."[76]

성도의 죽음을 다음과 같이 아름다운 그림 언어로 표현하기도 했다.

"주께서 그의 손가락을 당신의 눈꺼풀에 대시고 당신의 영혼의 입술에 입 맞추고 데려가셨습니다."[77]

이슬방울의 아름다움을 표현한 스펄전 목사의 묘사는 시인의 시적인 표현을 능가한다.

"마치 꽃이 어두운 오랜 밤을 지난 후에 다시 태양을 보게 되어 기쁨에 겨워 운 것 같이, 꽃의 눈가에 붙어 있는 이슬방울은 눈물처럼 반짝입니다."[78]

스펄전 목사의 모든 설교에는 이런 그림 언어들이 넘쳐난다. 아담스 교수는 스펄전 목사의 이런 탁월한 시각적 이미지 사용에 대해 다음과 같은 결론을 맺는다. "시각적 호소는 그의 모든 설교에 '예외 없이' 두드러지게 나타난다. 이는 스펄전 설교의 두드러진 특징임을 나타낸다."[79]

## 2) 청각적 이미지

가인이 동생 아벨을 죽인 후에 하나님께서 가인에게 하신 말씀이다. "네 아우의 핏소리가 땅에서부터 내게 호소하느니라"(창 4:10).

아벨의 정의를 향한 부르짖음은 '핏소리'라는 청각적 그림 언어로 나타난다. 과연 '핏소리'는 존재하는가? 피가 어떻게 소리를 지를 수 있는가? 청각적 이미지를 써서 죽은 아벨의 피가 살아서 지속적으로 하나님께 호소하는 장면을 연상케 한다. 아벨은 죽음으로 끝난 것이 아니라 그의 피가 살아서 소리를 지르면서 하나님의 정의를 위해 부르짖는다. 이 소리를 들은 가인은 아벨의 핏소리를 상상만 해도 귀를 막고 싶었을 것이다. 이 청각적 이미지가 내포된 한 단어가 가인이 죄를 깨우치게 하는 데 충분하지 않았을까?

시편 5편에 나오는 다윗의 기도를 보라. 그가 얼마나 다양한 청각적 이미지를 사용하는지 보라. 시편에는 이와 유사한 청각적 이미지를 사용한 수많은 사례가 있다.

1 여호와여
　나의 말에 귀를 기울이사
　나의 심정을 헤아려 주소서
2 나의 왕, 나의 하나님이여
　내가 부르짖는 소리를 들으소서
　내가 주께 기도하나이다
3 여호와여
　아침에 주께서 나의 소리를 들으시리니
　아침에 내가 주께 기도하고 바라리이다(시 5:1-3).

다윗은 그냥 '나의 기도를 들어 달라'고 요청하지 않고, 나의 말에 '귀를 기울여 달라'고 표현함으로써 청각적 이미지를 더욱 부각시켰다. 또한 기도를 '부르짖는 소리', '나의 소리'와 같이 청각적 이미지를 사용해 표현했다. 다윗이 크게 부르짖는 소리가 귀에 쟁쟁하게 들리는 듯하다.[80]

바울은 사랑 없이 행하는 방언들은 의미 없는 소리에 불과하다는 것을 청각적 이미지로 묘사했다. "내가 사람의 방언과 천사의 말을 할지라도 사랑이 없으면 <u>소리 나는 구리와 울리는 꽹과리가 되고</u>"(고전 13:1).

많은 학자들이 "사람의 방언과 천사의 말"을 "유창하게 말하다"는 의미로 해석하나, 고든 피(Gordon B. Fee)는 고린도전서 12장 28-30절과 14장 1-25절의 맥락에서 이를 고린도 교인들이 높이 평가했던 방언을 가리키는 말로 해석했다.[81]

고린도 교인들을 영적인 사람의 지표로 생각하고 소중하게 여겼던 방언을 말한다고 할지라도 만약 사랑이 없다면 "소리 나는 구리와 울리는 꽹과리"에 불과하다고 바울은 평가하는 것이다. 이는 청각적 그림 언어이다.

"소리 나는 구리와 울리는 꽹과리"는 어떤 청각적 이미지로 다가오는가? 시끄럽기만 한 의미 없는 소리, 공허한 소리다.[82] 특별한 영적 지식이 있어 방언을 한다 하지만 사랑이 없으면 의미 없는 소리에 불과하다는 사실이 청각적 이미지를 사용함으로써 얼마나 호소력 있게 다가오는가!

스펄전 목사가 사용한 청각적 이미지의 예도 들어 보자.

우리가 예수 그리스도를 찬양하는 노래를 중단하게 되면, 그분의 이름이 잊힐까요? 아니오. 돌들이 노래할 거요. 언덕들은 오케스트라가 될 것이오. 산들은 숫양들처럼 뛸 것이오. …… 왜? 태양은 합창을 인도할 것이고, 달은 은색 하프를 연주하며 그의 음악을 달콤하게 노래할 것이오. 별들은 그들의 정해진 코스를 따라 춤을 출 것이고, 창공의 가없는 심연은 노래의 집이 될 것이고, 텅 빈 광활함은 하나의 위대한 함성을 터뜨릴 것이오. …… 그리스도의 이름이 잊힐 수 있습니까? 아니오. …… 바람이 이를 속삭이고, 폭풍우는 이를 윙윙거리며 소리를 낼 것이고, 바다는 이를 노래할 거요. …… 짐승들은 울면서 이를 노래할 것이고, 천둥은 이를 선포할 것이고, 땅은 이를 외칠 것이고, 하늘은 그의 이름을 메아리쳐 울릴 것이오.[83]

스펄전 목사는 자연 만물 중에서 다양한 대상을 선정하고 있을 뿐만 아니라 각 대상들이 찬양하는 방식도 그에 맞는 적절한 청각적 이미지를 사용하여 묘사한다. 바람의 속삭이는 소리, 폭풍우의 '휘잉휘잉' 하는 소리, 바다가 그리스도의 이름을 노래하는 소리는 각 대상의 성격에 맞는 적절한 청각적 이미지로 조화를 이룬다.

설교자에게는 이런 청각적 이미지를 구사할 줄 아는 관찰력과 능력이 필요하다. 청각적 이미지에 대한 의식을 갖고 훈련한 설교자의 메시지와 그렇지 않은 설교자의 메시지는 감화력 면에서 큰 차이가 있을 것이다.

### 3) 촉각적 이미지

문재학 시인의 "진정으로 사랑합니다"라는 시에는 손으로 정말 만져지는 듯한 촉각적 이미지가 강하게 나타난다.

청초(淸楚)하고 단아(端雅)한 모습에
이끌려 맺은 백년가약(百年佳約)
어느덧 삶은
서산마루를 향하네요.

만난(萬難)을 극복한 거친 손

그 손안으로 전해오는

따스한 정

젖어오네요. 가슴이 찡하게[84]

　　인생 황혼의 때에 수많은 고난을 이긴 아내의 손을 묘사한 글이다. '거친' 손이라는 표현에서 그간 겪은 고난이 거칠게 묻은 듯한 촉감이 느껴진다. "그 손 안으로 전해오는 따스한 정"이라는 말에서는 진짜 '정'이 손을 타고 따뜻하게 느껴지는 듯하다. 따뜻한 체온이 그대로 느껴지도록 촉각적 이미지를 사용했다.

　　또 이 "따스한 정"이 "젖어오네요"라고 표현함으로써 또 다른 촉감이 느껴진다. 마치 따뜻한 물이 옷에 스며들어 온기가 서서히 느껴지듯 아내의 따뜻한 정이 따뜻한 물기처럼 촉촉하게 스미는 듯하다. 이 정감 넘치는 감촉으로 인해 남편은 "가슴이 찡하게" 된다. 시인이 사용한 촉각 이미지를 통해 아내의 사랑이 피부로 와 닿는 듯 생생히 느껴진다.

　　잠언은 게으른 자를 부리는 사람이 얼마나 힘든가를 촉각적 이미지를 사용해 묘사한다. "게으른 자는 그 부리는 사람에게 마치 <u>이에 식초 같고 눈에 연기</u> 같으니라"(잠 10:26).

　　치의술이 발달하지 않은 옛날에는 많은 사람들의 치아 상태가 좋지 않았을 것이다. 치신경이 드러난 치아에 식초를 뿌리면 매우 고통스럽다. 또 나무가 탈 때 나는 연기가 눈에 들어가면 참 괴롭다. '이에 식초'와 '눈에 연기'라는 견디기 힘든 촉각적 이미지들을 사용하여 게으른 자를 부리기가 얼마나 힘든지 호소력 있게 묘사했다. 단순히 '게으른 자는 다루기가 힘들다'라고 표현하는 것보다 얼마나 가슴에 와 닿는가?

촉감은 여러 가지를 포함하는데, 뜨겁거나 차거나 한 온도, 딱딱하거나 부드러운 것, 젖거나 마른 것, 거칠거나 매끄럽거나 한 것, 통증 등을 통해 촉감을 느끼게 된다.[85] 스펄전은 촉각적 이미지도 종종 사용했다.

여러분의 손가락을 꺼내세요! 친애하는 영혼이여, 여러분의 손가락을 꺼내세요! 믿음의 기도와 희망을 갖고 주님을 만지기까지 가 버리지 마세요.[86]

소경을 그가 만지시자 그의 시력은 회복되었습니다. 죽은 소녀도 그렇게 살아났습니다. 오, 그분의 만지심의 능력이여! 예수님을 우리가 만지게 되면 우리는 구원을 얻습니다. 그분이 우리를 만지실 때 무엇이 불가능하겠습니까?[87]

그는 우리와 주님과의 만남을 '만짐'이라는 촉각적 이미지를 사용하여 강력히 호소한다. 마치 살아 계신 주님을 직접 만지는 느낌까지 든다. 촉각적 이미지는 이처럼 생생한 느낌을 우리에게 안겨 준다.

### 4) 후각적 이미지

아가서에는 남녀 간의 사랑을 묘사하면서 다양한 후각적 이미지를 사용한다.

왕이 침상에 앉았을 때에 나의 나도 기름이 향기를 뿜어냈구나
나의 사랑하는 자는 내 품 가운데 몰약 향주머니요
나의 사랑하는 자는 내게 엔게디 포도원의 고벨화 송이로구나(아 1:12-14).

술람미 여인은 먼저 자신을 "나의 나도 기름이 향기를 뿜어냈구나"라는 후각적 이미지로 묘사한다. 이어서 솔로몬 왕을 향해서는 "내 품 가운데 몰약 향주머니"와 "내게 엔게디 포도원의 고벨화 송이"라고 칭한다. 이는 모두 진한 향기를 발하는 후각적 이미지들을 내포한 표현들이다.

술람미 여인의 가슴에 있는 향주머니는 아주 "매혹적인 향기"를 발하는데, 후각적 이미지로 성적인 깊은 암시를 표현했다.[88] 고벨화 송이는 희고 향기가 짙은 꽃으로 향수의 재료로 사용하는데,[89] 이와 같은 후각적 이미지 역시 진한 향기가 느껴지게끔 해 준다. 향기가 코에 닿듯 사랑하는 자에게로 더욱 가까이 이끌린다.[90]

스펄전 목사는 후각적 이미지로 향수(perfume)를 자주 사용했다.

"복음이라는 소중한 향수는 공기를 감미롭게 하도록 쏟아 부어져야 합니다."[91]

"그분은 장미꽃잎들처럼 우리의 기도를 그분의 기억의 책장들 사이에 끼워 둡니다. 마침내 책장을 펼치면, 소중한 향기가 흘러나옵니다."[92]

스펄전은 후각적 이미지를 사용해 복음을 값진 향수처럼 향기롭게 만들고, 우리의 기도를 책장 속에 끼워 놓은 장미꽃잎 냄새처럼 향기롭게 만든다.

스펄전 목사는 고약한 냄새를 풍기는 듯한 후각적 이미지도 사용하는데, 주로 향기와 대조를 이루는 관점에서 이를 사용했다.[93] 스펄전 목사는 예수님의 몸이 썩지 않은 사실을 후각적 이미지를 사용해 묘사했다.

"무덤은 죽음의 증기들로 젖어 있지 않고, 공기도 오염되어 있지 않습니다. …… 보통 무덤에는 '썩는 역겨운 냄새가 나지만' 그러나 그리스도의 무덤에는 '냄새가 없습니다. 아니 향기가 납니다'."[94]

그리스도의 몸이 전혀 부패하지 않은 모습이 듣는 이의 코로 느껴지는 듯하다.

### 5) 미각적 이미지

시편 기자는 하나님의 선하심을 사실적으로 느낄 수 있도록 미각적 이미지를 사용한다. "너희는 여호와의 선하심을 <u>맛보아 알지어다</u> 그에게 피하는 자는 복이 있도다"(시 34:8).

미각적 이미지를 사용해 하나님의 선하심을 맛있는 음식을 맛보듯 혀로 느낄 수 있게 해 준다. 마치 맛있게 끓인 청국장을 한 숟가락 떠서 구수함을 느끼듯이, 잘 익은 석류 한 알을 입속에 넣고 상큼 달콤한 맛을 음미하듯이, 하나님의 선하심을 맛보아 알라고 시편 기자는 도전한다. 하나님의 선하심은 미각적으로 알 수 있는 실체가 아니지만, 미각적 이미지를 사용해 추상적인 언어가 미각 속에 살아 있는 느낌을 받게 되고 그만큼 호소력 있게 우리에게 들려온다.[95]

스펄전 목사는 미각적 이미지 가운데 꿀을 자주 사용했다.[96]

"만약 당신이 나에게 꿀이 쓰다고 말한다고 가정해 봅시다. 나는 '아니오, 당신은 꿀을 맛본 적이 없는 게 확실하오. 맛보세요'라고 대답할 겁니다. 성령님도 그와 같습니다."[97]

성령님을 경험해 봐야 그분이 어떤 분인지 알 수 있다는 사실을 꿀맛 이미지를 사용해 생생하게 묘사한다. 한번은 성경 본문을 이렇게 비유했다.

"하늘에서 떨어진 만나를 다루듯이 본문을 다루어야 합니다. 말하자면, 맛보아야 하고, 먹어야 하고, 소화시켜야 하고, 날마다 그에 따라 살아야 합니다."98)

하나님의 말씀 섭취를 만나를 맛보고, 먹고, 소화시키는 미각적 이미지를 사용해 설명하니 얼마나 가슴에 잘 와 닿는가!

### 6) 유기적 이미지

『표준국어대사전』은 "유기적"(有機的)이라는 말을 "생물체처럼 전체를 구성하는 각 부분이 서로 밀접하게 관련을 가지고 있어서 떼어 낼 수 없는, 또는 그런 것"이라고 정의한다.99) 성경의 대표적인 유기적인 그림 언어는 사람의 몸 이미지를 사용한 그림 언어들이다. 몸과 각 지체는 서로 뗄 수 없는 상호의존 관계에서 통일성과 다양성을 유지한 상태에서 희로애락을 공유하며 살아간다. 사도 바울은 성도들 간의 유기적 관계를 몸과 지체의 이미지를 사용해 이렇게 설명한다.

몸은 하나인데 많은 지체가 있고 몸의 지체가 많으나 한 몸임과 같이 그리스도도 그러하니라 우리가 유대인이나 헬라인이나 종이나 자유인이나 다 한 성령으로 세례를 받아 한 몸이 되었고 또 다 한 성령을 마시게 하셨느니라 몸은 한 지체뿐만 아니요 여럿이니 만일 발이 이르되 나는 손이 아니니 몸에 붙지 아니하였다 할지라도 이로써 몸에 붙지 아니한 것이 아니요 또 귀가 이르되 나는 눈이 아니니 몸에 붙지 아니하였다 할지라도 이로써 몸에 붙지 아니한 것이 아니니 만일 온몸이 눈이면 듣는 곳은 어디며 온몸이 듣는 곳이면 냄새 맡는 곳은 어디냐 그러나 이제 하나님이 그 원하시는 대로 지체를 각각 몸에 두셨으니 만일 다 한 지체뿐이면 몸은 어디냐 이제 지체는 많으나 몸은 하나라 눈이 손더러 내가 너를 쓸 데가 없다 하거나 또한 머리가 발더러 내가 너를 쓸 데가 없다 하지 못하리라 …… 만일 한 지체가 고통을 받으면 모든 지체가 함께 고통을 받고 한 지체가 영광을 얻으면 모든 지체가 함께 즐거워하느니라 너희는 그리스도의 몸이요 지체의 각 부분이라(고전 12:12-21, 26-27).

12절에 "그리스도"는 "그리스도의 몸"인 교회를 의미한다.[100] 바울은 교회의 통일성과 다양성이라는 추상적인 용어를 전혀 사용하지 않고 유기적 그림 언어를 사용함으로써 독자들이 쉽게 이해할 수 있도록 표현한다. 몸은 하나이지만 손, 발, 다리, 팔, 눈, 코, 귀, 입, 머리, 목, 가슴, 배, 허리 등 다양한 지체를 이루고 있듯이 성도들이 마땅히 다양한 은사를 갖고 있어야 한다고 설명한다.

성도들의 상호의존 관계도 지체의 상호의존 관계를 통해 설명한다. 성도가 다른 지체와 불가분의 관계임을 손과 발, 귀와 눈이 서로 간에 무시하거나 독립을 주장할 수 없는 관계를 통해 설명한다(15-16절). 성도의 은사의 획일성을 주장해서는 안 되는 점을 지체 각기의 직능을 통해 효과적으로 묘사한다(17-18절).

여기서 사도 바울이 강조하는 바는 "지체의 다양성에도 불구하고 몸의 통일성"을 강조하는 것이 아니라, 오히려 반대이다. "몸의 통일성에도 불구하고 지체의 다양성"을 강조한다(14, 19절).[101] 몸의 유기적 관계라는 그림을 통해 성도 상호 간에 돌봄이나 고통이나 영광을 함께 나누는 유기적 관계라는 사실을 효과적으로 묘사한다.

몸의 지체는 서로 간에 싸우는 법이 없고 항상 서로 돌본다. 성도 간의 관계도 그렇다. 몸의 한 지체가 고통을 당하면 온몸이 함께 아파한다. 몸의 한 지체가 영광을 얻으면 온몸이 또한 함께 즐거워한다. 성도도 이런 관계이다. 서로 시기하고 질투하는 관계가 아니라, 함께 고통하고 함께 즐거워하는 유기적 관계이다. 유기적 그림 언어로 설명하니 쉽게 가슴에 와 닿는다.

### 7) 운동감각적 이미지

운동감각적 그림 언어는 운동선수들의 활동에서 이미지를 쉽게 찾을 수 있다. 예를 들면, 마라톤 선수가 경기를 하면서 순위 안에 들려고 목표를 향해 인내하며 달리는 모습에서 이런 이미지를 발견할 수 있다.

> 12 내가 이미 얻었다 함도 아니요 온전히 이루었다 함도 아니라 <u>오직 내가 그리스도 예수께 잡힌 바 된 그것을 잡으려고 달려가노라</u> 13 형제들아 나는 아직 내가 <u>잡은 줄로</u> 여기지 아니하고 오직 한 일 즉 뒤에 있는 것은 잊어버리고 앞에 있는 것을 <u>잡으려고</u> 14 푯대를 향하여 그리스도 예수 안에서 하나님이 위에서 부르신 <u>부름의 상을 위하여 달려가노라</u>(빌 3:12-14).

사도 바울은 자신의 사역을 운동선수가 달리는 이미지를 사용해 설명한다. 운동선수의 달리는 자세와 사역자가 전력으로 사역에 임하는 자세는 여러 면에서 유사하다. 운동선수가 목표를 향해 달리듯이 사역자도 주님께서 부르신 부름의 목적을 이루기 위해 달린다. 운동선수는 상이 목표이고, 사역자는 부르심의 상이 목표이다. 운동선수가 최선을 다해 달리듯 사역자도 사역을 위해 최선을 다해 달린다. 마라톤 선수가 뒤에 것은 잊고 오직 앞을 향해 달려야 하듯 사역자도 뒷일은 잊고 오직 앞의 목표를 향해 달린다. 이런 운동감각적 그림 언어는 사역자의 전력투구하는 모습과 잘 어울리는 이미지들이다.

지금까지 일곱 가지 감각 언어들을 살펴보았다. 그렇다면 설교자들이 어떻게 해야 이 언어들을 잘 활용할 수 있을까? 언젠가 한 방송에서 소설가 김영하 씨가 이런 이야기를 했다. 대학에서 학생들에게 글쓰기를 가르치는데, 처음에 학생들이 써 온 글들은 너무 형편없어 5가지 감각을 활용한 글쓰기 방법을 훈련시켰고, 이후 학생들의 글쓰기 능력이 현저히 좋아졌다는 것이다.

김영하 씨가 학생들을 훈련한 것처럼 설교자들도 훈련 외에는 답이 없다. 일곱 가지 감각 언어를 지속적으로 훈련하고, 연구하고 개발해야 한다. 내가 뭘 보는가? 내가 뭘 듣는가? 내가 무슨 냄새를 맡는가? 내가 무슨 맛을 느끼는가? 내게 어떤 촉감이 느껴지는가? 이것은 나의 몸과 어떤 유기적 관계를 유추해 낼 수 있는가? 이것은 어떤 움직임을 자아내는가? 이렇게 끊임없이 의식하면서 살아야 한다. 그리고 감각을 통해 느낀 바를 글로 옮기는 훈련을 해 보라. 시간이 좀 걸리겠지만 언젠가는 일곱 가지 차원의 이미지들이 생생히 살아 있는 표현들을 설교 중에 자유롭게 구사할 날이 분명히 올 것이다.

# 3
# 그림 언어가 생명력을
# 유발하는 원리

성경에는 '물' 이미지가 다양하게 쓰인다. 이사야 8장에는 '물' 이미지가 여러 번 쓰이는데 어느 경우는 서로 뜻이 완전히 반대인 경우도 있다. 두 가지 다른 종류의 물이 어떻게 다른 생생한 이미지로 다가오는지 유의하면서 다음 말씀을 읽어 보자.

> 6 이 백성이 천천히 흐르는 실로아 물을 버리고
> 르신과 르말리야의 아들을 기뻐하느니라
> 7 그러므로 주 내가 흉용하고 창일한 큰 하수
> 곧 앗수르 왕과 그의 모든 위력으로 그들을 뒤덮을 것이라
> 그 모든 골짜기에 차고 모든 언덕에 넘쳐
> 8 흘러 유다에 들어와서 가득하여

목에까지 미치리라(사 8:6-8).

"천천히 흐르는 실로아 물"은 무엇을 가리키는가? "흉용하고 창일한 큰 하수"는 무엇을 가리키는가? 후자는 성경이 분명하게 보여 주므로 쉽게 알 수 있다. 이는 곧 '앗수르 왕과 그의 모든 위력'을 의미한다. "실로아 물"을 이해하기 위해서는 당시의 지리적 배경을 이해할 필요가 있다.

"실로아 물"은 "기드론 계곡 서편에 있는 기혼 샘"에서 흘러나오는 개울물로 예루살렘 아래쪽에 있는 연못으로 흘러들어가는 물을 가리킨다.[102] 이 물은 예루살렘 주민들에게 생명과 같은 물이다. "천천히 흐르는 실로아 물"은 곧 여호와 하나님과 그의 보호하심을 의미함을 알 수 있다.

여기서 큰 물도 아니요 작은 개울에서 천천히 흐르는 실로아 물과 여호와 하나님을 비교한 점이 주의를 끈다. 반면에 앗수르를 "흉용하고 창일한 큰 하수"에 비교한 점도 놀랍다. 왜 앗수르라는 이방 나라는 이렇게 강한 이미지의 물과 비교하는가? 작고 천천히 흐르는 실로아의 물과 대조가 되는 강렬한 이미지가 독자의 주의를 끈다.

이 차이점에 착안하여 다음 질문을 하게 된다. 앗수르는 어떤 점에서 "흉용하고 창일한 큰 하수"와 같은가? 바로 여기서 이미지의 역동성을 깨닫게 된다. "흉용하고 창일한 큰 하수"는 단순한 위력을 나타내는 것이 아니라, 수리아와 북이스라엘을 파괴하고 남유다 대부분까지 정복하게 될 홍수와 같은 위험한 물임을 알게 된다. 이 예언의 말씀대로 앗수르의 디글랏빌레셀 왕이 쳐들어왔기 때문에 수리아와 이스라엘 동맹군은 예루살렘을 정복하지 못하고 퇴각하게 되었다.[103]

남유다는 하나님을 의지하는 대신 자신의 지혜를 믿고 앗수르 원군을

청하여, 수리아 왕 르신과 북이스라엘 왕 베가(르말리야의 아들)가 좌절당하는 것을 보고 기뻐하게 되는데, 선지자는 남유다도 큰 어려움을 당하게 될 것을 예언하고 있다.[104]

"천천히 흐르는 실로아 물"인 여호와 하나님과 그의 능력을 의지했더라면 앗수르의 "흉용하고 창일한 큰 하수"로 인하여 목까지 차고 넘치는 고난을 당하지 않았을 것이라는 하나님의 안타까운 마음이 그려져 있다.

두 물의 이미지 대조는 과연 누구를 의지해야 할 것인가에 대한 깊은 깨달음을 준다. 생명의 물인 여호와를 의지하지 않고 다른 무엇을 의지하면 그것이 오히려 파멸의 큰 하수가 되어 덮친다는 메시지를 전한다.

## 전인적 호소의 수단

이 '물' 이미지에서 느낄 수 있듯이, 이미지가 작동하는 방식에는 두 가지 역학이 동시에 작용한다. 비교되는 이미지 사이에 무엇이 다른가? 그 다음에 무엇이 같은가? 롱맨 교수는 이미지가 작동하는 방식을 이렇게 설명한다. "이미지란 한편으로는 유사하고 그러나 다른 한편으로는 상이한 두 가지 면을 비교한다. 상이한 점이 우리를 놀라게 하고 우리로 하여금 주의를 기울이게 만든다. 그런 다음에 우리는 유사성을 찾게 된다."[105]

먼저 물과 하나님과의 차이점, 물과 앗수르의 차이점에 주의를 기울이게 되고, 이어서 하나님과 실로아 물과의 유사점과 앗수르와 큰 하수의 유사점을 발견하게 된다. 그림 언어의 생생함이 바로 여기에 있다. 이 차이점은 사람들의 마음속에 '왜 그럴까?'라는 의문을 일으키고 주의를 기울이게 만든다. 그리고 유사성이 그 진리를 더욱 실감나게 느끼도록 만들어 준다. 그래서 "함께 나란히 비교하는 것에 대한 민감함과 이를 일관성 있게 해석하는 것이 이미지의 올바른 이해를 위해 매우 중요하다."[106]

그림 언어가 문자적인 언어보다 더 정밀하지는 않지만 틀린 것은 아니다. 롱맨 교수는 정확한 것(accuracy)과 정밀한 것(precision)을 구분하여 설명한다. 은유적 표현이 문자적 표현보다 더 정밀하지는 않지만 다른 이점이 있다. 이어서 그는 이렇게 강조한다.

> 이미지를 사용할 때, 정밀성에서 잃어버린 것을 표현의 생생함으로 되찾을 수 있다. 일반적으로 시에서처럼 이미지는 보통 문자적인 언어보다 더 깊이 우리에게 말한다. 이미지는 우리의 감성을 자극하고, 우리의 주의를 끌고, 우리의 상상력을 고무시킬 뿐만 아니라 비교된 대상에 대한 다소 새로운 진리를 발견하도록 돕는다.[107]

사람은 한편으로 이성적이기도 하지만 사람들은 감성에 의해 큰 영향을 받는다. 인간의 의지를 변화시키는 데는 지적인 요소인 지성에 호소하는 것도 중요하지만, 감성에 호소하는 것 또한 이에 못지않게 중요하다. 그래서 그리스 철학자 아리스토텔레스는 수사학의 목적을 설득에 두고 설득을 위해서 파토스, 에토스, 로고스 등의 모든 요소를 사용하도록 수사 방법론을 제시했다.[108]

아리스토텔레스는 특히 "파토스는 감정에 토대를 두고 인간 영혼의 상태나 조건을 어떤 특정 상태로 유도할 수 있는 언어"로 에토스(도덕성),

로고스(지성)와 함께 설득의 중요한 요소로 꼽는다.[109] 단순히 지적인 면을 터치하는 문체보다 지성과 감성을 동시에 터치하는 문체가 사람을 변화시키는 데 더 효과적일 것이다. 이미지는 지적인 면뿐만 아니라 우리의 깊은 감성을 터치하는 효과가 있다.

## 화랑과 같은 인간의 마음

워렌 위어스비는 인간의 마음이 토론장이 아니라 여러 가지 생각들이 그림처럼 걸려 있는 화랑과 같다고 말했다. 그는 "우리는 언어를 가지고 말하고 쓰는 일을 하지만, 생각을 할 때는 언제나 영상이나 그림을 통해서 한다"라고 말했다.[110]

이는 반대로도 작용한다. 우리는 어떤 그림이나 영상을 보면 기억에 오래 남는다. 포르노와 같은 나쁜 영상을 보면 이미지가 머릿속에서 좀처럼 지워지지 않고, 우리 마음에 죄를 짓게 한다.

지미 스왜거(Jimmy Swaggart)라는 미국의 유명한 텔레비전 전도자가 있었다. 그런데 그가 창녀와 성관계를 가진 것이 폭로되어 매스컴에서 한동안 시끄러웠던 적이 있다.[111] 이 영향력 있던 한 사람의 타락으로 인해 미국 교인 20만 명이 교회를 떠났다. 전도자로서 어떻게 그런 죄를 지었느냐는 질문에, 그는 십대 때 포르노에 빠졌는데 그 포르노의 영상이 뇌리를 떠나지 않고 머릿속에 남아 있어 죄를 지었다고 고백했다. 얼마나 충격적인가? 나쁜 이미지는 우리의 인생을 망칠 수 있다.

반면에 좋은 이미지는 우리의 영혼을 살릴 수 있다. 그래서 좋은 이미지를 마음의 화랑에 많이 걸어 놓아야 한다. 어떻게 하면 좋은 그림들을 우리 마음의 화랑에 걸 수 있을까? 성경을 많이 읽고 묵상하면 된다. 성경의 사상은 많은 부분 그림 언어로 표현되어 있어 성경을 묵상하면서 읽으면 마음의 화랑에 좋은 그림으로 가득 찰 것이다.

특히 예수님의 비유들은 좋은 그림 언어들로 묘사되어 있다. 마태복음 13장에 나오는 여러 가지 천국 비유들은 그림 언어로 되어 있다. 씨 뿌리는 비유를 읽으면 내가 어떤 마음 밭이 되어야 할까 도전을 받는다. 좋은 밭은 삶의 모델로 마음의 화랑에 걸리고, 길가나 돌밭과 가시밭은 경계해야 할 마음의 밭으로 마음의 화랑에 걸린다.

겨자씨 비유와 누룩 비유는 하나님 나라의 폭발적 성장을 그림 언어로 묘사한다. 교회를 개척해 힘들게 목회하는 목회자들에게 이 비유는 큰 희망을 준다. 비록 소수가 연약하게 시작하지만 하나님의 말씀이 바로 심기기만 하면 하나님 나라는 반드시 자라는 법이다.

알곡과 가라지 비유는 세상 안에 존재하는 참 성도와 가짜 성도의 정체를 밝혀 준다. 이 비유는 세상에 존재하는 가짜 성도들 때문에 시험에 들지 않도록 도와준다. 이들의 존재를 이미 성경이 예언하고 있기 때문이다.

감춰진 보화의 비유와 좋은 진주를 구하는 장사꾼 비유는 하나님 나라가 얼마나 소중한지 깨우쳐 주는 소중한 그림 언어들이다. 천국을 발견한 자는 땅속에 묻힌 보화를 발견한 사람과 같다. 천국을 발견한 사람은 진주를 구하는 장사꾼이 값비싼 진주를 발견한 것과 같다. 이 천국의 그림이 마음의 화랑에 걸린 자라야 천국을 위해서 자신의 모든 소유를 버릴 수 있다. 그물 비유는 최후의 심판 때에 의인과 악인을 가르실 하나님의 심판이라는 그림을 보여 준다.

마태복음 25장에 나오는 하나님 나라 비유들도 우리 마음의 화랑에 소중한 그림들을 채워 준다. 열 처녀 비유는 마음의 화랑에 지혜로운 다섯 처녀와 어리석은 다섯 처녀의 그림을 걸어 놓고 어느 편을 선택할 것인가 도전해 온다. 달란트 비유를 통해 다섯 달란트 받은 종과 두 달란트 받은 종의 이미지와 한 달란트 받은 종의 이미지를 마음의 화랑에 걸어 둠으로써 어느 길을 갈 것인지 늘 도전해 온다. 마음 속 화랑에 걸린 그림을 생각할 때마다 내게 맡겨 주신 은사를 최선을 다해 사용해야겠다고 다짐한다.

마지막으로 양과 염소 비유는 양의 그룹에 속한 자들과 염소의 그룹에 속한 자들이라는 두 부류의 사람들을 보여 준다. 나는 양인가, 염소인가? 이들의 운명을 판가름하는 것은 '지극히 작은 자를 어떻게 대하는가'라는 그림으로 우리 마음에 걸려 있다. 나는 그가 주릴 때 먹을 것을 주는가? 목마를 때 마실 것을 주는가? 나는 나그네 된 자를 영접하는가? 나는 헐벗은 자를 입히는가? 나는 병든 자를 돌보는가? 나는 옥에 갇힌 자를 돌보는가?

이 모든 도전들이 하나하나 그림으로 다가온다. 이런 마음의 그림이 우리 삶을 좌우한다고 해도 과언이 아니다. 이런 생각의 그림들이 우리 행동을 좌우하기 때문이다.

그래서 맥닐 딕슨은 그림 언어의 능력을 이렇게 표현한다.

역사를 일구는 가장 큰 힘이 뭐냐? 이에 대해서 나는 비유, 즉 형상을 그리는 그림의 표현이라 대답하겠다. 그게 무슨 정신 나간 소리냐고 말할 사람도 있을 것이다. 그러나 인간이 살아가는 것은 늘 상상을 통해서이다. 따라서 상상이야말로 우리 삶을 결정적으로 지배하는 요소다. 인간 정신은 철학자들이 뿌려 놓은 그릇된 인상처럼 토론장이 아니라 차라리 화랑이라고 해야 한다. 이 화랑에는 우리의 모든 비유와 개념들이 그림처럼 걸려 있다. …… 비유란 종교와 시의 본질이기도 하다.[112]

크래독의 말이 다시금 와 닿는다. 사람들이 변화되는 것은 마음에 걸린 그림이 바뀌어야 한다. 그러므로 진정으로 개인이나 사회가 변화되는 것은 이미지의 변화에 달렸다고 해도 과언이 아니다. 이런 관점에서 딕슨의 표현은 결코 과장이 아니다. 이미지는 사회와 공동체를 변화시키는 능력이 있다. 과연 이미지에는 역사를 일구는 힘이 있다. 설교에서 그림 언어는 청중의 삶을 변화시키는 능력이 있다.

무엇이 청중이 주의를 기울이게 하며, 청중이 가슴을 치게 하며, 청중이 행동으로 옮기도록 감동을 시키겠는가? 성령님의 감동하심 가운데 설교자가 표현하는 방식에 달려 있다. 그래서 설교에서 생동감 넘치고 생명력을 불어넣는 그림 언어가 중요하다.

# 4
# 성경의 그림 언어, 어떻게 해석할 것인가?

그림 언어를 설교에 사용하는 것도 중요하지만 그보다 성경에 나오는 그림 언어를 올바로 해석하는 것이 먼저다. 성경 본문을 바로 이해하지 못하고는 하나님의 말씀을 바로 선포할 수 없기 때문이다. 그리고 성경에 나오는 그림 언어를 이해하면 할수록 설교를 할 때 더 유용하게 쓸 수 있다.

## 저자 당시의 사회문화적 맥락 속에서 이해하라

비유적 표현을 바로 이해하기 위해서는 그림 언어가 저자 당시의 사회문화적 맥락 속에서 어떻게 이해되었는가를 아는 것이 대단히 중요하다. 이를 위해서 "이스라엘과 그 주변 나라들의 관습, 종교, 삶의 방식과 지리적 역사적 정황과 같은 히브리 본문의 배경"에 대해서 알아야 한다.[113]

예를 들어 바울은 자신을 '전제로 드린다'는 표현을 신약성경에 두 번 사용하고 있는데, 전제의 배경을 알지 못하면 이 그림 언어를 이해할 수 없다.

"만일 너희 믿음의 제물과 섬김 위에 <u>내가 나를 전제로 드릴지라도</u> 나는 기뻐하고"(빌 2:17).

"<u>전제와 같이 내가 벌써 부어지고</u> 나의 떠날 시각이 가까웠도다"(딤후 4:6).

구약성경에 나오는 전제는 제사 방식 가운데 하나로 포도주나 독주를 부어 드리는 제사를 말한다(레 23:13, 18; 민 28:7). 포도주나 독주를 부어 드리는 것은 피를 부어 드리는 것을 상징하는데, 주로 다른 제사와 함께 드려졌다. 바울이 바로 이 이미지를 사용한다. 바울이 빌립보서 2장 17절에서 말한 이야기의 참뜻은, 교인들이 드린 믿음의 제물과 섬김 위에 자신이 죽어 피를 흘리면서 전제처럼 드려진다고 해도 기뻐하겠다는 의미이다. 자신을 전제로 드려도 기뻐하겠다니! 바울의 숭고한 희생정신이 마음속에 진하게 그려진다.

디모데후서 4장 6절에 나오는 "전제와 같이 내가 벌써 부어지고"라는 그림 언어를 통해 바울의 죽음이 임박했음을 알 수 있다.[114] 제사를 드릴 때 전제물이 쏟아져 내리듯이 바울이 참수형을 당해 목이 잘리고 피가 쏟아져 내리는 장면을 연상할 수 있다. 피를 상징하는 포도주와 독주를 전제로 드릴 때 온전히 쏟아 붓는 것처럼 바울 자신의 생명을 하나님께 온전히 드리는 것을 의미한다.

신약에 단 두 번 나오는 '전제'라는 용어의 구약적인 배경을 알지 못하면 이 그림 언어가 전하는 마음의 그림을 그릴 수가 없다. 그러므로 그림 언어는 당시의 정치, 경제, 사회, 문화, 종교, 지리, 관습 등에 이르기까지 다양한 배경지식을 많이 알면 알수록 도움이 된다. 이런 배경지식을 위해 주석서가 필요하고, 특히 『성경 이미지 사전』은 그림 언어 이해에 큰 도움이 될 것이다.

## 문자적인 의미를 파악하라

그림 언어의 효과를 극대화하기 위해서는 먼저 그림 언어의 문자적인 뜻을 바로 알아야 한다. 이도 역시 첫 번째 항목과 다소 연관이 있다. 문자적인 뜻을 알면 알수록 그림 언어는 더욱 생생하게 독자들에게 와 닿는다. 『성경 이미지 사전』은 성경의 독자들이 이미지를 올바로 이해하기 위해서 두 단계를 거쳐야 한다고 제안한다.

"첫째, 이미지를 가능하면 문자적으로 그리고 충분히 감각적으로 경험해야 한다. 둘째, 이미지에 내포된 뜻과 부대적인 의미에 민감해야 한다."

이어서 성경에서 이미지를 보면 두 가지 질문을 하라고 제안한다.

첫째, 문자적인 그림이 무엇인가?
둘째, 이 이미지가 무엇을 자아내는가?[115]

성경에 나오는 '구속자'의 개념을 올바로 이해하기 위해서는 구약성경에 나오는 '기업 무를 자'(레 25:25-28)라는 그림 언어를 잘 이해해야 한다. 기업 무를 자는 구약 시대에 가까운 친척 중에서 가난하여 땅을 파는 이가 생기면 그걸 다시 사서 친척에게 돌려주는 역할을 했던 사람이다. 또 친척이 가난하여 자신을 종으로 팔았을 때, 기업 무를 자가 그를 다시 사서 자유하게 하는 역할도 했다(레 25:47-55).

가까운 친척 중에서 누군가 피살을 당하면 기업 무를 자는 죽은 친척을 대신해 살인자를 죽이는 역할도 했기 때문에 '피의 보복자'라고 칭하기도 했다(신 19:1-6). 또 기업 무를 자는 형제나 가까운 친척 중에 남자가 자식이 없이 죽으면 그의 부인과 결혼하여 자식을 대신 낳아 주는 계대결혼을 하기도 했다(룻 4:1-6). 기업 무를 자는 친척이 법정에 설 일이 생기면 친척을 변호하는 일도 맡았다.

하나님 자신에게 이 동일한 용어가 나중에 적용되었다(잠 23:11; 사 41:14; 49:26).[116] 오경에 '기업 무를 자'라는 용어를 나중에 욥기, 시편, 잠언, 이사야 등에서는 '구속자'로 번역하고 있다.

그런데 원문에는 동일한 '고엘'이라는 히브리어를 사용한다. 이 문자적인 의미를 잘 알아야 '구속자'라는 단어의 의미를 올바로 이해할 수 있다. 하나님과 예수님을 우리의 구속자라고 표현한 의미를 올바로 이해하기 위해서는 원래 '기업 무를 자'라는 그림 언어의 문자적인 의미를 잘 알아야 한다.

기업 무를 자라는 문자적인 의미를 이해하고 구속자를 이해하면 예수 그리스도는 죄에 팔려 종노릇하는 우리를 자신의 핏값으로 사서 자유를 주신 분으로 이해하는 데 어려움이 없다. 또 구속자이신 예수 그리스도는 하늘나라 법정에서 우리를 변호하시는 분이라는 사실도 쉽게 이해할 수 있다.

힘없고 연약한 자들에게 하나님께서 구속자가 되신다는 사실은 큰 위로가 된다. 하나님은 약자들을 대신해 보복해 주시는 구속자가 되시기 때문이다(잠 23:10-11). 구속자의 뿌리가 되는 기업 무를 자라는 그림 언어의 문자적인 의미를 명확하게 이해하면 할수록 이의 함축적인 뜻도 그만큼 분명하게 깨달아 알 수 있다.

## 기호 맥락(sign-context)을 이해하라

맥스 블랙(Max Black)이라는 철학자는 은유 이해에 큰 공헌을 했는데, 그는 "기호 맥락"이라는 중요한 개념을 남겼다.[117] 블랙의 책은 철학적으로 접근한 책이어서 이해하기가 상당히 어렵다. 그래서 여기에 소개하는 내용은 그의 책의 핵심적인 내용을 스트론이 요약한 내용이다.[118]

블랙은 은유를 사용하는 사람과 은유를 받는 사람 사이의 서로 다른 맥락에 대해 설명한다. 은유를 올바로 이해하기 위해서 은유를 받는 사람과 은유를 사용하는 사람의 "기호 맥락"이 같아야 한다고 주장한다. 기호 맥락이란 "선택된 은유의 의미를 형성하고 정보를 제공해 주는 더 큰 개념적 상황, 예를 들면 공유된 언어, 세계관, 문학적 능력"을 의미한다.[119]

만약 은유를 사용하는 사람과 은유를 받는 사람 같은 시대 사람이지만 어떤 연고로 기호 맥락을 이해하지 못한다면, 질문을 해서 은유의 의미를 깨달을 수 있다. 그런데 은유를 사용한 사람이 "오래전에 죽은 저자이거나 현시대와 상당히 다른 기호 맥락을 가진 고문헌에 나오는 은유"를 이해하려면 상황이 달라진다. 성경에 나오는 은유를 때로 이해하기 어려운 것과 같은 상황이다. 이런 경우 "원래 저자의 기호 맥락을 이해하는 데는 상당한 노력이 필요하다." 스트론은 고문헌의 기호 맥락 이해를 위해 두 가지 방법을 제안한다.

첫째, "문제가 되는 이미지나 은유가 텍스트 속에 나타나는 많은 사례들을 주의 깊게 분석하는 작업"이 필요하다. 둘째, 문헌이 쓰인 당시의 예술 유품에 나타나는 이미지나 은유들을 연구하는 방법이다.[120] 텍스트와 예술 유품을 통한 두 가지 연구 방법은 고대의 이미지 해석에 도움을 줄 수 있다.

아울러 블랙의 기호 맥락 개념은, 우리가 설교에서 이미지를 사용하는 일에 중요한 통찰을 제공한다. 설교할 때는 반드시 설교자와 청중이 공감하는 기호 맥락을 사용해야 한다는 사실이다. 설교에 이미지를 사용할 때는 반드시 '이미지의 현대화'가 필요함을 암시한다. 이에 대해 뒤에 더 자세히 다루겠다.

## 고대 근동의 유사 이미지를 이해하라

롱맨 교수는 시편에 나타나는 "신화적 암시들"에 대해 언급한다. 시편 74편 13-14절에는 여호와께서 "머리가 여럿이 달린 바다 괴물(용)의 머리를 쳐서 깨뜨리는" 이야기가 나온다.[121]

13 주께서 주의 능력으로 바다를 나누시고

　　물 가운데 용들의 머리를 깨뜨리셨으며

14 리워야단의 머리를 부수시고

　　그것을 사막에 사는 자에게 음식물로 주셨으며[122]

당시 이스라엘 주변 국가들의 종교에서도 이와 유사한 신화적 이미지들을 발견할 수 있다. "가나안 사람들과 바벨론 사람들은 자신들의 주신(主神)이 바다의 괴물들의 머리를 깨뜨린다고 믿고 있었다. 가나안인에게는 바알이 바다(얌)라고 불리는 신의 머리를 깨뜨리는 이야기가 있고, 바벨론인은 그들의 주신인 마르둑이 바다(티아맡)라고 불리는 여신을 죽인다고 믿었다."[123]

왜 성경이 이런 주변국 신들의 이미지를 사용하는 것일까? 롱맨 교수는 성경이 이런 주변국의 이미지를 사용하는 이유가 선교적이요 변증적임을 밝힌다. "너희들의 신들은 아무것도 아니야, 우리 하나님이 최고야. 너희 신들이 혼돈의 권세를 무찌르는 능력을 보이는 줄로 알지만 …… 너희들이 틀렸어. 이는 우리의 하나님, 이스라엘의 하나님이신 여호와이셔."[124]

주변국의 우상들로부터 지속적인 유혹을 받았던 이스라엘 백성에게 이런 이미지를 사용한 것은 분명히 선교적 의도가 있었다. 롱맨 교수는 이런 신화적 이미지를 잘 이해하기 위해서는 가나안, 바벨론, 이집트의 종교를 연구해야 한다고 역설한다.[125]

## 당시의 예술품에 나타난 이미지를 이해하라

이 분야에 대한 연구는 1972년에 발행된 킬(Othmar Keel)의 저서가 선구적인 역할을 하고 있다. 킬은 고대 근동의 예술 유품들과 성경의 문학적 이미지들을 명시적으로 광범위하게 연구한 최초의 학자이다.[126] 예술적 이미지도 문학적 이미지처럼 그 자체로서의 역사가 있기 때문에 이에 대한 연구가 필요하다. 이에 대한 심도 있는 연구는 매우 광범위하기 때문에 여기에는 두 가지 실례만 들겠다.[127]

시편 110편 1절에 나오는 '오른쪽' 이미지와 '발판' 이미지는 이집트의 성상들을 보면 쉽게 이해할 수 있다. "여호와께서 내 주에게 말씀하시기를 내가 네 원수들로 네 발판이 되게 하기까지 너는 내 오른쪽에 앉아 있으라 하셨도다."

이 도식을 보면 바로 호렘헵(Horemheb)의 형상이 왕의 신 호루스(Horus)의 형상 오른쪽에 앉아 있는 모습을 볼 수 있다.[128] 신의 우편은 "영예로운 자리"를 의미한다고 킬은 해석한다(시 45:9).[129]

그림 1: 호러스 신의 우편에 앉아 있는 바로

또 바로 왕의 발판 아래 목에 줄을 맨 적들이 무릎을 꿇고 있는 모습이나 아홉 적들을 포개서 발판 아래 둔 모습도 보인다. 이런 이집트의 성상들을 보고 나면 "적들을 발판으로 삼는다"는 의미를 쉽게 이해할 수 있다. 곧 발판 이미지는 적의 정복을 뜻하는 것이다.[130]

그림 2: 발판 이미지

# 5
# 그림 언어의
# 두 가지 주된 형태는?

그림 언어는 주로 '직유법'과 '은유법' 이렇게 두 가지 형태 수사법으로 표현된다. 직유법은 '~처럼, ~같이'와 같은 표현을 사용한 "명시적인 비교"이고, 은유법은 이런 용어를 사용하지 않고 직접적으로 동등시하는 "암시적인 비교"이다.[131] 폴 엘뤼아르(Paul Eluard)는 직유법을 "유추에 의한 이미지"(A는 B와 같다)라 칭했고, 은유법을 "동일시에 의한 이미지"(A는 B이다)라 칭했다.[132]

한편 울만은 그림 언어의 수사적 형태를 직유법과 은유법으로 구분하지만 칼로 두부 자르듯이 엄격하게 구분하는 것은 잘못된 견해라고 본다. 왜냐하면 이미지가 명시적이든 암시적이든 간에 이는 "동일한 유사성들에 대한 관찰"에서 나온 것이기 때문이다.[133]

『성경 이미지 사전』에서 밝히듯이 직유법과 은유법은 "문자적인 의미와 비유적인 의미 모두를 봐야 하는" "이중 초점" 구조로 되어 있다. 그래서 은유와 직유가 불러들이는 "연결의 논리"를 올바로 인식하기 위해서는 "은유와 직유가 첫째는 이미지요, 둘째가 비교라는 사실을 기억하고" 문자적인 이미지를 먼저 연구해야 한다.[134]

## 직유법(simile)

직유법은 다음 구절에서 보여 주듯이 명시적으로 비교하는 수사법이다. 명시적인 비교를 위해서 '~같이'라는 말을 사용한다.

> 하나님이여 사슴이 시냇물을 찾기에 갈급함같이 내 영혼이 주를 찾기에 갈급하니이다(시 42:1).

시인은 "네 하나님이 어디 있느뇨"(3절)라고 조롱하는 원수들에게 둘러싸여, 하나님의 얼굴을 뵙기 위해 처절하게 갈급해하는 모습을 불타는 듯한 뜨거운 여름에 사슴이 타는 목을 적시기 위해 메마른 강바닥에 목을 길게 뻗고 물을 애타게 찾는 이미지에 비유한다.[135] 여기서 명시적 비교를 위해 사용한 '~같이'라는 표현은 직유법을 나타내는 중요한 수사적 장치이다.[136] 직유법은 명시적으로 비교하기 때문에 대체로 이해하기 쉬운 그림 언어이다.[137]

왓슨은 직유의 사용 횟수에 따라 "단순 직유"(simple similes), "짝을 이룬 직유"(paired similes), "삼중 직유"(triple similes), "점증적 직유"(cumulative similes), "연속적 직유"(similes in series), "확대된 직유"(the extended simile) 등으로 분류한다.[138] 단순 직유는 "나는 재를 <u>양식같이</u> 먹으며"(시 102:9)에서처럼 직유법이 한 번만 나타난다.

"짝을 이룬 직유"는 히브리 시의 특성상 많은 시구가 짝을 이루어 나타나기 때문에 직유도 짝을 이루어 자주 나타난다.[139] 예를 들면, "<u>은을 구하는 것같이</u> 그것을 구하며 <u>감추어진 보배를 찾는 것같이</u> 그것을 찾으면"(잠 2:4)이라는 구절에는 두 개의 직유가 짝을 이루어 나타난다.

삼중 직유는 자주 나타나지는 않지만 삼행을 이룬 구절에서 가끔씩 나타난다. "딸 시온은 <u>포도원의 망대같이, 참외밭의 원두막같이, 에워싸인 성읍같이</u> 겨우 남았도다"(사 1:8). "딸 시온"은 예루살렘 성을 지칭하는데, 이는 남유다가 앗수르 군의 침공을 받아 황폐화되고 겨우 예루살렘 성만 유일하게 생존한 모습을 "포도원의 망대같이, 참외밭의 원두막같이, 에워싸인 성읍같이" 외로운 모습을 삼중 직유를 통해 묘사한다.[140]

점증적 직유는 앞에 있는 직유보다 이어서 따라오는 직유가 의미를 한층 더 고조시키는 형태의 직유법을 말한다. 예를 들면, "인생은 그날이 <u>풀과 같으며</u> 그 영화가 들의 <u>꽃과 같도다</u>"(시 103:15)라는 구절에서 먼저 나오는 "풀과 같으며"라는 직유보다 뒤에 나오는 "꽃과 같도다"라는 직유가 의미를 더욱 고조시키는 형태를 가리킨다.

연속적 직유는 네 개 이상의 직유가 연속해서 나오는 형태이다.[141] 예를 들면, "그의 모양은 <u>말 같고</u> 그 달리는 것은 <u>기병 같으며</u> 그들이 산꼭대기에서 뛰는 소리는 <u>병거 소리와도 같고</u> 불꽃이 <u>검불을 사르는 소리와도 같으며</u> 강한 군사가 줄을 벌이고 <u>싸우는 것 같으니</u>"(욜 2:4-5)에는 다섯 가지의 직유가 연속해서 나타난다.[142]

## 은유법(metaphor)[143]

오늘날 학계에서 언어는 은유적이라는 사실에 대해 일치된 의견을 갖고 있다. 우리가 사용하는 일상 언어들은 참으로 많은 은유를 사용한다.[144] 일상적인 언어에서는 상투화된 은유를 많이 사용하지만 좋은 글을 만들기 위해서는 '창조적인 은유'가 반드시 필요하다.

소설가 조셉 콘라드(Joseph Conrad)는 "내 과제는 …… 쓰여진 문자의 힘으로 독자들이 듣고, 느끼고, 종국에 가서 보게끔 하는 데 있다"라고 했다.[145] 좋은 글은, 눈으로 볼 수 있고 귀로 들을 수 있고 코로 냄새 맡을 수 있고 혀로 맛볼 수 있고 피부로 느낄 수 있도록 만드는 은유화의 과정에서 만들어진다. 그래서 은유에 대한 위인들의 찬사는 끊이지 않는다.

샐리 맥패그는 말했다. "좋은 은유란 충격을 일으키며, 서로 닮지 않은 것을 한데 묶으며, 재래식 관점을 늘 불편하게 만들며, 긴장을 야기시킨다. 그런 의미에서 은유는 늘 혁명적이다."[146] 아리스토텔레스는 "비교할 수 없이 가장 위대한 것은 은유를 정복하는 것이다. 이것만이 다른 사람에게 나눠 줄 수 없다. 이는 천재의 표징이다"라고 했고,[147] 프루스트(Proust)는 "은유만이 문체에 일종의 영원성을 부여한다"라고 했다.[148] 위어스비는 설교자의 과제도 소설가와 동일하다고 보았다. "은유적 언어를 씀으로써 사람들이 귀로 들은 것을 눈으로 떠올려 보게 하며 진리를 볼 수 있도록 돕는 것이다. 설교자의 과제란 작가의 과제와 크게 다르지 않다."[149]

무엇보다 설교자에게 은유는 영혼을 일깨우는 생명과 같은 언어의 기술이다. 은유는 우리의 정신만 일깨우는 것이 아니라 우리의 전인격에 영향을 준다. 우리의 지성을 일깨우고 감성을 움직이고 우리의 의지를 자극하여 행동으로 옮기게 하는 힘이 있다.[150]

은유법은 직유법처럼 '~같이, ~처럼' 등의 표현을 사용하지 않고, 'A는 B이다' 식의 비유법이다. 예를 들면, "여호와는 나의 목자시니 내게 부족함이 없으리로다"(시 23:1)라는 구절에서 "여호와" = "나의 목자"라는 등식으로 비유한다. 이런 비유적 표현을 은유법이라고 한다. 우리 일상에는 이 같은 은유가 차고 넘친다.

### 1) 일상에서 쉽게 접하는 은유들

레이콥(George Lakoff)과 존슨(Mark Johnson)이 함께 집필한 『삶을 영위하는 은유들』(*Metaphors We Live By*)에는 우리가 일상생활 중에 얼마나 많은 은유를 사용하는지 잘 보여 준다.[151] 이들은 우리의 언어뿐 아니라 우리의 사고와 행동에도 은유가 가득 차 있기 때문에 "우리가 생각하는 방식이나, 경험하는 것이나, 일상적으로 행하는 것이 상당히 은유적이다"라고 했다.[152] 예를 들면, "논쟁은 전쟁이다"라는 사실을 여러 가지 실례로 입증한다.

> 당신의 주장은 방어할 수 없다.
> 그는 나의 논지의 모든 약점들을 공격했다.
> 그의 비평은 과녁을 정확히 적중했다.
> 나는 그의 논지를 파괴했다.
> 나는 그와 논쟁에서 이겨 본 적이 없다.

너는 의견이 다르지? 좋아, 쏴라.

네가 그 전략을 사용하면, 그가 너를 완패시킬 것이다.

그는 나의 모든 논지를 격추시켰다.[153]

방어, 공격, 과녁, 적중, 파괴, 이김, 쏜다, 전략, 완패, 격추 등의 용어들을 모두 전쟁에서 사용하는 그림 언어들이다. 이들 그림 언어들이 논쟁에 그대로 사용된다. 이런 전쟁 그림 언어를 사용함으로써 논쟁이 마치 전쟁을 하는 장면을 연상케 만든다. 실제 격렬한 논쟁은 전쟁을 방불케 한다.

### 2) 성경 속의 은유들

성경의 많은 진리는 은유적으로 표현되어 있다. 하나님은 어떤 분인가? 성경은 하나님에 대해서 많은 은유를 사용하여 표현한다. "여호와는 나의 반석이시요 나의 요새시요 나를 건지시는 이시요 나의 하나님이시요 내가 그 안에 피할 나의 바위시요 나의 방패시요 나의 구원의 뿔이시요 나의 산성이시로다"(시 18:2).

이 한 구절의 말씀 안에 하나님에 대한 참으로 많은 은유가 담겨 있다. 예수님은 어떤 분인가? 성경은 예수님을 "세상의 빛"(요 8:12), "생명의 떡"(요 6:48), "포도나무"(요 15:1), "성전"(요 2:19), "부활"(요 11:25), "생명"(요 11:25), "길"(요 14:6), "진리"(요 14:6) 등으로 묘사한다.

예레미야서에 나오는 은유들도 함께 보자.

내게 배역한 이스라엘이 간음을 행하였으므로

내가 그를 내쫓고 그에게 이혼서까지 주었으되

그의 반역한 자매 유다가 두려워하지 아니하고

자기도 가서 행음함을 내가 보았노라(렘 3:8).

여기서 이스라엘이 행한 "간음"은 육욕적인 간음이 아니다. 국가가 간음을 한다는 것 자체가 문자적인 의미에서 말이 안 된다. 여기에 사용된 "간음"은 우상숭배를 가리키는 은유적 표현이다. 하나님께서 이스라엘을 내쫓고 그에게 준 "이혼서"는 문자적인 이혼서가 아니라, 우상 숭배를 하는 이스라엘을 간음한 아내로 여기고 이혼을 선포했다는 은유적 의미의 "이혼서"이다.

또 국가인 유다가 이스라엘의 자매가 된다는 것은 북이스라엘과 남유다의 관계를 자매 관계로 묘사하기 위해 은유적으로 표현한 것이다. 유다의 "행음"도 우상숭배를 은유적으로 표현한 것이다.

어찌하면 내 머리는 물이 되고

    내 눈은 눈물 근원이 될꼬

죽임을 당한 딸

내 백성을 위하여

    주야로 울리로다(렘 9:1).

유다의 멸망을 바라보는 예레미야 선지자의 애끊는 심정을 삼중 은유로 표현한다. 선지자는 자신의 머리 전체가 물이 된다는 은유를 사용함으로써 엄청난 양의 눈물을 쏟기를 바라는 마음을 표현하고 있다. 또 선지자는 자신의 눈을 "눈물 근원"이라고 표현한다. "근원"의 뜻은 쉽게 말하면 "샘"(히. 마코르)이다. 자신의 눈을 눈물이 흘러내리는 샘에 비유하는 은유를 사용한 것이다.

"눈에서 눈물이 흐르는 것은 당연한 것이 아닌가?" 생각하겠지만 여기서는 눈에서 눈물이 흐른다는 의미를 뛰어넘어 마치 샘에서 물이 솟듯 눈물을 쏟아내는 '눈물 샘'이라는 의미이다. 이런 차원에서 이도 역시 은유적인 표현이다. 그리하여 머리 전체가 물이 되고 눈은 눈물의 샘이 되어 하염없이 눈물을 흘리길 원하는 선지자의 애틋한 마음이 녹아 있다.

선지자는 자신의 백성 유다를 "죽임을 당한 딸"이라는 은유를 사용함으로써 딸 잃은 아버지의 심정으로 그들을 바라보았다. 선지자가 민족을 얼마나 사랑하는지 알 수 있는 그림 언어들이다. 오늘날 교인들이 넘어질 때, 목회자들이 어떤 마음을 가져야 하는지 선지자를 통해서 배울 수 있다. 무조건 책망만 할 것이 아니라, 예레미야와 같은 심정을 갖고 이들을 위해 하나님 앞에 애틋한 눈물을 흘릴 줄 아는 참 목자가 되어야 할 것이다.[154]

### 3) 은유의 이해

성경에 나오는 은유의 뜻을 정확히 알아야 성경을 올바로 해석할 수 있다. 이단들이 생기는 주된 이유는 주로 비유나 은유나 상징적인 의미를 잘못 해석했기 때문이다. 은유를 올바로 이해하기 위해서 은유의 역학 관계를 잘 이해해야 한다.

예를 들면, "여호와는 …… 나의 산성이시로다"(시 18:2)라고 할 때, '여호와'와 비교 대상인 '산성'은 어떤 관계인가? '여호와'와 '산성'은 어떤 공통점이 있는가? 등의 질문이 생긴다. 이를 설명하기 위해 은유 해석 시에 전문용어를 사용한다. 여기서 논의 대상(여호와)을 "취지"(tenor)라고 칭하고, 취지와 비교하는 대상(산성)을 "수단"(vehicle)이라고 칭한다. 취지와 수단의 공통된 양상을 "근거"(ground)라고 칭한다.[155] 여기서 근거는 "보호"일 것이다. 여호와와 산성은 함께 강한 보호의 이미지로 떠오른다. 왓슨은 이를 설명하기 위해 이런 등식을 만들었다.[156]

X는 Z에 관하여 Y와 같다.

X : 취지 (tenor)
Y : 수단 (vehicle)
Z : 근거 (ground)

이 간단한 공식이 은유를 이해하는 데 상당한 도움을 줄 수 있다. 여기서 취지와 수단과 근거를 정확히 파악하는 것이 은유 해석에 가장 중요하다. 특히 '근거'를 바르게 파악하는 것이 은유 해석의 열쇠가 된다. 이에 맞추어 시편 18편 2절을 설명하면 다음과 같다.

'여호와(X)는 보호(Z)에 관하여 산성(Y)과 같다.'

여호와 : 취지
산성 : 수단
보호 : 근거

이를 그림으로 도식화하면 다음과 같다.[157] 여호와를 산성에 비유하는 근거는 바로 '보호'의 관점에서다. 아래 그림에서 회색으로 중첩된 부분은 바로 근거를 표시하는 부분이다.

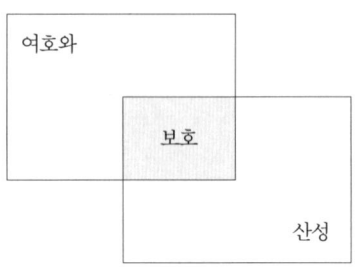

그림 3 : 취지, 수단, 근거의 관계

좀 더 복잡한 예를 들어 보자. 시편 127편 4절에서는 자식을 화살에 비교한다. "젊은 자의 자식은 장사의 수중의 화살 같으니."

이 은유를 보면 '젊은 자의 자식'과 '장사의 수중의 화살'과의 상이성에 놀라게 된다. 여기에 은유의 끄는 힘이 있다. 그리고 이 두 비교 대상에 어떤 유사점이 있는지 주목하게 된다. 여기서도 은유 해석의 열쇠는 근거를 올바로 파악하는 데 있다. 그 다음 절에 나오는 말씀("이것이 그의 화살통에 가득한 자는 복되도다 그들이 성문에서 그들의 원수와 담판할 때에 수치를 당하지 아니하리로다")을 생각하면, 여기에 '자식'과 '화살'은 모두 적과의 싸움에서 수치를 막아 주는 '승리의 방편'임을 알 수 있다. 공식에 따라 기술하면 다음과 같다.

"젊은 자의 자식"은 "승리의 방편"에 관하여 "장사의 수중의 화살"과 같다.

젊은 자의 자식 : 취지

장사의 수중의 화살 : 수단

승리의 방편 : 근거

여기서 취지와 수단은 파악하기 쉬우나 근거는 파악하기가 그리 쉽지 않다. 그러나 맥락을 고려해 반복해서 읽어 보면 근거를 파악할 수 있다. 한순간에 '아하, 바로 이런 관점에서 이를 비교하고 있구나!'라는 깨달음이 온다. 이런 훈련을 계속하면 은유에 나타난 의미를 정확히 파악하는 데 도움이 될 것이다.

### 4) 은유와 관계된 수사법들

은유와 관계된 수사법들을 논하기 전에 먼저 여기서 다루는 은유의 범주부터 설정할 필요가 있다. 왓슨은 이미지와 은유와의 관계를 잘 지적한다. "대부분의 이미지들은 은유적이다. 그러나 그 반대는 반드시 사실이 아니다. 모든 은유와 비교들은 이미지들은 아니다."[158]

그래서 여기서 다루는 은유와 관계된 수사법들은 이미지에 속한 영역만을 염두에 두고 다룬다는 사실을 밝힌다. 대부분의 서적들은 여기서 논하는 수사법들을 그냥 비유적 표현의 범주에서 다룬다. 그럼에도 불구하고 아래에 다루는 수사법들은 그림 언어가 상당 부분 차지하기 때문에 함께 연구할 필요가 있다.

■ 의인법(Personification)

인격이 없는 대상에 인격적 속성을 부여하는 비유법을 의인법이라고

한다. 레이콥과 존슨은 다음 몇 가지 예를 든다.[159]

<u>삶</u>이 나를 <u>속였다</u>.
<u>인플레이션</u>이 우리의 이익을 <u>먹고 있다</u>.
인플레이션은 우리 경제의 기초를 <u>공격했다</u>.
현재 우리의 가장 큰 <u>적</u>은 인플레이션이다.
인플레이션이 나의 저축을 <u>빼앗아 갔다</u>.

삶은 인격이 없는 대상인데, 여기에 인격을 부여하여 나를 속인 것으로 묘사한다. 인플레이션도 인격이 없는 대상인데, 여기에 다양한 인격적인 속성들을 부여하여 나의 이익을 먹고, 경제의 기초를 공격하고, 나의 저축을 빼앗아 가는 인격적인 존재로 묘사한다. 그리고 인플레이션을 인격적인 '적'으로 간주한다. 이런 표현들이 모두 의인법에 속한다.

성경에도 의인법이 자주 등장한다. 무인격체에 인격을 부여함으로써 생동감이 넘치는 언어로 바뀐다.

네 <u>악</u>이 너를 <u>징계하겠고</u>
네 반역이 너를 <u>책망할 것이라</u>
그런즉 네 하나님 여호와를 버림과
네 속에 나를 경외함이 없는 것이
　　악이요 고통인 줄 알라
주 만군의 여호와의 말씀이니라(렘 2:19).

'악'은 인격이 없는 실체이다. 악이 어떻게 사람을 징계할 수 있겠는가? 그런데 "네 악이 너를 징계하겠고"라고 표현함으로써, 이스라엘의 악이 하나의 인격체로 바뀌어 그들을 징계하는 듯한 느낌을 준다. '반역'도 마찬가지이다. 반역은 인격이 없는 실체인데 이에 인격을 부여하여 이스라엘 백성들을 책망하는 것으로 묘사하고 있다. 이렇게 의인법을 사용함으로써 무인격체가 살아나서 징계하고 책망하는 듯한 생명력 있는 언어로 새롭게 태어난다.[160]

■ 환유법(Metonymy)

환유법은 쉽게 말하면 "별명 붙이기"이다.[161] 본래 이름 대신 다른 이름을 사용해 표현하는 수사법이다. 박근혜 대통령이 두 번이나 총리 인선에 실패한 후에 2014년 6월 27일자 조선일보 사설에 "청와대 '문고리 권력' 논란 끊이지 않는 이유가 뭔가?"라는 글이 실렸다.[162] 여기서 '문고리 권력'이란 박근혜 대통령을 가까이서 보좌하는 청와대 몇몇 비서관들을 두고 새누리당 의원들이 붙인 별명이다. 대통령을 가까이 보좌하는 권력에 너무 의지하지 말고 권력의 문을 열어야 한다는 취지에서 이런 별명을 붙인 것이다.

이렇게 본래 이름과 다른 별명을 붙이는 수사법을 환유법이라고 한다. 환유법도 은유법에 속하면서 더 넓게는 그림 언어의 영역에 속한다. 아래 예문들을 더 보자.

운동선수들에게도 종종 선수의 특징에 맞는 별명들이 따라 다닌다. 일본 축구선수 중에 나오히로 다카하라는 독일팀에서 뛰던 때 "초밥 폭탄"(The Sushi Bomber)이라는 별명을 얻었다. 그는 일본이 배출한 매우 훌륭한 공격수 중에 한 사람으로 "57경기에 출전해 23골"을 기록했다. 토니 아담스는 아스날에서 19년 동안 뛰면서 "역사상 최고의 수비수 가운데 한 명"이라는 찬사를 받았다. 그런데 그가 EURO 1988에서 네덜란드의 공격수 마르코 반 바스텐에게 농락당하면서 1대 3으로 패배한 원흉이 되자 영국 언론은 그를 "당나귀"라고 불렀다.[163] 우리나라 선수의 경우 2014년 월드컵에서 한국과 러시아의 첫 경기에서 탁월한 활약으로 러시아 선수들의 공을 잘 막아낸 손흥민, 한국영 두 선수들에게 "진공청소기"라는 별명이 따라붙었다. "초밥 폭탄", "당나귀", "진공청소기"는 선수들의 특징을 꼬집어 붙여진 별명들로 환유법에 속한다.

이제 예레미야서에 나오는 환유법의 예를 보자. "너는 배역한 이스라엘이 행한 바를 보았느냐 그가 모든 높은 산에 오르며 모든 푸른 나무 아래로 가서 거기서 행음하였도다"(렘 3:6).

이 말씀에도 몇 개의 환유법이 사용되었다. "높은 산"과 "푸른 나무 아래"는 문자적인 뜻을 넘어 이스라엘 백성이 우상숭배를 행하던 장소를 환유법을 사용하여 표현한 것이다. 이들이 주로 우상숭배를 행한 곳이 높은 산과 푸른 나무 아래였기 때문이다. "행음"이라는 말도 우상숭배를 환유법을 사용하여 표현한 것이다.

이스라엘 백성이 가나안의 신 바알과 아세라라는 우상을 주로 섬겼는데, 이 신들은 "폭풍과 풍요의 신"으로 바알이라는 남신과 아세라라는 여신의 성관계를 통해 비가 온다고 생각했다. 이스라엘 백성은 이들 신들을 자극하기 위해 신전 창녀들과 높은 산과 푸른 나무 아래에서 음행을 행하면서 우상숭배를 행했다.[164] 그래서 우상숭배 행위를 행음이라는 환유법을 사용해 자주 묘사한다. 이런 의미에서 이는 동시에 제유법에

속하기도 한다.[165]

■ 제유법(Synecdoche)

레이콥과 존슨은 제유법을 "환유법의 특별한 경우"로 간주한다. 위의 예에서 보았듯이 때로는 제유법과 환유법이 겹치는 경우가 있기 때문에 이들은 환유법의 하위 범주 안에 제유법을 둔다.

제유법이란 "일부분으로 전체를 나타내는" 경우를 의미한다.[166] 이렇게 환유법과 제유법은 특정한 면을 가리키는 이름을 사용함으로써 그 의미를 강조하는 효과가 있다. 이것이 환유법과 제유법의 묘미이다. 제유법의 몇 가지 예를 들어 보자.

우리 팀을 위해서 강한 체구 둘이 필요하다. (= 강한 사람들)
그 대학에는 좋은 두뇌들이 많다. (= 똑똑한 사람들)
우리 기관에는 새로운 피가 필요하다. (= 새로운 사람들)
여기에 새로운 얼굴들이 있군요. (= 새로운 사람들)
우리는 장발을 채용하지 않습니다. (= 머리가 긴 사람들)[167]

성경에서도 제유법을 곧잘 사용한다.

내가 너를 파멸할 자를 준비하리니
그들이 각기 손에 무기를 가지고
네 아름다운 백향목을 찍어 불에 던지리라(렘 22:7).

예레미야가 유다 왕에게 전한 하나님의 말씀이다. "아름다운 백향목"은 그냥 아름다운 나무를 지칭하는 말이 아니라 '백향목으로 지은 왕궁 전체'를 가리키는 제유법이다. 그래서 "아름다운 백향목을 찍어 불에 던지리라"는 말씀은 백향목으로 지은 왕궁 전체를 불사르리라는 예언의 말씀이다.[168] 아름다운 백향목 궁전에서 호화로운 생활을 하던 왕에게는 간담을 서늘케 하는 심판의 말씀이다.

■ 우화(Allegory)

국립국어원 『표준국어대사전』은 우화(寓話)를 "인격화한 동식물이나 기타 사물을 주인공으로 하여 그들의 행동 속에 풍자와 교훈의 뜻을 나타내는 이야기"라고 정의한다.[169] 우화하면 『이솝 우화』를 빼놓을 수 없다. 『이솝 우화』에 나오는 이야기들이 시대를 초월해 인기가 있는 것은 이야기 주인공의 행동을 통해 교훈을 잘 전달하기 때문이다. 기독교의 고전 『천로역정』도 기독교인의 삶을 묘사하는 대표적인 우화체로 쓰인 책이다.

성경에도 우화가 등장한다. 성경에서 사용하는 문학 장르로서 '우화'(allegory)와 성경 해석의 오류적 방법론으로 간주되는 '우화화'(allegorization)는 구분할 필요가 있다. 우화적 해석(우화화)의 문제점은 저자가 의도하지 않은 뜻을 집어넣는 데 있다. 그러나 성경이나 문학이 사용하는 우화라는 장르 자체는 중요한 문학적 양식이라는 것을 잊지 말아야겠다. 사사기 9장에는 잘 알려진 우화가 등장한다.

8 하루는 나무들이 나가서 기름을 부어 자신들 위에 왕으로 삼으려 하여 감

람나무에게 이르되 너는 우리 위에 왕이 되라 하매 9 감람나무가 그들에게 이르되 내게 있는 나의 기름은 하나님과 사람을 영화롭게 하나니 내가 어찌 그것을 버리고 가서 나무들 위에 우쭐대리요 한지라 10 나무들이 또 무화과나무에게 이르되 너는 와서 우리 위에 왕이 되라 하매 11 무화과나무가 그들에게 이르되 나의 단 것과 나의 아름다운 열매를 내가 어찌 버리고 가서 나무들 위에 우쭐대리요 한지라 12 나무들이 또 포도나무에게 이르되 너는 와서 우리 위에 왕이 되라 하매 13 포도나무가 그들에게 이르되 하나님과 사람을 기쁘게 하는 내 포도주를 내가 어찌 버리고 가서 나무들 위에 우쭐대리요 한지라 14 이에 모든 나무가 가시나무에게 이르되 너는 와서 우리 위에 왕이 되라 하매 15 가시나무가 나무들에게 이르되 만일 너희가 참으로 내게 기름을 부어 너희 위에 왕으로 삼겠거든 와서 내 그늘에 피하라 그리하지 아니하면 불이 가시나무에서 나와서 레바논의 백향목을 사를 것이니라 하였느니라(삿 9:8-15).

이 우화는 기드온의 아들 요담이 아비멜렉을 가리켜 한 이야기이다. 아비멜렉이 정권의 야욕을 품고 기드온의 아들 70명을 한 바위 위에서 죽였다. 그런데 세겜 사람들은 아비멜렉의 어머니가 자신들과 친족이 된다고 그를 왕으로 삼았다(삿 9:1-6). 그중에 생존한 아들 요담이 도망하여 그리심 산 꼭대기에서 세겜 사람들에게 외친 말이다.

여기에 등장하는 감람나무, 무화과나무, 포도나무 등은 자신의 위치를 알고 있는 겸손한 형제들을 가리킨다. 마지막에 등장하는 가시나무는 아비멜렉을 가리킨다. 아름다운 과일 나무들과 달리 아비멜렉에게 가시나무라는 우화적 표현을 사용함으로써 아비멜렉이 어떤 사람임과 동시에 그의 폭정의 실체를 드러낸다.

15절이 전하는 메시지는 아비멜렉이 스스로 정권을 잡은 사실과 만약 그의 왕권에 순종하지 않으면 무자비한 보복을 하리라는 뜻이다. 이런 문학 양식이 우화에 속한다.

■ 비유(Parable)

예수님께서 즐겨 사용한 수사법은 비유(比喩/譬喩)이다. 국립국어원『표준국어대사전』은 비유를 "어떤 현상이나 사물을 직접 설명하지 아니하고 다른 비슷한 현상이나 사물에 빗대어서 설명하는 일"이라고 정의한다.[170] 우화와 비유가 빗대어 설명한다는 관점에서는 비슷하지만 우화에는 주인공을 주로 의인화해 사용하고 주인공의 행위를 통해 '풍자하고 교훈'을 주는 데 초점을 맞춘다는 점에서 차이가 있다고 본다.

물론 비유도 빗대어 설명하면서 교훈을 전하는 면도 있다. 그런데 우화의 특징은 사물이나 동물을 의인화해 빗대는 데 독특성이 있다고 본다. 우화나 비유도 넓은 의미에서 은유들이다. 진리를 전하기 위해서 다른 것에 빗대어 설명하기 때문에 모두 은유에 기초를 두고 있다.

성경에 비유의 힘을 입증한 중요한 사건이 있다. 나단이 다윗의 죄를 깨우치기 위해 그에게 들려준 비유이다.

> 1 여호와께서 나단을 다윗에게 보내시니 그가 다윗에게 가서 그에게 이르되 한 성읍에 두 사람이 있는데 한 사람은 부하고 한 사람은 가난하니 2 그 부한 사람은 양과 소가 심히 많으나 3 가난한 사람은 아무것도 없고 자기가 사서 기르는 작은 암양 새끼 한 마리뿐이라 그 암양 새끼는 그와 그의

자식과 함께 자라며 그가 먹는 것을 먹으며 그의 잔으로 마시며 그의 품에 누우므로 그에게는 딸처럼 되었거늘 4 어떤 행인이 그 부자에게 오매 부자가 자기에게 온 행인을 위하여 자기의 양과 소를 아껴 잡지 아니하고 가난한 사람의 양 새끼를 빼앗아다가 자기에게 온 사람을 위하여 잡았나이다 하니(삼하 12:1-4).

이 비유는 다윗과 우리야의 관계를 잘 대변한다. 다윗을 양과 소가 심히 많은 부자로 비유하고, 우리야를 아무것도 없고 오직 작은 암양 새끼 한 마리만 사서 키우는 가난한 자로 비유한다. 우리야가 자신의 아내 밧세바를 얼마나 사랑하는가를 가난한 자가 작은 암양 새끼를 사랑하는 모습을 통해 보여 준다. "그 암양 새끼는 그와 그의 자식과 함께 자라며 그가 먹는 것을 먹으며 그의 잔으로 마시며 그의 품에 누우므로 그에게는 딸처럼 되었거늘."

그런데 이 비유를 듣고 있던 다윗의 마음을 뒤집어 놓은 것은, 이 부자가 이렇게 양과 소가 심히 많음에도 불구하고 자기에게 손님이 찾아오자, 이 가난한 자가 그렇게 애지중지 사랑하는 새끼 양을 빼앗아다가 손님을 위해 잡아 주었다는 대목이다. 이 부자가 다윗 자신을 비유하고 있음을 깨닫지 못하고 심지어 이렇게 외치기까지 한다. "이 일을 행한 그 사람은 마땅히 죽을 자라"(삼하 12:5).

이에 대해 나단은 "당신이 그 사람이라"(삼하 12:7)고 그의 허를 찌른다. 이에 다윗은 회개의 무릎을 꿇는다.

얼마나 멋있는 비유인가! 이 이야기는 단순한 부자와 가난한 자의 양에 관한 이야기가 아니다. 다윗이 우리야에게 얼마나 큰 죄를 범했는가

를 보여 주는 또 다른 차원의 메시지가 부각되는 다분히 은유적인 이야기이다.[171]

■ 상징법(Symbolism)

상징법은 앞에서 다루었기 때문에 여기서는 간략히 다루고자 한다. 상징법은 이미지가 갖는 문자적인 의미는 부차적인 것이 되고, 상징적인 의미가 일차적인 것이 될 때를 가리킨다. 예수님께서 사마리아 여인에게 배에서 영생토록 솟아나는 '생수'에 대해 말씀하셨는데, 이 생수는 '구원'을 상징적으로 의미한다. 이것이 바로 상징법이다.[172]

성경에는 여러 곳에서 상징법을 사용한다. 선지서에는 다윗이 죽은 지 오랜 후에 '다윗'이라는 새로운 통치자가 나타나 다스릴 것을 예언한다. "내가 한 목자를 그들 위에 세워 먹이게 하리니 그는 내 종 다윗이라 그가 그들을 먹이고 그들의 목자가 될지라 나 여호와는 그들의 하나님이 되고 내 종 다윗은 그들 중에 왕이 되리라 나 여호와의 말이니라"(겔 34:23-24; 참고, 렘 30:9).

여기에 등장하는 다윗은 오래전에 죽은 다윗 왕이 아니라, 미래에 나타날 '메시아'를 가리킨다. 이런 의미에서 이는 상징법에 속한다. 동시에 '메시아' 대신 '다윗'이라는 이름을 사용했기 때문에 환유법도 된다. 이런 수사법을 이해하고 읽으면 문자주의의 오류에 빠지지 않을 수 있다.[173]

## 5) 설교는 은유적이다

샐리 맥패그는 "이미지는 개념을 '먹여 살찌우고' 개념은 이미지의

'규율을 잡는다.' 개념이 빠진 이미지는 장님과 같고 이미지가 없는 개념은 불모지와 같다"고 했다.[174] 이 말은 설교에 그대로 통한다. 설교에서 개념과 이미지는 어느 하나도 빠질 수 없다.

설교의 대지는 개념 중심으로 짜였다. 그런데 개념 중심으로 설교를 해서는 안 된다. 그러면 맥패그가 말한 대로 불모지와 같은 설교가 될 것이다. 그래서 "신학적 의미는 생활에서 끌어온 이미지를 통해 구현되어야 한다."[175] 그래야 생동감과 생명력이 있는 설교가 될 수 있다.

설교자는 먼저 성경의 정확한 개념을 파악해야 하지만, 설교는 반드시 청중들의 마음속에 그림을 그릴 수 있는 그림 언어로 표현해야 한다. 그래서 버트릭(David Buttrick)은 "설교란 피할 수 없는 은유의 한 작품"이라고 했다.[176]

이제 설교 예문을 보면서 설교가 어떻게 은유적인지 살펴보자. 아래 설교는 사도행전 8장 4-17절을 중심으로 "성령 충만 선택인가, 필수인가?"라는 제목으로 필자가 설교한 내용이다. 서론 부분에 이미지를 사용하면서 시작한다. 이 이미지가 설교의 전체 흐름과 어떻게 연결되는지 살펴보자.

> 과거에 너무나 힘들게 하던 일을 과학기술이 발전하면서 오늘날에는 아주 손쉽게 합니다. 전에는 수동식 톱으로 나무를 잘랐는데, 정말 힘들었습니다. 나무 몇 개를 자르고 나면 팔에 알이 배길 정도였습니다. 그러나 지금은 전기톱을 사용하면 얼마나 손쉽게 자를 수 있습니까?
> 전에는 수동식 드라이버로 나사못을 박아야 해 참 힘들었습니다. 책상 하나 정도 조립하고 나면 온 팔이 욱신거립니다. 지금은 전기드라이버의 발명으

로 아주 손쉽게 나사를 박을 수 있습니다.

전기톱, 전기드라이버를 사용하는 시대는 수동식 톱과 수동식 드라이버를 사용하던 시대와는 질적으로 다른 시대입니다. 작업 효율 면에서도 엄청난 차이가 납니다. 전기톱, 전기드라이버는 하루 종일 사용해도 별로 힘이 안 듭니다. 그러나 수동식 드라이버나 톱을 갖고 하루 종일 일을 한다면 얼마나 힘이 드는지 모릅니다.

영적인 면도 똑같습니다. 어떤 사람은 옛날 수동식 톱이나 드라이버를 사용하듯이 힘들게 신앙생활을 하는 사람이 있습니다. 너무나 힘들게 신앙생활을 합니다. 작은 일에도 너무나 힘들어 합니다. 그런데 어떤 사람은 전기톱이나 전기드라이버를 사용하듯이 매우 즐겁고 기쁘게 신앙생활을 하는 사람이 있습니다. 마치 순풍에 돛단 듯이 기쁘게 신앙생활을 합니다.

그 차이는 무엇일까요? 사도행전 8장 4-17절의 말씀이 우리에게 이와 같은 분명한 차이를 보여 주는 한 사건을 소개하고 있습니다.

설교 초반에 나오는 톱과 드라이버 이야기는 사도행전 8장 4-17절의 핵심 메시지인 성령 충만과 전혀 관계가 없는 이야기처럼 들린다. 그런데 수동식 톱과 드라이버와 전기톱과 드라이버라는 이야기를 통해 또 다른 차원의 진리를 은유적으로 설명한다.

수동식 기구와 전기식 기구와의 관계는 성령 충만하지 않은 상태의 성도의 모습과 성령 충만한 성도의 모습을 은유적으로 비교한다. 어떤 관점에서 비교하는가? 이들 간에 비슷한 점이 어떤 것인가? 이들 간의 비슷한 점은 파워(능력)의 차이라는 관점에서 비슷하다. 성령 충만을 체험하지 않은 성도들은 수동식 기구처럼 능력이 부족하다. 반면에 성령 충만한 성도들은 전기식 기구들처럼 능력이 충만하다.

성령 충만이라는 추상적인 개념을 전기톱과 드라이버라는 구체적인 이미지를 사용함으로써 능력이 충만한 모습을 눈으로 볼 수 있고 손으로 느낄 수 있는 살아 있는 언어로 바꾸어 준다. 이렇게 설교에 그림 언어를 사용할 때, 청중의 마음속에 선명한 그림이 그려지고 지성과 감성에 동시에 호소하는 살아 있는 언어가 된다.

## 6
# 현시대에 호소력 있는 그림 언어를 사용하려면?

한번은 대학 교직원예배 시간에 어느 시인이 와서 간증을 했다. 그가 한 말 전체는 잘 기억나지 않지만, 한 마디는 분명히 기억난다. "하나님의 말씀은 저의 내비게이션입니다."

만약 그가 하나님의 말씀을 신학적으로 철학적으로 논했다면 그가 했던 다른 말들처럼 전혀 기억에 남지 않았을 것이다. 그런데 그가 우리에게 와 닿는 현시대의 그림 언어를 사용했기 때문에 그 의미를 즉시 깨달을 수 있었고, 오래 기억에 남게 되었다.

정말 성경은 우리에게 얼마나 내비게이션과 같은 역할을 하는가! 요즘은 내비게이션 덕분에 전혀 가 보지 않은 곳도 주소만 있으면 쉽게 찾아갈 수 있다. 주소를 입력하고 내비게이션이 시키는 대로 하면 된다. "직진하세요. 좌회전 하세요. 우회전 하세요. 되돌아가세요. 목적지에 도착했습니다." 얼마나 편리한가! 하나님의 말씀이 이와 같다.

"이것은 하라! 저것은 하지 말라!"고 구체적으로 가르친다. 말씀대로 따라만 살면 우리는 하나님의 목적을 이룰 수 있다. 성경은 과연 우리 인생의 내비게이션이다! 여기서 그림 언어의 효과적인 사용을 위한 중요한 아이디어를 얻을 수 있다. 그림 언어는 반드시 청중에게 친숙한 것을 사용해야 효과를 볼 수 있다는 것이다.

한 가지 예를 더 들어 보자. 프레드릭 뷰크너(Frederick Buechner)는 "부자가 천국에 들어가기가 벤츠 자동차가 회전문을 들어가는 것보다 더 어렵다"고 표현했다.[177] 낙타가 바늘귀로 들어가는 것보다 어렵다고 비교하는 것보다 얼마나 현실성 있고 생동감 있는가? 중동 지방에 사는 낙타의 이미지는 우리에게 친숙하지 않지만 벤츠나 회전문은 아주 잘 와 닿는다.

어떤 신학자는 성경 밖의 이미지를 만들어 사용하는 것을 터부시한다.[178] 이는 그림 언어 사용 원리를 잘못 생각하기 때문이다. 사실 성경에는 많은 그림 언어들이 나온다. 현시대의 웬만한 글들보다 성경은 훨씬 더 많은 그림 언어를 사용한다. 그럼에도 불구하고 성경에 나오는 많은 그림 언어들이 우리에게 친숙하지 않기 때문에 그림 언어 자체가 '그림처럼' 우리에게 와 닿지 않는 것이 문제다.

예를 들면 시편 23편을 보라. 말씀은 아주 친숙하지만 여기 등장하는 이미지는 사실 한국 사람들에게 그리 친숙하지 않다. "목자", "양떼", 목자의 "지팡이와 막대기"를 직접 본 사람은 드물다. 목자가 양을 어떻게 푸른 초장으로, 잔잔한 물가로 인도하는지 대부분의 한국인은 잘 모른다. 목자가 사망의 음침한 골짜기에서 헤매는 양을 구해 내는 것도 본 적이 없다. 목자가 막대기를 갖고 양을 사자나 곰으로부터 지켜 내는 것은 더더욱 본 적이 없다. 그래서 이런 이미지는 사실 우리에게 잘 와 닿지 않는다.

그러므로 우리 시대의 청중이 쉽게 공감할 수 있는 그림 언어를 사용해 이미지화해야 한다. 필자는 이를 '이미지의 현대화'라고 부르고 싶다. 설교자는 성경에 나오는 이미지를 그대로 사용할 것이 아니라, 반드시 이미지의 현대화 과정을 거친 다음 사용해야 청중에게 효과적으로 다가갈 것이다. 물론 옛날에 성경을 기록할 당시나 현시대나 별 차이가 없는 그림 언어들은 성경에서 적극적으로 찾아 사용해야 한다.

이제 그림 언어 사용의 큰 원칙을 살펴보자.

**이미지 사용 원칙 : <u>청중에게 친숙한 그림 언어를 사용하라.</u>**

이 큰 원칙을 염두에 두고 이미지 사용의 세부적인 원칙들을 논해 보자.

## 우리에게 친숙한 자연의
## 그림 언어를 사용하라

자연은 훌륭한 그림 언어의 보고이다. 예수님의 수많은 비유는 자연에서 쉽게 접할 수 있는 그림 언어들이었다. 마태복음 13장에 나오는 비유들을 보라. 네 종류의 밭에 씨 뿌리는 비유, 겨자씨 비유, 누룩 비유, 가라지 비유, 그물 비유 등은 예수님 당시 유대의 자연환경 속에서 쉽게 발견할 수 있는 이미지들이다. 예수님은 먹는 문제, 입는 문제로 제자들이 걱정하지 말도록 자연의 그림 언어를 사용하여 그들을 교훈하셨다.

> 26 <u>공중의 새를 보라 심지도 않고 거두지도 않고 창고에 모아들이지도 아니하되 너희 하늘 아버지께서 기르시나니 너희는 이것들보다 귀하지 아니하냐</u> 27 너희 중에 누가 염려함으로 그 키를 한 자라도 더할 수 있겠느냐 28 또 너희가 어찌 의복을 위하여 염려하느냐 <u>들의 백합화가 어떻게 자라는가 생각하여 보라 수고도 아니하고 길쌈도 아니하느니라</u> 29 그러나 내가 너희에게 말하노니 솔로몬의 모든 영광으로도 입은 것이 이 꽃 하나만 같지 못하였느니라 30 <u>오늘 있다가 내일 아궁이에 던져지는 들풀도 하나님이 이렇게 입히시거든</u> 하물며 너희일까보냐 믿음이 작은 자들아 31 그러므로 염려하여 이르기를 무엇을 먹을까 무엇을 마실까 무엇을 입을까 하지 말라(마 6:26-31).

예수님께서는 먹는 문제를 염려하지 말도록 '공중의 새를 먹이시는 하나님의 섭리'라는 그림 언어를 통해 설명하셨고, 입는 문제를 염려하지 말도록 '들의 백합화를 기르시고 입히시는 하나님의 섭리'라는 그림 언어로 시각적으로 설명하셨다.

얼마나 호소력 있는 표현들인가! 자연은 위대한 그림 언어의 보고들이다. 그러므로 자연을 볼 때마다 늘 그림 언어를 염두에 두고 보라. 들에 핀 꽃 한 송이, 풀벌레 한 마리, 다양한 모양의 나뭇잎들, 아름답게 지저귀는 새소리, 가을하늘에 날아가는 기러기 떼들, 밤하늘의 별들 등 우리가 마주치는 자연 만물은 하나님의 피조물들로서 일반 계시의 위대한 통로들이다. 자연 속의 일반 계시는 특별 계시를 위한 수많은 이미지를 제공한다. 이를 볼 수 있도록 눈을 훈련해야 한다. 훈련된 눈으로 보면 자연은 그림 언어의 보고들이다.

애벌레가 고치로, 거기서 다시 아름다운 나비가 태어나는 과정을 보자. 이 자연의 이미지는 우리에게 중요한 은유를 제공한다. 바로 부활을 위한 은유다. 우리가 현재는 육신의 몸을 입고 있지만 주님께서 재림하시는 그날 시간과 공간을 초월한 새로운 부활체를 입고 날아다닐 모습을 생각하면 가슴이 설렌다. 누가 애벌레가 나비가 되는 신비를 깨달을 수 있겠는가? 땅에 기어 다니던 애벌레가 어떻게 하늘을 날 수 있는가?

우리의 부활도 마찬가지이다. 현재의 육신의 몸은 땅에 발을 딛고 다니고 병들고 늙고 죽게 되는 연약한 몸이지만, 우리가 장차 입게 될 영화로운 부활체는 시간과 공간을 초월한 몸이요 생각만 하면 어디든지 갈 수 있는 새로운 차원의 몸이다. 애벌레의 몸이 나비가 되듯이, 주님이 재림하시는 날 우리의 육신도 새로운 부활체를 반드시 입게 된다.

이처럼 자연은 일반 계시로서 여러 면에서 성경의 진리를 위한 이미지들을 내포한다. 다시 한 번 말하지만 설교자들은 이를 볼 수 있는 눈을 훈련해야 한다.[179]

## 우리의 사회문화에 친숙한 그림 언어를 사용하라

필자는 대학 졸업 직후에 미국으로 유학을 가서 학위 과정을 다 마치고 이민목회를 약 6년간 하다가 20년 만에 귀국했다. 한국에서 교수 생활을 시작하면서 3년 반 동안 대학교회에서 담임 사역을 했다. 한국에서 설교를 하면서 20년간 미국문화에서 살면서 사용했던 그림 언어를 한국에서 그대로 사용하는 데는 상당한 제약이 있음을 깨달았다.

언어 문제가 아니었다. 이민목회를 할 때도 대부분 한국어로 설교를 했다. 똑같은 한국어로 설교를 하지만 문화와 환경의 차이로 인해 어떤 그림 언어는 전혀 효과를 보지 못했다.

예를 들면, 미국에서는 거리를 마일로 표기하고 무게는 파운드로 측정한다. 한국에서 설교하면서 거리를 마일로 얘기했더니 장로님 한 분이 부탁을 했다. "목사님, 마일은 킬로미터로 좀 바꾸어 주세요." 그때 정신이 번쩍 났다. 한국의 킬로미터 문화를 알면서도 실수를 했구나 하는 생각이 들었다.

음식문화도 마찬가지다. 멕시칸이 즐겨먹는 부리토(burrito)나 이태리 음식에 자주 나오는 링귀니(linguine)를 이야기해도 경험한 사람들 외에는 잘 모른다. 음식을 그림 언어로 사용하려면 한국에 맞는 국수나 깍두기, 청국장, 오이소박이 등 한국인이 아는 음식을 예로 들어야 청중이 쉽게 이해할 수 있다.

특히 언어 면에서는 자주 사용하는 외국어라 해도 그들의 표현 방식을 우리에게 그대로 사용하면 별로 와 닿지 않는 경우가 있다. 가끔 신문에서 "뜨거운 감자"라는 말을 사용하는데, 아마 처음 이 표현을 듣는 한국 사람은 이게 무슨 뜻인가 의아했을 것이다. 이는 영어 표현 "hot potato"를 문자적으로 옮긴 표현인데, 이는 『롱맨 현대영어사전』(*Longman Dictionary of Contemporary English*)에서 "다루기 어렵고 어떤 결정이라도 사람들을 화나게 만들 수 있기 때문에 아무도 다루기를 원치 않는 주제나 문제"(a subject or problem that no one wants to deal with, because it is difficult and any decision might make people angry)라고 정의한다.[180]

우리나라도 감자를 먹기는 하지만 서구 사람들처럼 삶은 통감자를 즐겨 먹지는 않는다. 스테이크를 주문하면 주로 포일에 싼 뜨거운 통감자를 함께 가져온다. 이들은 뜨거운 감자가 어떤 것인지 친숙하게 알기 때문에 정말 다루기 힘든 문제를 두고 "뜨거운 감자"라는 표현을 사용한다. 이런 그림 언어는 찰떡처럼 우리에게 찰싹 들러붙지 않는다. 서구의 언어를 빌려올 때는 이런 문화적인 배경을 반영한 그림 언어의 역학을 알고 받아들여야 효과를 볼 수 있다.[181]

언어란 환경의 총체적인 산물이다. 그림 언어도 마찬가지다. 우리 환경의 총체적인 면에서 나오기 때문에 우리의 정치, 경제, 사회, 문화, 관습, 종교, 예술 등의 모든 영역에 친숙한 이미지를 사용해야 청중의 가슴에 와 닿는다. 최근 우리 사회에서 일어난 사건들은 우리 청중들에게 호소력 있는 이미지로 와 닿는다. 광우병 사태, 천안함 침몰, 종북좌파 정치논리, 세월호 사건, 관피아, 구원파 등이 그 예다.

설교자들은 우리 주변에서 일어나는 일에 대해서 언론을 통해 잘 알아 두어야 청중에게 호소력 있는 그림 언어를 구사할 수 있다. 오직 성경의 이미지만을 고집하는 것은 오히려 비성경적이다. 선지자들을 보면 당대의 문제를 알고 회개를 촉구하지 않았던가!

우리도 이 시대의 문제와 이슈를 잘 알아야 청중들에게 효과적인 이미지를 찾아낼 수 있고, 또 이에 대한 성경적인 답을 찾아 청중들에게 설득력 있는 메시지를 전할 수 있다.

## 도시 사회의 그림 언어를 포착하라

성경이 쓰일 당시와 오늘날의 큰 차이가 있다면 아마 농경사회에서 도시 사회로의 전이일 것이다. 우리나라 서울 인구를 예로 들어 보자.[182] 1394년 태종이 한양으로 천도했을 때 서울 인구는 약 10만 명 선이었고, 1900년도에는 약 20만 명 선이었다. 500여 년 동안 인구가 고작 두 배 정도만 늘었다.

그런데 1990년도 서울의 인구는 1,061만 명으로 20세기 90년 동안 약 50배 이상의 인구가 서울로 몰렸다. 현재 우리나라의 총인구 대 도시 인구의 비율은 세계 16위로 91.6퍼센트에 달한다.[183] 우리가 사는 이 시대는 성경 시대의 문화와 너무나 다르다. 성경에 자주 등장하는 농경 이미지는 도시 이미지로 변화되어야 우리에게 와 닿는다. 물론 농촌교회에서는 농경 이미지가 여전히 유효하겠지만, 도시에 사는 사람들에게는 익숙지 않은 경우가 많다.

한 번도 밭에서 씨를 뿌려 본 적이 없는 사람들에게 씨 뿌리는 비유의 디테일이 얼마나 유효할까? 돌밭에서 씨가 어떻게 자라는가? 가시가 덮고 있는 땅에서 씨앗이 어떻게 자라는가? 이런 땅에서 씨가 자라는 모습을 본 사람이라야 예수님의 그림 언어가 마음에 와 닿을 것이다. 그러므로 성경의 진리를 선포할 때 도시 문화에 맞는 이미지를 사용해야 도시 문화에서 자란 청중들에게 호소력이 있을 것이다.

도시 사회에 두드러진 이미지를 볼 수 있는 눈을 훈련해야 한다. 도시 속의 분주한 사람들, 고층 아파트의 숲, 늘어선 자동차들, 새로운 물건들로 가득 찬 백화점들, 즐비한 가게들, 각종 먹거리 문화들, 경쟁적인 직장

생활, 상사와 부하 직원간의 인간관계, 온 세상의 정보가 쏟아지는 컴퓨터들, 끊임없이 주고받는 스마트폰 문자들, 한순간에 세상을 흔들어 놓는 SNS의 세계, 우리 삶에 은근한 영향을 끼치는 텔레비전 프로그램들 등. 이런 도시 문화는 100년 전만 해도 우리 조상들이 전혀 경험하지 못한 세계들이다.

현대인들이 날마다 이런 문화 속에서 산다는 사실을 생각하면 설교자가 어떤 그림 언어를 사용해야 호소력이 있는지 금방 알게 될 것이다. 이런 도시 문화에서 즐기고, 스트레스 받고, 사랑하고, 미워하고, 소외받고 하는 사람들의 마음에 와 닿는 언어는 바로 그런 환경에서 나오는 그림 언어들이다.

현대 도시 문화가 만들어 놓은 많은 병폐들인 술 중독, 게임 중독, 도박 중독, 우울증, 자살 등은 대부분 도시의 이미지에서 나오는 문제들이다. 술 중독은 어디서 오는가? 직장 생활 중에 굳어진 한국의 술 문화와 또 삶의 스트레스에서 주로 생겨났다. 1차, 2차, 3차로 연결되는 직장의 술 문화를 이미지를 통해 폭로함으로써, 이런 문제로 고통당하는 현대인들의 마음을 터치해야 진정한 치유가 일어나지 않겠는가?

컴퓨터가 20세기 말부터 모든 사람들에게 확산되면서 부작용 중에 하나로 떠오른 것이 게임중독증이다. 게임 중독으로 중학생이 엄마를 목 졸라 죽이고 자기도 자살하는 사건이 발생하기도 했고, 애기 엄마가 게임 중독에 빠져 아이를 목 졸라 죽이기도 했다. 게임 중독으로 인해 사회에 끼친 이런 해악들을 그림 언어로 표현함으로써 게임에 대한 경각심을 불러일으킬 수 있다.

연예인들 자살 가운데는 인터넷 댓글로 마음의 상처를 받고 이를 극복하지 못해 그리 된 경우도 있다. 이 시대의 인터넷 댓글 문화의 악랄함을 그림 언어로 폭로할 필요가 있지 않겠는가? 자살을 불러일으키는 이런 댓글들은 간접 살인 행위이다. 한국의 자살률은 OECD 국가 중에 10년 연속 1위라는 치욕을 안게 되었다. 자살 원인의 60-70퍼센트는 우울증에 있다고 한다.[184]

왜 우울증에 걸리는가? 경쟁적인 도시 사회 구조에 주로 그 원인이 있다. 특히 20-30대 사망 원인 1위가 자살이라고 한다. 왜 한창 공부하고 일해야 할 젊은이들이 자살하는가? 대학을 졸업하고도 직장을 갖지 못해서 우울증에 걸리고, 학생들은 공부 때문에 스트레스 받아 우울증에 걸리고, 취업을 못하니 연애도 할 수 없는 처지에 빠지니 우울증에 걸리고 해서 결국 자살을 선택한 것이 아니겠는가?

매년 우리나라에서 15,000여 명이 자살한다고 한다. 하루에 평균 41명이 자살하는 숫자이다. 이는 웬만한 현대 전쟁에서 죽는 숫자와 비교할 수 없을 정도로 많은 사람들이 자살로 죽어 가고 있다는 통계이다. 자살을 따지고 보면 자살의 원인으로 나타나는 우울증을 일으키는 현상들은 우리가 보고 느낄 수 있는 이미지의 영역에 속한다. 취업 문제, 학업 문제, 연애 문제, 돈 문제 등과 같은 구체적인 현시대의 문화 속에서 나타나는 것들이 그 주된 원인들이다.

그러므로 도시 문화에서 나타나는 좋은 점들과 나쁜 점들을 구체적으로 그려 낼 수 있는 이미지화 훈련이 된 설교자들의 메시지가 도시 문화에 물든 청중들에게 호소력 있게 와 닿지 않겠는가?

## 과학기술 속의 그림 언어들을 적극 활용하라

현시대의 또 다른 특징은 지식의 발전과 축적으로 과학과 기술이 고도로 발달한 사회가 되었다는 점이다. 성경이 기록될 당시에는 과학이 거의 발전하지 않은 비과학적인 사회였다. 그래서 과학과 기술에 기초한 이미지가 성경에는 별로 나타나지 않는다. 그러나 예수님이 현시대에 사신다면 과학기술 이미지를 사용하지 않으실까? 예수님이 분명히 사용하셨을 것이라고 필자는 확신한다.

성경의 진리는 불변하지만 진리를 전달하는 수단인 언어와 이미지는 시대에 맞는 옷을 갈아입혀 전달해야 청중들에게 호소력이 있다. 과학기술 사회의 이미지로 가득 찬 현대인들에게 친숙한 이미지를 사용하여 성경의 진리를 전달할 때 효과를 극대화할 수 있다.

지금 우리는 모든 삶의 영역에서 과학기술의 혜택을 누리고 있다. 자동차, 컴퓨터, 스마트폰, 비행기, 에코 드라이브 시계 등. 스마트폰만 보더라도 지금은 수많은 기기를 손바닥에 올려놓고 사용하는 시대가 되었다. 스마트폰이 할 수 있는 기능을 생각해 보라. 전화와 문자는 기본이고 사진기, 비디오카메라, 녹음기, 계산기, 인터넷, 내비게이션, 플래시, 지도, 은행업무 등 앱(app)을 깔기만 하면 수많은 기능을 더할 수 있다. 이런 수많은 과학기술은 설교에 유용한 그림 언어들을 제공한다. 그러므로 현대인들에게 익숙한 각종 기기의 이미지를 그림 언어로 사용하면 말씀을 쉽게 이해하는 데 큰 도움이 될 것이다.

자동차에서도 여러 가지 유용한 그림 언어를 발견할 수 있다. 일전에 설교하면서 성령 충만을 자동차 배터리가 완전히 충전된 이미지를 사용해 설명한 적이 있다. 예전에 가끔 잊고 헤드라이트를 끄지 않으면 배터리가 다 소모되어 시동이 걸리지 않은 적이 있었다. 그러면 다른 차를 불러다 그 차 배터리와 내 차 배터리를 전선으로 연결해 충전해야 했다. 전기가 다 방전되어 버린 배터리가 시동을 걸 수 없듯이, 성령 충만하지 않으면 우리의 영적인 삶을 움직이는 활력을 줄 수 없다.

자동차 배터리가 완전히 방전되지 않도록 자동차 안에는 발전기가 엔진에 붙어 있어 끊임없이 배터리를 충전해 준다. 그래서 시동을 걸면 언제든지 시동이 걸릴 수 있도록 충만하게 충전시켜 둔다.

성령 충만도 마찬가지이다. 세상을 살다 보면 죄와 허물 때문에 우리의 영성이 바닥나 버린다. 이를 방지하기 위해서는 날마다 성령 충만을 받아야 한다. 자동차의 발전기가 배터리를 계속 충전해 주듯이 우리는 기도와 말씀과 순종하는 생활을 통하여 지속적으로 성령 충만한 삶을 살아야 한다. 그래야 날마다 승리하는 신앙생활을 할 수 있다.

자동차 배터리의 충전이라는 이미지는 성령 충만이라는 진리를 설명하기 위한 좋은 이미지가 될 수 있다. 과학기술에는 영적인 진리를 설명하는 데 도움이 되는 수많은 이미지들이 숨어 있다. 설교자는 이를 볼 수 있도록 눈을 훈련해야 한다.[185]


## 청중의 연령과 성별, 계층에 맞는 그림 언어를 사용하라

어린이에게 설교할 때 그림 언어는 중요한 역할을 한다. 산만한 어린

이들의 주의를 집중시키기란 결코 쉽지 않다. 그럼에도 불구하고 어린이들의 귀를 솔깃하게 만드는 방법이 있다. 재미있는 이야기와 같은 스토리텔링 방법을 사용하는 것이다.

스토리텔링도 또 다른 세계를 말로 그리는 이미지에 속한다. 마음속에 선명한 그림을 그릴 수 있는 이야기가 효과적이다. 나 역시 주일학교 학생 시절에 선생님이 이야기해 준다고 하면 좋아하면서 귀를 기울이던 것이 기억난다.

이때 중요한 점은 어린이의 연령에 맞는 그림 언어를 사용해야 효과적이다. 어린이들이 알아듣지도 못하는 그림 언어를 사용하면 그들에게는 또 다른 추상적인 언어로 들릴 뿐이다. 또 어린이들에게는 눈으로 볼 수 있는 이미지가 중요하다. 그래서 파워포인트나 영상자료들을 사용해 시선을 집중시키면 교육의 효과를 극대화할 수 있다.

아래에 권태응(1918-1951) 시인이 지은 "어린 고기들"이라는 동시에 나오는 단어와 이미지를 생각해 보자.

꽁꽁 얼음 밑
어린 고기들.


해님도 달님도
한번 못 보고,
겨울 동안 얼마나
갑갑스럴까?

꽁꽁 얼음 밑

어린 고기들.

뭣들 하고 노는지

보고 싶구나.

빨리빨리 따순 봄

찾아오거라.[186)]

관심의 대상은 "어린 고기들"이다. 어린이들이라 자기처럼 '어린' 고기들에게 관심이 가기 마련이다. 이 시에 나오는 이미지들을 보자. "꽁꽁 얼음 밑", "어린 고기들", "해님", "달님", "갑갑스럴까", "노는지", "빨리빨리", "따순 봄", "찾아오거라." 여기 나타난 언어와 이미지의 특징을 살펴보자.

먼저 모두 어린이들이 쉽게 이해할 수 있는 단어들이다. 그리고 "해님"과 "달님" 그리고 어린 고기의 답답함, 고기가 '노는' 모습, 봄이 찾아오는 모습 등 의인법을 많이 사용했다. 그렇게 해서 어린이들에게 친근감을 형성해 어린이들의 마음에 파고드는 감동을 준다. 이렇게 어린이들에게는 어린이에게 맞는 그림 언어를 사용해야 효과적이다.

그림 언어는 성별에 따라 느끼는 정도가 다르다. 남자와 여자는 각자 좋아하는 이미지의 세계가 있다. 많이들 아는 이야기로, 여자들이 가장 지겨워하는 이야기는 남자들의 군대 이야기다. 왜냐하면 대부분의 여자들은 군 입대 경험이 없기 때문에 남자들이 군대 생활하면서 고생한 이야기는 전혀 딴 세상 소리처럼 들리기 마련이다. 하나 더 축구 이야기도 생소하기 그지없다. 축구는 아직까지는 많은 여자들이 직접 하는 스포츠가 아니기 때문이다.

그런데 여러 부부들이 함께 모인 자리에서 남편들이 군대에서 축구하다가 상대팀에게 져 고참들에게 단체 기합 받은 이야기를 한다면 아내들이 얼마나 지겨워할까? 이처럼 설교를 할 때도 대상을 생각하고 그림 언어를 선별해 사용해야 한다. 그래야 이미지가 제 구실을 할 수 있다.

또 하나는 청중의 계층에 맞는 그림 언어를 사용해야 한다. 뉴욕에서 이민목회를 할 때 청중들은 초등학교를 나온 사람부터 대학원 졸업자까지 학력 수준이 참 다양했다. 그렇다 보니 설교를 어렵게 하면 교육 수준이 낮은 교인들이 잘 이해하지 못하는 경우가 있었다.

한번은 어느 교인이 은혜를 받았다고 하면서 인사를 하기에 자연스레 물었다. "어느 대목에 은혜를 받았습니까?" 그런데 의외의 대답이 돌아왔다. 내가 설교한 내용을 잘못 알아듣고 그 대목에 은혜를 받았다고 하는 게 아닌가! 내가 한 설교 내용을 전혀 이해하지 못했다는 생각에 아차 싶었다. 그래서 이후부터는 가능하면 초등학교 학생도 알아들을 수 있는 쉬운 말로 설교하기 위해서 부단히 힘을 썼다.

## 현시대의 스포츠, 영화, 드라마의 이미지를 활용하라

현시대의 우리들은 다양한 스포츠와 TV드라마와 영화 등을 즐긴다. 스포츠에는 거의 열광을 한다. 월드컵 중계를 할 때면 수많은 사람들이 광장에 모여 목이 터져라 함께 응원을 한다. 그만큼 현대인들은 스포츠에 관심이 많다.

스포츠는 수많은 이미지를 내포한다. 축구, 야구, 농구, 배구, 골프, 테니스, 탁구, 마라톤, 달리기 등 스포츠 속에 있는 풍부한 그림 언어를 설교자는 잘 파악할 필요가 있다. 가능하면 모든 스포츠의 규칙을 잘 알고 사람들이 관심을 갖는 스포츠는 꼭 관람하는 것이 좋다. 스포츠 자체를 위해서가 아니라 청중들의 영혼을 깨우기 위해서, 그들에게 생명의 양식을 만들어 먹일 수 있는 이미지를 얻기 위해서이다. 사도 바울도 스포츠 이미지를 성경에서 종종 사용한다.

> 24 운동장에서 달음질하는 자들이 다 달릴지라도 오직 상을 받는 사람은 한 사람인 줄을 너희가 알지 못하느냐 너희도 상을 받도록 이와 같이 달음질하라 25 이기기를 다투는 자마다 모든 일에 절제하나니 그들은 썩을 승리자의 관을 얻고자 하되 우리는 썩지 아니할 것을 얻고자 하노라 26 그러므로 나는 달음질하기를 향방 없는 것 같이 아니하고 싸우기를 허공을 치는 것같이 아니하며 27 내가 내 몸을 쳐 복종하게 함은 내가 남에게 전파한 후에 자신이 도리어 버림을 당할까 두려워함이로다(고전 9:24-27; 참고로 다음 본문들도 보라. 빌 3:12-14; 딤후 2:5; 딤후 4:7-8).

사도 바울의 생생한 표현 덕분에 선수가 열심히 달리는 그림 언어를 머릿속에 그릴 수 있다. 그리고 경기를 할 때 목표를 향해 달려야 한다는 이미지와 경기 후에 상급이 주어진다는 이미지와 경기의 승리를 위해 절제해야 한다는 이미지와 함께 경기를 하되 규칙을 지켜야 한다는 중요한 사실도 그림 언어로 등장한다. 이와 같이 스포츠의 다양한 면들이 설교자의 그림 언어의 소재가 될 수 있다.

예전에 섬기던 교회 교인 중에 탁구 국가대표선수를 지낸 집사가 있었다. 지역교회 연합으로 매년 탁구대회가 있었는데, 함께 연습을 하면서 잠깐 코치를 받은 적이 있다. 그때 탁구코치를 받으면서 중요한 사실을 깨달았다. 그때 깨달은 것을 요한복음 14장 26절 말씀을 중심으로 "성령님과 교제하는 법"이라는 제목으로 설교하면서 이미지화한 내용이다.

어느 날 탁구 자세를 교정받기 위해 ooo 집사님의 지도를 받은 적이 있습니다. 그는 내 손을 잡고 틀린 자세를 교정해 주었습니다. 그런데 내가 힘을 빼지 않으면 내 자세가 전혀 교정되지 않고 공이 여전히 제대로 들어가지 않았습니다. 그래서 코치 집사님은 손에서 힘을 완전히 빼고 자기에게 맡기라고 강조했습니다. 그래서 손에서 힘을 빼고 그에게 손을 완전히 맡겼더니 공이 정확하게 들어갔습니다. 나의 힘을 완전히 뺄 때, 코치의 가이드에 따라서 새로운 자세를 배울 수 있었습니다.

성령의 인도하심도 마찬가지입니다. 내 육신이 살아 있는 한 성령님이 내 속에 역사하실 수 없습니다. 성령님은 지도해 주시고 싶지만 내 육신이 강하기 때문에 나는 여전히 육신을 따라가게 됩니다. 내가 나의 생각과 나의 뜻과 나의 욕망을 내려놓을 때에 성령님은 나를 자신이 원하시는 뜻대로 이끌 수 있습니다. 그때 성령의 인도함을 받는 사람이 될 수 있습니다.

이것이 갈라디아서 2장 20절이 전하는 중요한 메시지입니다. "내가 그리스도와 함께 십자가에 못 박혔나니 그런즉 이제는 내가 사는 것이 아니요 오직 내안에 그리스도께서 사시는 것이라."

성령님과 교제를 개발하기 위해서는 먼저 나의 육신이 죽어야 합니다. 그래야 성령님의 온전한 인도하심을 받을 수 있습니다.

현대인들이 즐겨 보는 영화도 중요한 그림 언어의 소재가 될 수 있다. 어떤 영화들은 정말 감동을 자아내는 영화들도 있다. 그런 장면을 포착해 두었다가 이미지로 사용하면 청중들에게 호소력 있게 전달할 수 있다. 수년 전에 본 "쉰들러 리스트"(Schindler's List)라는 영화의 거의 마지막에 나오는 장면은 우리에게 많은 교훈을 준다.

쉰들러 리스트는 호주 소설가 토마스 케널리(Thomas Keneally)가 쓴 『쉰들러의 방주』(Schindler's Ark)라는 소설을 스티븐 스필버그 감독이 1993년 미국에서 영화로 만든 작품이다. 『쉰들러의 방주』는 2차 대전 당시 홀로코스트 생존자의 증언에 기초한 소설이다. 영화 주인공은 독일인 사업가 오스카 쉰들러(Oskar Schindler)로, 그는 오스트리아에서 사업을 하면서 포로수용소에 잡혀 있는 유대인들을 자기 직장에 취업을 시켜 약 천명 이상을 죽음에서 건져 냈다. 독일장교들에게 뇌물을 주어서 유대인 포로들을 데려올 수 있었다.[187]

나중에 독일군들이 패할 즈음에 쉰들러는 공장의 유대인들을 모아 놓고 작별인사를 하고 연합군에게 투항하기 위해 떠나는데, 그때 그가 유대인들에게 남긴 말이 참 감동적이었다. 그는 자기 자동차를 가리키면서 "저 자동차를 팔았더라면 더 많은 유대인들을 살릴 수 있었을 텐데." 자신의 가슴에 달고 있던 금장식을 가리키면서 "내가 이걸 팔았더라면 몇 명의 유대인들을 더 살릴 수 있었을 텐데" 하면서 후회했다.

마지막 장면을 보면서 주님이 재림할 때에 우리가 갖고 있는 재물들을 가리키며 이런 말을 하지 않을까 생각해 보았다. "내가 더 큰 집에 살기 위해 투자한 돈을 영혼 구원을 위해서 투자했더라면, 그 돈을 벌기 위해서 투자한 시간을 하나님 나라를 위해서 일했더라면 얼마나 더 많은 영혼을 구원했을까? 내가 더 좋은 차를 타기 위해 투자한 시간과 물질을 영혼을 구원하는 데 투자했더라면 몇 명의 영혼을 더 구원할 수 있었을 텐데!" 얼마나 많은 사람들이 세상 물질의 욕망에 파묻혀서 죽어 가는 영혼들을 잊고 사는가!

특히 기독교를 주제로 한 영화는 꼭 볼 필요가 있다. "패션 오브 크라이스트"(The Passion of the Christ)는 성도들에게 많은 눈물을 흘리게 한 예수님의 수난에 대한 감동적인 영화이다. 나도 아내와 함께 이 영화를 보면서 많은 눈물을 흘렸다. 예수님의 고난에 대해 설교할 때, 영화에 나오는 한 장면 한 장면이 살아 있는 그림 언어의 소재가 될 수 있다.

예수님이 채찍을 맞을 때 얼마나 처절한 고통을 당했는지 영화는 생생하게 그리고 있다. 로마병사가 채찍으로 책상을 내리치자 채찍에 붙은 쇳조각이 나무 조각마저 뜯어냈다. 그만큼 날카로웠다. 곧 예수님이 그 채찍을 맞은 후에 그 자리는 피 범벅이 된 모습이다. 예수님이 실제 채찍에 맞았을 때, 그 이상의 고통을 당했을 수도 있다.

로마 시대 역사가 유세비우스의 증언에 의하면 채찍을 맞은 사람들의 창자가 튀어나오고 정맥이 드러나고 근육과 근골이 드러난 경우도 있었다고 한다.[188] 예수님이 채찍에 맞은 장면을 설명할 때는 이런 생생한 그림 언어를 동원함으로써 예수님의 처절한 고난을 함께 공감할 수 있다. 영화는 이런 그림 언어의 귀중한 재료를 제공한다.[189]

# 현시대의 중요한 사상적 흐름 속에
# 나타난 이미지를 이해하라

설교자들은 적어도 매월 한 번은 서점에 들러 베스트셀러를 살펴볼 필요가 있다. 논픽션 분야 베스트셀러 5위까지, 픽션 분야 베스트셀러 5위까지 꼭 살펴보자. 베스트셀러 저자들은 나름대로 글 쓰는 법을 아는 사람들이다. 이들의 글을 읽어 보면 그림 언어의 재료를 수집하는 좋은 기회가 된다.

또 이들 베스트셀러를 통해 현재 사상의 흐름을 이해할 수 있다. 몇 해 전에 베스트셀러가 되었던 『정의란 무엇인가』라는 책이 있다. 하버드 대학에서 정치철학을 가르치는 교수가 집필한 책인데, 이런 책을 읽어 보면 현재 '정의'라는 사상의 흐름을 알 수 있다. 아래는 필자가 이 책을 읽고 아모스 5장 21-27절을 본문으로 "정의 실천은 예배 행위보다 앞섭니다"라는 제목으로 설교한 내용이다.[190]

> 지난 주간 교보문고 일반도서 부문에서 베스트셀러 1위가 된 책은 『정의란 무엇인가』입니다.[191] 이 책은 하버드 대학에서 지난 20년간 연속 최고의 명강의를 해온 마이클 샌델 교수가 썼습니다. 샌델 교수는 하버드에서 30년간 정치철학을 가르쳐 왔는데, 2008년에는 미국정치학회가 수여하는 최고의 교수로 선정된 바 있습니다. 설교 자료로 사용하기 위해서 읽었는데, 쉽지는 않았습니다.
> 샌델 교수는 '어떤 사회가 정의로운 사회인가?'라는 질문에 답을 합니다. 정의로운 사회란 우리가 소중히 여기는 "소득과 부, 의무와 권리, 권력과 기

회, 공직과 영광 등을 어떻게 분배하는지 묻는 것이다. 정의로운 사회는 이것들을 올바르게 분배한다. 다시 말해, 각 개인에게 합당한 몫을 나누어 준다"(33쪽).

그런데 어떻게 분배하는 것이 공정한 분배입니까? 그 기준이 무엇입니까? 샌델 교수는 정의를 이해하는 세 가지 방식을 책 전체에서 다루고 있습니다. 행복, 자유, 미덕, 이 세 가지를 기준으로 정의를 설명합니다(34-35쪽).

첫째, 행복을 극대화하는 것이 기준입니다. 그래서 제레미 벤담의 공리주의 철학을 다루게 됩니다. 최대 다수의 최대의 행복을 주는 것이 정의의 기준이 되어야 한다고 주장합니다.

둘째, 정의는 자유와 개인의 권리를 존중하는 것이라고 주장합니다. 그래서 미국 권리장전에는 언론의 자유나 종교의 자유를 비롯해, 다수의 힘으로도 침해할 수 없는 자유들이 규정되어 있습니다. 전 세계적으로 정의는 보편적 인권을 존중하는 것이라는 생각이 갈수록 힘을 얻고 있습니다. 임마누엘 칸트로부터 20세기의 존 롤스까지 이 견해를 옹호합니다.

셋째, 정의는 미덕 그리고 좋은 삶과 밀접히 연관된다고 보는 이론입니다. 이 이론을 옹호하는 사람들은 노예제도 폐지론자들과 마틴 루터 킹 목사, 오바마 대통령, 마지막으로 마이클 샌델 교수 자신도 미덕이 정의 기준이 되어야 한다고 봅니다.

정의의 기준을 자유냐, 미덕이냐를 구분 짓는 문제는 도덕적 종교적 신념을 중립적으로 보느냐, 아니면 적극적으로 반영해야 하느냐의 차이입니다. 과거 일, 이십 년 전까지만 해도 존 롤스의 견해가 미국의 주도적인 견해였습니다. 그래서 도덕적 종교적 문제는 공적인 석상에서 언급하지 않는 것을 미덕으로 여겼습니다.

그런데 샌델 교수의 책이 베스트셀러가 된 것은 존 롤스의 견해를 뒤집었기 때문입니다. 샌델 교수는 "이런 식의 회피"는 그런 척하는 가짜이기 십상이라고 보았습니다. 샌델 교수는 "도덕적 종교적 신념을 피하기보다는 때로는 그것에 도전하고 경쟁하면서, 때로는 그것을 경청하고 학습하면서 더욱 직접적으로 개입해야 한다"고 주장합니다(370쪽).

샌델 교수의 책을 읽고 한편으로 그의 견해에 크게 공감했습니다. 정의의 문제를 다루는 데 있어서 도덕적 종교적 신념을 적극적으로 반영하게 되었다는 점에 있어서 크게 환영합니다. 저 자신도 이렇게 하는 것이 세상 속에서 성도들의 위선적인 모습을 오히려 줄이게 된다고 봅니다.

이렇게 도덕적 종교적 신념을 위한 자리를 열어 놓는 것이 성경이 원하시는 바입니다. 주님은 너희가 사람들 앞에서 나를 시인하면 나도 아버지와 천사들 앞에서 너희를 시인하리라고 말씀하셨기 때문입니다. 신앙은 사람의 가치관을 결정하는데, 숨겨 놓는다고 숨겨질 수가 있습니까? 절대 그럴 수 없습니다.

본문을 기록한 아모스 선지자는 BC 8세기 전반부에 북쪽 이스라엘 땅에서 주로 예언한 선지자입니다. 하나님은 이스라엘의 우상숭배와 정의를 잃어버린 데 대해 질책하고 회개를 촉구하고 있습니다. 아모스 2장에는 이스라엘이 정의를 잃어버린 실례를 열거했습니다. "<u>그들이 은을 받고 의인을 팔며 신 한 켤레를 받고 가난한 자를 팔며 힘 없는 자의 머리를 티끌 먼지 속에 발로 밟고 연약한 자의 길을 굽게 하며 아버지와 아들이 한 젊은 여인에게 다녀서 내 거룩한 이름을 더럽히며 모든 제단 옆에서 전당 잡은 옷 위에 누우며 그들의 신전에서 벌금으로 얻은 포도주를 마심이니라</u>"(암 2:6-8).

샌델 교수의 책은 중고등학생들도 읽을 정도로 인기를 끌었다. 그의 책이 베스트셀러가 된 것은 일반 성도들도 정의 문제에 대해 그만큼 고민하고 있다는 사실을 입증한다. 그러므로 정의와 공의의 문제를 다루는 아모스를 다루면서 현시대의 정의의 개념과 교류하지 않으면 청중들에게 설득력이 떨어지고 만다.

정치철학에서 말하는 정의의 개념이 매우 추상적으로 들리지만 실제적인 정의의 개념을 보면 행복, 자유, 미덕이라는 더 구체적인 레벨로 내려간다. 이를 더 구체화하면 강자와 약자와의 관계에서 어떤 관계를 맺어야 하는가에 대해 정의는 어떠한 이미지로 우리에게 다가온다.

아모스에서 나타나듯 강자가 약자를 학대하는 이미지는 부정의의 모습이다. 성경이 요구하는 정의는 강자로서 약자를 학대하지 않고 공정하게 대하는 것이다. 샌델 교수의 정의의 개념이 꼭 성경적인 답이 아니라고 하더라도 상호작용을 통해 성경이 내리는 정의의 개념으로 접근한다면 청중들에게 더욱 호소력이 있을 것이다.

그러므로 설교자는 현시대의 사상의 흐름을 구체적으로 이미지를 떠올릴 수 있는 단계까지 연구해야 한다.


## 상징적 행동으로 보여 주라

구약 시대 선지자들은 많은 그림 언어를 사용했다. 특별히 에스겔서에는 그림 언어들이 넘쳐난다. 선지자는 하나님의 명령으로 그림 언어보다 한 단계 더 높은 차원의 이미지를 사용한다. 이는 바로 '상징적 행동'이다. 상징적 행동이란 메시지를 행동으로 보여 주는 그림 언어라고 할 수 있다.

에스겔 4-5장에는 몇 가지 상징적 행동이 나온다. 예루살렘이 포위당하는 것을 토판을 만들어 보여 주는 상징적 행동(4:1-3), 선지자가 좌우로 누워 백성의 죄를 담당하는 상징적 행동(4:4-8), 예루살렘이 포위당한 상태에서 식량의 핍절을 보여 주는 상징적 행동(4:9-17), 이어서 예루살렘이 함락당하면서 유다 백성들이 당할 세 가지 운명을 보여 주는 상징적 행동이 나온다.

> ¹ 너 인자야 너는 날카로운 칼을 가져다가 삭도로 삼아 네 머리털과 수염을 깎아서 저울로 달아 나누어 두라  ² 그 성읍을 에워싸는 날이 차거든 너는 터럭 삼분의 일은 성읍 안에서 불사르고 삼분의 일은 성읍 사방에서 칼로 치고 또 삼분의 일은 바람에 흩으라 내가 그 뒤를 따라 칼을 빼리라  ³ 너는 터럭 중에서 조금을 네 옷자락에 싸고  ⁴ 또 그 가운데에서 얼마를 불에 던져 사르라 그 속에서 불이 이스라엘 온 족속에게로 나오리라(겔 5:1-4).

에스겔 선지자가 날카로운 칼을 사용해 자신의 머리털과 수염을 깎는 것은 유다 백성의 정말 치욕스러운 모습을 보여 주는 상징적 행동이다.[192] 주석가 블락(Daniel Block)은 머리털을 저울로 달아 세 등분하는 것은 유다 백성을 세 등분으로 나누어 이들이 맞게 될 운명을 보여 준다고 다음과 같이 주석했다.

삼분의 일을 성읍 안에서 불사르는 행위는 "파괴를 상징"하는 행동이다. 12절이 보여 주듯이 성 안에 갇혀 기근과 전염병으로 죽을 자들을 상징한다. 삼분의 일을 성읍 사방에서 칼로 치는 행위는 유다 주민들 삼분의 일이 "폭력적인 죽임"을 당할 것을 상징한다. 다른 삼분의 일을 바람에 흩어 버리는 행위는 그들이 뿔뿔이 흩어져 영원히 잊힐 것을 상징하는 행동이다.[193]

3-4절에 터럭 중에서 선지자의 네 옷자락에 싸인 털은 이들 중에 소수가 바벨론으로 잡혀가 생존하게 될 것을 상징하는데, 이 중에 얼마를 불에 던져 사르는 행위는 이들에게 여전히 죽음의 위험이 따르는 것을 의미한다.[194]

이런 상징적인 행동이 청중들에게 어떤 효과가 있을까? 알렌(Leslie Allen) 교수는 "행동이 말보다 더 큰 소리로 말을 한다면, 여기서 (상징적) 행동은 예언의 말씀을 위한 메가폰이다"라고 했다.[195] 상징적 행동은 그만큼 청중들에게 메가폰으로 말하는 것처럼 강한 메시지로 들린다는 말이다. 상징적 행동이 주는 설득의 효과를 생각할 때, 청중의 삶의 변화를 위해 설교자들이 상징적 행동을 사용하지 못할 이유가 어디에 있는가?[196] 상징적 행동은 그만큼 호소력이 있기 때문에 하나님께서 선지자들에게 상징적 행동을 하도록 명령하셨다. 현시대에도 성령님께서 주시는 영감 가운데 우리는 얼마든지 상징적 행동을 할 수 있다고 믿는다. 구약 시대 선지자들의 말씀 선포 사역은 현시대 설교자들이 받은 말씀 선포 사역과 연속성이 있다.

설교할 때 상징적인 행동을 적용할 수 있는 방법은 다양하다. 설교자가 사용할 수 있는 의미 있는 몸짓도 넓은 의미에서 일종의 상징적인 행동이다. 설교의 황태자 찰스 스펄전 목사는 제스처의 대가라고 한다. 당시 웅변가들이 스펄전 목사의 제스처를 모방할 정도였다. 그러므로 효과적인 메시지 전달을 위해 설교자는 제스처 훈련도 필요하다.

설교시간 전에 설교의 메시지를 돕기 위해 보여 주는 짧은 '스킷드라마'도 일종의 상징적 행동이다. 시카고에 있는 윌로우크릭교회(Willow Creek Community Church) 주일예배에 참석한 적이 있는데, 그때 설교 전에 있었던 스킷드라마가 참 인상 깊게 다가왔다. 주일 낮 예배는 초신자들에게 복음의 메시지를 전하는 내용이었는데, 복음과 거리가 먼 사람들이 스킷드라마를 보면서 메시지를 쉽게 이해할 수 있도록 고안한 것이었다. 그 밖에도 설교에 도움을 줄 수 있는 동영상, 파워포인트, 각종 소품 사용도 메시지를 효과적으로 전달하는 일에 적극 사용해야 한다.[197]

한 가지 조심할 점은 이런 보조 자료들은 어디까지나 보조 역할이지 메시지 자체를 대신할 수는 없다. 때로는 보조 자료를 과하게 사용해 오히려 메시지의 효력을 떨어뜨릴 때도 있다. 이 점만 주의한다면 메시지 전달을 도울 수 있는 자료나 상징적인 행동을 적극 도입하는 것을 권한다. 이사야, 예레미야, 에스겔이 지금 살고 있다면 하나님께서 이들에게 스킷드라마나 제스처나 동영상이나 파워포인트나 보조자료 등을 사용하게 하시지 않았겠는가?

# 7
# 그림 언어의 출처들

## 성경에 나오는 그림 언어

성경에는 생각보다 훨씬 많은 그림 언어들을 사용하는데, 시가서와 선지서에는 특히 그림 언어들이 많다. 뿐만 아니라 신약성경을 보면 예수님도 바울도 베드로도 요한도 누가도 자주 그림 언어를 사용했다. 그래서 제임스 피셔(James Fischer)는 성경은 "주로 이미지로 말한다. …… 이야기들, 비유들, 선지자의 설교들, 지혜자의 사상들, 다가올 시대에 대한 그림들, 과거 사건의 해석들을 경험에서 나온 이미지들로 표현하는 성향이 있다. 이런 것을 추상적이고 기술적인 언어로 표현하지 않는다"라고 했다.[198]

앞서 말한 것처럼 성경 당시와 현시대의 그림 언어가 많이 다르다. 하지만 주로 인간관계를 묘사하는 그림 언어는 거의 그대로 쓸 수 있다. 아버지, 남편, 아내, 자녀, 형제, 이웃, 가족, 친구, 친척, 재판관, 왕, 교사, 농부, 군인, 운동선수 등 다양한 인간관계나 세월이 흘러도 변하지 않는 직업 등의 그림 언어들이 그렇다. 하나님께서 자신을 아버지 이미지와 남편의 이미지를 사용하여 하나님의 선민들을 훈계한 적이 얼마나 많은가? 누구보다 예수님 자신이 성부 하나님을 가리켜 '아버지'라는 그림 언어로 가장 빈번하게 표현하셨다.

> 6 너는 기도할 때에 네 골방에 들어가 문을 닫고 은밀한 중에 계신 네 아버지께 기도하라 은밀한 중에 보시는 네 아버지께서 갚으시리라 7 또 기도할 때에 이방인과 같이 중언부언하지 말라 그들은 말을 많이 하여야 들으실 줄 생각하느니라 8 그러므로 그들을 본받지 말라 구하기 전에 너희에게 있어야 할 것을 하나님 너희 아버지께서 아시느니라 9 그러므로 너희는 이렇게 기도하라 하늘에 계신 우리 아버지여 이름이 거룩히 여김을 받으시오며(마 6:6-9).

기도의 맥락에서 '아버지'라는 칭호는 아버지와 관련된 많은 이미지를 떠오르게 한다. 아버지의 자식 사랑, 아버지의 필요 공급, 아버지의 인자한 모습, 아버지의 보호, 아버지의 친절, 아버지의 친근함 등 참 많다.

아버지는 자식을 사랑하기 때문에 무엇이든지 들어주시기 원하는 분이다. 육신의 아버지도 구하면 우리의 필요를 채워 주는데, 하물며 좋으신 하나님 아버지께서 우리의 필요를 들어주시지 않겠는가? '아버지'라는 그림 언어를 사용함으로써 우리에게 다가오는 수많은 영상들이 우리의 기도를 돕고 하나님과의 관계를 이해할 수 있도록 돕는다. 이런 성경

의 그림 언어는 현시대에도 적극 사용하는 것이 바람직하다.[199]

## 언론 매체들(신문, 라디오, TV, 인터넷, 시사 잡지 등)

설교자들이 그림 언어를 확보할 수 있는 가장 좋은 통로가 바로 언론 매체이다. 신문, 라디오, TV, 인터넷, 시사 잡지들은 이 시대에 일어나는 사건들을 아주 상세하게 보도한다. 설교자는 한 손에는 성경을 다른 한 손에는 신문을 들어야 한다는 칼 바르트의 말에 충분히 공감한다.

현시대를 알지 못하면 시대를 사는 청중들에게 호소력 있는 메시지를 전할 수 없다. 설교에 유용한 뉴스나 보도는 성경 메시지를 적용하기 위해 필요한 풍부한 그림 언어의 세계로 인도해 준다.

성경의 메시지는 '인간의 타락한 모습'과 '이로부터 하나님의 구원의 메시지'를 전하는 부분 이렇게 크게 둘로 나눌 수 있다. 그래서 브라이언 채플은 그리스도 중심의 설교를 하기 위해서는 성경의 메시지를 '인간의 타락'으로부터 '그리스도를 통한 구속'을 보여 주는 것이 옳다고 역설했다.[200]

세상의 언론 매체들은 인간이 얼마나 타락했는가를 적나라하게 보여 주는 큰 창문이다. 매일 세상에서는 부모에게 반역하는 패륜아들의 모습과 살인, 도둑질, 강간, 사기, 불륜, 탐욕들이 얽힌 죄악들로 넘쳐난다. 이런 사건들은 십계명을 강해할 때뿐만 아니라 인간의 얽히고설킨 모습을 있는 그대로 보여 주기 때문에 설교에 유용한 그림 언어의 세계로 인도한다. 예를 들어 보자.

2014년 3월 1일 조선일보에 "600원 라면 숫자까지 …… 세 母女의 고단했던 가계부"라는 제목으로 실린 글이다. 이 글은 2월 26일 세 모녀가 번개탄을 방 안에 피운 채 자살한 이후에 실린 글이다.

사흘 전까지 세 모녀(母女)가 살던 서울 송파구 석촌동 단독주택 반(半)지하 방에서는 소주병이 수십 개 쏟아져 나왔다. 어머니 박모(60) 씨가 깁스를 고정하던 밴드, 큰딸 김모(35) 씨가 복용하던 약병들, 냉장고의 말라붙은 밑반찬 그릇에선 모녀를 삼켜버린 절망이 묻어났다.
28일 오전 세 모녀의 세간살이와 함께 절망의 흔적까지 폐기물 운반 차량에 실려 사라졌다. 만화가를 꿈꾸던 두 딸의 손때가 묻은 만화책과 습작들, 아버지가 살아 있던 시절 네 가족이 함께 찍은 행복한 사진첩 속 해맑게 웃던 어린 두 딸과 다정했던 부부의 환한 미소도 쓰레기봉투에 담겼다.
2002년 사업을 하던 아버지가 암(癌) 투병 끝에 숨진 뒤 가족의 행복은 산산이 부서졌다. 살던 집을 팔고 이곳 반지하 방으로 옮긴 뒤인 2006년부터 어머니 박씨가 쓴 가계부엔 고난의 흔적이 고스란히 남아 있다. 가족의 주식(主食)은 라면·빵이었다. 박씨는 하나에 600원 하는 라면 개수까지 꼼꼼히 적어 넣었다. 한 달 수입은 박씨가 식당일로 벌어오는 120만원이 전부였다. 38만원인 집세와 공과금 15만원을 내고, 세 모녀가 쓴 식비는 한 달에 채 20만원을 넘지 못했다. 세 모녀는 지난 26일 오후 싸늘한 주검으로 발견됐다. 완전히 타버린 번개탄과 현금 70만원이 든 흰 봉투, '주인아주머니께, 마지막 집세와 공과금입니다. 정말 죄송합니다'라고 적은 글이 유서처럼 남아 있었다.

(중략)

이들의 마지막 가는 길은 쓸쓸했다. 세 모녀의 시신은 빈소도 없이, 상주(喪主)도 없이 차가운 영안실에 사흘 동안 안치돼 있었다. 박 씨의 남동생과 장례비를 지원하기로 한 교회 관계자들만 지켜보는 가운데 모녀의 시신은 28일 오후 2시쯤 서울 송파구 경찰병원을 떠나 서울 추모공원 장지(葬地)로 향했다.[201]

이 사건을 접한 많은 사람들의 마음이 애처로움과 연민으로 들끓었을 것이다. 가난이 얼마나 힘들었으면 세 모녀가 자살까지 했을까? 이 보도를 읽어 보면 가난한 자의 삶이 어떤 모습인지 마음에 그림을 그릴 수 있다.

하루 종일 허리가 휘도록 힘들게 밥상을 나르면서 일을 해도 한 달 월급이 고작 120만 원이다. 이 돈으로 세 가족이 먹고 살아야 하는데 38만 원이던 방세가 50만 원으로 오르니 얼마나 절망했을까? 집세와 공과금과 약값 등을 제하고 나면 남는 돈 20만으로 세 모녀가 한 달을 먹고 살아야 했다. 어머니 박모 씨가 얼마나 힘들었으면 수많은 소주병들을 비웠을까?

세 모녀의 집 안에서 나온 물건들을 보니 더욱 가슴이 아프다. 박모 씨가 넘어져 팔이 부러져 치료했던 깁스 고정 밴드, 큰딸의 당뇨병 약병들, 냉장고에 말라붙은 밑반찬 그릇, 작은딸의 만화가의 꿈이 서려 있는 만화책과 습작들, 아버지와 함께 찍은 행복했던 시절의 가족사진, 600원짜리 라면의 개수가 꼼꼼히 적힌 가계부, 세 가족의 한 달 식비 20만 원, 죽음의 현장에 남아 있던 번개탄과 현금 70만 원, 그리고 '주인아주머니께, 마지막 집세와 공과금입니다. 정말 죄송합니다'라고 유언장처럼 남긴 마지막 글들은 모두 세 모녀가 죽음에 이르도록 가난하게 살았던 모습을 생생히 보여 주는 그림 언어들로 표현되어 있다.

여기에 기자가 열거한 세 가족의 유품은 우리가 선명한 그림을 그리기에 충분하다. 가난은 무엇이라고 철학적인 정의를 백 마디 말로 내리는 것보다, 이들의 모습 그대로 보여 주는 것이 가난의 실체를 더욱 실감하게 한다. 신문 보도 그 자체가 살아 있는 그림 언어들이다.

이런 마음을 움직이는 사건을 설교자가 놓치면 안 된다. 사실 이 사건이 발생한 이후에 여러 교회 목회자들이 이 문제를 설교 시간에 다루었다. 가난에 찌들어 자살한 세 모녀 사건을 보면서 사회적 책임을 느끼지 않으면 진정한 성도라고 할 수 있겠는가? 이런 사건을 접하면서 '나는 그리스도인으로서 어떻게 해야 하는가?'라는 질문을 던져 본다. 이렇게 외롭게 고통당하는 이웃에게 나는 어떤 관심을 기울여 왔는가? 내 옆에는 이런 이웃이 없는가? 나도 가난한 이웃이 외롭게 죽어 가도록 버려두지는 않았는가?

이 사건이 우리에게 생각나게 하는 성경 본문은 무엇일까? 아마 "선한 사마리아인의 비유"(눅 10:29-37)가 생각났을 것이다. 이 비유는 '누가 진정한 이웃인가'에 대해 예수님께 어느 율법교사가 질문을 하면서 시작되었다. 예수님은 이 비유를 통해 누가 진정한 이웃인가를 가르쳐 주셨다.

강도를 만나 피를 흘리며 괴로워하는 사람에게 다가가서 그를 도운 사마리아인이 진정한 이웃임을 가르쳐 주셨다. 그런데 이 비유에 따르면 가장 종교적인 사람들이었던 제사장이나 레위인들은 그냥 지나쳐 버렸다. 유대인들이 상종조차 하지 않았던 사마리아인만이 강도 만난 자를 도와주었다. 이를 요즘 식으로 표현하자면 정통신앙을 자랑하는 목사와 장로는 그냥 지나쳐 버렸는데, 이단으로 여겨지는 여호와증인 한 사람이 나타나 도와주었다는 말과 같은 뜻이다.202)

이 비유는 정통신앙을 자랑하는 율법교사에게 진정한 이웃은 신앙의 허울이 아니라 어려움 당한 이웃을 돕는 자임을 가르치신 것이다. 이웃 사랑은 말로만 되는 것이 아니라, 세 모녀처럼 가난으로 고통당하는 이웃을 주위에서 찾아 돕는 행동이 아니겠는가? 세 모녀의 안타까운 죽음은 성도들이 진정한 이웃 사랑을 하도록 심오한 그림 언어의 세계로 이끌고 간다.203)

이제 인터넷은 설교 준비에 없어서는 안 되는 자료의 보고가 되었다. 검색엔진에 키워드를 넣으면 관련 자료들이 무더기로 쏟아져 나온다. 한 가지 기억할 것은 인터넷 자료는 아무나 마구 올린 자료들이 많기 때문에 선별해서 사용해야 한다. 한번은 칼빈이 말한 '율법의 세 가지 용도'에 대해 인터넷으로 검색했는데, 필자가 찾은 대부분의 자료가 엉터리였다. 중요한 용어에 대한 정의들은 권위 있는 사전을 찾아보는 것이 가장 좋다.

국제적인 이슈에 대해 좀 더 전문적인 지식을 얻고자 한다면 「타임」지나 「뉴스위크」(Newsweek)지와 같은 권위 있는 시사 잡지를 구독하면 좋다. 「타임」지는 인물 중심으로 접근하고 「뉴스위크」지는 사건 중심으로 접근한다는 차이점이 있다. 두 잡지 모두 사건에 대해서 구체적으로 잘 다루기 때문에 정기적으로 구독하면 설교에 도움이 되는 좋은 예화나 그림 언어를 확보할 수 있다.

**효과적인 구글 검색법**

구글 검색엔진을 사용할 때, 다음 몇 가지를 알면 도움이 된다. 검색한 자료가 너무 많으면 원하는 키워드와 함께 인용부호(예를 들면 "은혜와 사랑")를 사용하면 인용부호 안의 내용과 정확히 일치하는 자료를 찾을 수 있기 때문에 좀 더 제한된 자료 검색에 도움이 된다. '은혜' 혹은 '사랑'을 검색하고 싶으면 '은혜 or 사랑'이라는 말을 사용하면 된다. '은혜'와 '사랑'이 함께 나오는 말을 찾고 싶으면 '은혜 and 사랑'이라고 검색하면 된다. 어떤 특정 사이트에 제한해서 검색하고 싶으면 'site:홈페이지주소 검색어' 순으로 찾으면 된다. 예를 들면 동아일보에 나왔던 '세월호'에 대한 내용을 검색하려면 'site:donga.com 세월호' 식으로 찾으면 된다. 어떤 특정 파일유형을 찾고 싶으면 'filetype:파일유형 검색어' 순으로 찾으면 된다. 예를 들면 '은사'에 대한 pdf파일로 된 글들을 찾고 싶으면, 'filetype:pdf 은사'라고 찾으면 된다. 어떤 용어의 정의를 알고 싶으면, 'define:용어'라고 찾으면 그 용어에 대한 정의가 나온다. 예를 들면 '화체설'에 대한 정의를 알고 싶으면 'define:화체설'이라고 찾으면 된다. 그 외에 검색을 상세하게 하고 싶으면 '고급검색'을 눌러서 찾으면 구체적으로 원하는 정보를 찾을 수 있다.

## 자연

자연 만물은 영적인 진리를 전하는 그림 언어의 창고이다. 그래서 위어스비는 하나님께서 "자연 세계와 영적 세계의 진리 사이에 어떤 관계가 있도록 창조하셨다"고 했다.[204] 누구보다 자연 속의 진리를 가장 잘 보신 분은 예수 그리스도 자신이시다.

예수님의 가르침 대부분이 자연에서 온 그림 언어로 가득 차 있다. 산상수훈을 보자. 성도다운 삶을 통해 하나님께 영광을 돌리도록 성도들을 "세상의 소금"(마 5:13)과 "세상의 빛"(마 5:14)이라는 그림 언어로 사용한다. 성도들이 의식주 문제를 걱정하지 않도록 하기 위해 "공중의 새"(마 6:26)와 "들의 백합화"(마 6:28)라는 자연에서 나온 그림 언어를 사용해 설명하셨다. 거짓 선지자와 참 선지자를 구분하도록 "열매"라는 자연에서 나온 그림 언어로 설명하셨다(마 7:15-20).

가시나무에서 포도 열매가 맺힌 것을 본 사람이 없을 것이다. 또 엉겅퀴가 무화과 열매를 맺는 것도 보지 못했을 것이다. 가시나무와 엉겅퀴와 같은 나쁜 나무가 좋은 열매를 결코 맺을 수 없듯이 거짓 선지자는 결코 좋은 열매를 맺을 수 없다는 사실을 자연의 이미지는 그대로 보여 준다. 예수님은 자연을 그림 언어의 소재로 사용하신 위대한 교사이셨다. 위어스비의 말을 들어 보자.

> 예수님께서 눈에 보이는 이 세상의 이미지들을 취해서 눈에 보이지 않는 세계의 진리를 가르치는 데 사용하셨다. …… 주님께서는 하나님의 진리가 우리 주변에 놀랍게 펼쳐져 있다는 사실을 보셨고, 일상적인 것들을 가져다 거룩하게 만드시는 일도 하셨다. 예컨대 빵과 포도주, 물, 씨앗, 누룩, 포도나무, 출생, 등잔, 개, 참새, 잔, 동전에 종국에는 형틀인 십자가마저도 그렇게 하셨다. 우리 주님이야말로 자연과 세계를 성례전적 관점으로 보신 분이며 "이 모든 것을 내 아버지께서 지으신 세계"라며 노래하는 분이셨다.[205]

동물들의 행동에서도 인간이 배울 수 있는 훌륭한 그림 언어들을 내포하고 있다. 2014년 7월 1일자 「조선닷컴」에 "돌고래의 의리 …… 동료가 숨 못 쉬자 몸으로 떠받쳐"라는 제목의 글이 그림과 함께 실렸다. 그림 설명은 "한 참돌고래가 아파서 숨을 제대로 쉬지 못하자 다른 동료들

이 숨을 쉴 수 있도록 몸을 받쳐 띄워 주고 있다"는 내용이었다.[206]

그림 4: 돌고래의 동료 사랑[207]

사진을 보고 있노라니 참 많은 생각이 떠오른다. 돌고래의 세계에서 이웃 사랑이 무엇인가를 우리에게 교훈한다. 인간처럼 이성적 판단력은 없지만 자신의 동료를 사랑하여 함께 도와주는 모습이 얼마나 아름다운가? 문득 위에서 다룬 세 모녀의 자살 사건을 떠올리니 '우리 인간은 정말 돌고래만도 못하구나' 하는 생각을 떨쳐버릴 수가 없다.

진정한 사랑이란 이렇게 고통당하는 이웃을 함께 돕는 것이다. 이 한 장의 그림 언어가 우리에게 전하는 메시지는 정말 감동적이다. 그래서 오스왈드 챔버스는 "자연에서 발생하는 모든 것을 일출과 일몰, 태양과 별들, 바뀌는 계절들 속에서 하나님의 존귀하심과 함께 생각하여 발전시키라. 그러면 당신의 상상은 충격을 느끼는 정도에서 멈추는 것이 아니라, 항상 하나님을 섬기는 수준에 있게 될 것이다"라고 했다.[208]

창조주 하나님의 위대한 작품인 자연에서 발견할 수 있는 훌륭한 그림 언어는 성경의 진리를 밝히는 훌륭한 이미지의 세계로 인도할 것이다.

## 이야기들

이야기는 사람의 마음속에 또 다른 그림을 그리게 만들기 때문에 그림 언어의 세계에 속한다. 사람들은 이야기에 관심이 많다. 그래서 사람들의 이야기를 주로 다루는 미국의「피플」(People)지가 인기가 있다.

성경의 상당 부분도 이야기체로 쓰여 있다. 구약의 창세기부터 시작해 에스라까지 많은 이야기들이 있다. 창세기는 대부분 족장들이 어떻게 살았는지 설명하는 이야기들이다. 아브람에 대한 기록을 잠깐 살펴보자. 아브람이 갈대아 우르에서 부름 받은 이야기(창 12:1-9), 아브람이 기근 때문에 애굽 땅에 내려갔다가 아내를 누이라고 바로에게 속인 이야기(창 12:10-20), 아브람과 롯이 서로 떠난 이야기(창 13:18), 아브람이 롯을 구출한 이야기(창 14:1-16), 살렘 왕 멜기세덱이 아브람을 축복한 이야기(창 14:17-24), 여호와께서 아브람과 언약을 맺은 이야기(창 15:1-21), 아브람이 여종 하갈을 통해 이스마엘을 낳은 이야기(창 16:1-16) 등 이야기에 이야기를 연결한 것이 창세기의 족장들에 대한 기록이다.

성경이 얼마나 이야기를 많이 사용하는가? 이런 관점에서 다음의 패트리샤 윌슨-캐스트너(Patricia Wilson-Kastner)의 말은 설득력이 있다.

하나님의 자기 계시는 조직신학의 추상적인 명제들로 우리에게 주어지지 않았다. 단지 역사 속에서 하나님과 인간과의 관계에 대한 이야기를 통해서 주어졌다. 모든 신학은 이 이야기와 이에 대한 우리의 참여에 관한 반영물이다. 그러므로 효과적인 설교는 성경의 계시의 수단과 메시지를 나누는 내러티브(이야기식) 설교이다. 내러티브 설교는 물론 그 자체가 일차적으로 플

롯 …… 인물, 동기, 갈등과 관계된 것이다.[209]

이야기에는 플롯이 있기 때문에 사람들의 마음을 끄는 매력이 있다. 마치 TV 드라마를 보면 각 회가 끝날 무렵에 위기의 상황으로 몰아가 다음 시간에 꼭 보고 싶은 욕망을 불러일으키듯이 이야기에 이런 플롯이 있기 때문에 지겹지가 않다. 좋은 이야기 속에는 갈등과 해결의 플롯이 들어 있어 서스펜스와 감동이 있다. 사람을 변화시키는 감화력이 이야기 속에 있다.[210]

미국에서 사역할 때 만난 어느 목사가 청소년 사역을 하면서 경험했던 이야기를 들려주었다. 여름철마다 지역 교회 연합으로 중고등부 수련회를 개최했다. 어느 날 그 목사가 집회에 온 전도사 한 사람이 보이지 않아 찾아보았더니 어느 외진 곳에 그가 혼자 서 있었다. 대체 뭘 하는가 보았더니, 놀랍게도 담배를 피우고 있었다. 목사가 전도사에게 다가가서 "전도사님이 이렇게 해서 되겠느냐"고 야단을 쳤다.

그런데 전도사의 얼굴을 자세히 들여다보았더니, 눈물을 흘리면서 담배를 피우고 있었다. 눈물을 머금은 전도사는 야단치는 목사에게 자신이 담배를 끊기 위해서 얼마나 피나는 노력을 했는지 보여 주었다. 그가 바지를 걷어 올린 다리를 보니 담뱃불로 지진 자국이 여러 군데 보였다. 그는 담배를 피우다가 죄책감이 들 때마다 자신의 다리를 담뱃불로 지졌다고 한다. 그런데 그날도 담배의 유혹을 이기지 못해 그곳에서 담배를 피우면서, 양심에 걸려 눈물을 흘리고 있었던 것이다.

이 이야기는 한 사람이 죄책감과 싸우는 모습을 보여 주는 좋은 실례이다. 그 전도사는 비록 그날 담배의 유혹에 져서 담배를 피우다가 목사에게 걸렸지만, 자신이 얼마나 부단하게 담배를 끊기 위해서 노력하는지 보여 준 살아 있는 간증이다. 인간은 누구나 넘어진 경험을 갖고 있다. 넘어져 완전히 자포자기할 것이 아니라 다리를 지지면서라도 이기기 위해서 애쓰는 모습이 하나님 앞에 소중한 모습이 아니겠는가?

성경은 죄와 싸우되 피 흘리기까지 싸우라고 한다(히 12:4). 자신의 나쁜 습관을 죽이기 위해 얼마나 애쓰는 모습인가! 이 이야기를 들으면서 죄와 처절히 싸우는 한 인간의 모습이 영화처럼 머리에 각인되었다. 충격적인 이야기는 이렇게 마음을 사로잡는 극적인 효과가 있다. 이야기는 훌륭한 그림 언어의 보고이다. 그림 언어 사용의 대가가 되려면 스토리텔링의 대가가 되어야 한다.[211]

### 효과적인 이야기의 플롯 구성

이야기에서 플롯은 상당히 중요한 부분이다. 플롯에 대한 구체적인 설명은 이 책의 범위를 넘어가기 때문에 별도의 책에서 깊이 있게 다루기로 하고, 여기서는 단지 전체적인 개관을 하는 정도로만 소개하겠다.

20세기 설교에서 스토리텔링의 중요성을 일깨운 사람은 유진 로우리(Eugene L. Lowry)다.[212] 그가 이야기의 중요성을 깨달은 것은 영화, 소설, 드라마를 보면서 이들이 전개하는 플롯에 매료되었기 때문이다. 그의 책은 설교자들에게 스토리텔링이라는 새로운 설교 장르를 일으킬 정도로 큰 영향을 주었다.

로우리가 주장하는 바는 설교를 이야기의 플롯을 구성하듯이 만들어야 한다는 내용이지만, 필자가 여기서 강조하는 바는 로우리의 플롯의 원리를 설교의 구성에서뿐만 아니라 설교에 등장하는 이야기를 전달할

때도 적용하자는 취지이다. 로우리의 플롯 구성 5단계를 간략히 소개하고자 한다.[213]

(1) 평형 깨기 – 인간은 누구나 모호성(문제)이 해결되기를 원한다. 이 단계에는 해결되어야 할 모호성(문제)을 제시하는 단계이다.
(2) 모순 분석 – 근본적인 문제에 파고들어 '왜'라는 질문을 던지는 단계이다. 이 단계에는 표면적인 문제 뒤에 있는 근본적인 원인을 진단하는 단계이다. 계속 '왜'라는 질문을 던져 문제의 배경에 있는 동기, 두려움, 결핍 등을 알아내는 단계이다.
(3) 해결의 실마리 제공 – 전 단계에서 심도 있는 모순을 분석하게 되면, 의외의 해결책을 발견하게 된다. 이런 해결책을 역전의 원리라고 부른다. 한 순간에 '아하'라는 감탄이 나오는 해결의 실마리를 제공한다.
(4) 복음의 경험 – 설교를 할 때, 복음으로부터 시작하는 것은 치명적 실수라고 로우리는 주장한다. 1, 2, 3단계를 거치면서 문제와 문제의 모순과 해결의 실마리를 경험한 이후에 해결책을 간절히 찾고 있을 때 복음이 제시되어야 복음이 효과적으로 전달될 수 있다고 로우리는 주장한다.
(5) 결과의 예측 – 이는 모든 것을 정돈하는 단계이다. 전통적인 설교에는 클라이맥스가 결론 단계에 있지만, 로우리는 클라이맥스를 해결(3단계)의 단계에 둔다. 마지막 단계에는 드라마처럼 모든 것을 정리하는 단계이다. 로우리는 이 단계에서 행동하도록 도전하지 않는다.[214]

앞에서 말했듯이 로우리의 플롯 5단계는 설교의 구조를 위한 것이다. 그래서 일반적인 이야기의 플롯을 위해서는 변화가 필요하다. 단지 로우리의 플롯 5단계 중에서 필요한 것만 선별해서 사용하면 된다. 로우리의 플롯 구성 요소 중에서 평형 깨기와 모순 분석과 해결의 실마리 제공은 무슨 이야기에든지 유용하다. 단지 복음의 경험은 설교 상황에는 유용하겠지만, 설교 중에 등장하는 이야기는 이야기 자체의 플롯을 따르는 것이 좋다. 그리고 복음은 로우리가 말한 것처럼 설교의 결론 부분에 제시하면 좋다.

드라마를 예를 들어 로우리의 플롯을 적용해 보자. 살인 사건이 벌어지는 영화를 보면, 흔히 영화가 시작하면서 배경과 등장인물들이 나오고 이후에 곧 살인 사건이 벌어진다. 이렇게 해서 사람들의 마음속 평형을 깨 버린다. 그때부터 사람들의 마음속에는 '범인이 누구인가?' 반드시 잡혀서 처벌을 받아야 한다는 정의감이 생긴다. 이 단계까지가 "평형 깨기" 단계이다.

그 다음 단계에는 보안관이 나타나 범인을 잡기 위해서 동분서주한다. 보안관이 여러 사람을 만나면서 험상궂은 인상의 사나이를 만나는데 청중들은 분명히 저 사람이 범인이라고 생각한다. 그런데 아니다. 또 다른 고약하게 생긴 사람이 나타나서 분명히 저 사람일 것이라고 또 청중은 추측을 한다. 분명히 그럴듯한 증거들이 나왔는데 나중에 알고 보면 그도 아니다. 이런 여러 차례의 추측 게임 속에서 청중들은 서스펜스를 느낀다. 이 단계가 "모순 분석"의 단계이다. 영화의 스릴은 이런 모순 분석 과정이 길면 길수록 더욱 깊이 느껴지게 된다.

그 다음 단계에 들어가면 이제 여러 가지 증거들이 더욱 확보되면서 그간 청중들이 전혀 의심하지 않았던 멋지게 생긴 신사가 살인범이란 사실이 밝혀진다. 그때부터 범인을 잡기 위해서 추격전이 벌어진다. 범인을 검거하기 직전까지 영화의 장면들은 스릴을 더해 가며 클라이맥스에 도달한다. 이 단계가 "해결의 실마리 제공"의 단계이다. 이렇게 해서 범인을 붙잡는다.

여기까지 로우리의 플롯의 1, 2, 3단계를 적용해 보았다.[215] 4, 5단계는 설교 상황에는 어울릴 수 있지만 스릴 영화라는 이야기의 장르에는 맞지 않는다.

그래서 스티븐 매튜슨(Steven D. Mathewson)은 로우리의 약점을 보완하기 위해서 다양한 구조를 제안한다. 매튜슨이 내러티브 설교를 위해 제안한 플롯 구성은 서론적 설명(exposition), 위기(crisis), 해결(resolution), 결론(conclusion) 등 4단계이다. 서론적 설명의 단계에는 등장인물, 배경 등을 소개한다. 위기와 해결은 로우리의 2, 3단계와 비슷하고, 결론 부분에는 이야기의 핵심을 요약하면서 결론을 맺는다.[216] 매튜슨의 플롯 구성이 오히려 일반적인 이야기에는 잘 어울릴 수 있다.

이야기 중에서 특별히 인물을 다룰 때에는 이에 맞는 독특한 접근이 필요하다. 아카쉬 카리아(Akash Karia)는 인물 이야기에 대한 효과적인 플롯을 위해서 5C로 표현했다. 5C는 Characters(인물), Conflict(갈등), Cure(치료), Change in Character(인물의 변화), Carryout Message(들고 갈 메시지)이다.[217] 카리아의 플롯을 매튜슨의 플롯과 비교해 보면, 한 가지 새로운 것이 있다. "인물의 변화"라는 항목이다. 인물에 대한 이야기를 할 때 이 부분은 정말 중요하다. 이 부분에는 이야기 속의 인물이 갈등을 겪고 난 후에 문제가 해결(치료) 되면서 변화된 모습을 설명하는 부분이다.

특히 간증 형식으로 전달하는 이야기에는 이 부분이 이야기의 가장 중요한 부분 중에 하나일 것이다. 이곳에서 인물이 경험한 고난과 극복의 결과가 은혜로 남는 것을 볼 수 있는 대목이기 때문이다. 다음 이야기는 "어머니, 얼마나 추우셨어요?"라는 제목으로 어느 사이트에 실린 글이다.[218] 이야기의 플롯에 따라 분석해 보자.

(서론적 설명 / 인물)

어느 추운 겨울날,

강원도 깊은 골짜기를 두 사람이 찾았습니다.

나이가 지긋한 한 사람은 미국 사람이었고,

젊은 청년은 한국 사람이었습니다.

눈 속을 빠져나가며

한참 골짜기를 더듬어 들어간 두 사람이

마침내 한 무덤 앞에 섰습니다.


(갈등)

"이곳이 네 어머니가 묻힌 곳이란다."

나이 많은 미국인이 청년에게 말했습니다.

6.25 전쟁 당시 한 미국 병사가

강원도 깊은 골짜기로 후퇴를 하고 있었는데,

무슨 이상한 소리가 들려왔습니다.

가만 들어보니 아이 울음소리였습니다.

울음소리를 따라가 봤더니

소리는 눈구덩이 속에서 들려오고 있었습니다.

아이를 눈에서 꺼내기 위해 눈을 치우던 미국병사는

소스라치게 놀라고 말았습니다.
또 한 번 놀란 것은 흰 눈 속에 파묻혀 있는 어머니가
옷을 하나도 걸치지 않은
알몸이었다는 사실이었습니다.
피난을 가던 어머니가 깊은 골짜기에 갇히게 되자
아이를 살리기 위해
자기가 입고 있던 옷을 모두 벗어 아이를 감싸곤
허리를 꾸부려 아이를 끌어안은 채
얼어 죽고만 것이었습니다.


(해결)
그 모습에 감동한 미군병사는 언 땅을 파 어머니를 묻고,
어머니 품에서 울어대던 갓난아이를 데리고 가
자기의 아들로 키웠습니다.
아이가 자라 청년이 되자
지난날 있었던 일들을 다 이야기하고, 그때 언 땅에 묻었던
청년의 어머니 산소를 찾아온 것이었습니다.


(인물의 변화)
이야기를 다 들은 청년은
눈이 수북이 쌓인 무덤 앞에 무릎을 꿇었습니다.
뜨거운 눈물이 볼을 타고 흘러내려
무릎 아래 눈을 녹이기 시작했습니다.

한참 만에 청년은 자리에서 일어났습니다.
그러더니 입고 있던 옷을
하나씩 벗기 시작했습니다.
마침내 그는 알몸이 되었습니다.
청년은 무덤 위에 쌓인 눈을
두 손으로 정성스레 모두 치워냈습니다.
그런 뒤 청년은 자기가 벗은 옷으로
무덤을 덮어가기 시작했습니다.
마치 어머니께 옷을 입혀 드리듯
청년은 어머니의 무덤을
모두 자기 옷으로 덮었습니다.
그리고는 무덤 위에 쓰러져 통곡을 합니다.
"어머니, 그 날 얼마나 추우셨어요!"

이 이야기에는 카리아가 제시한 "가지고 갈 메시지" 부분이 사실상 없다. 그런데 이 이야기를 설교에 사용한다면 설교자는 이 이야기가 전하고자 하는 메시지의 핵심을 요약해서 결론 부분에 추가할 수 있다. 그러면 청중들의 삶의 변화를 위해서 좋은 결론이 되리라 생각한다.

이 이야기의 가장 감동적인 내용은 "인물의 변화" 부분에 나온다. 어머니가 갓난아기였던 자기를 살리기 위해 옷을 벗어서 감싸고 죽은 사연을 듣고 청년의 마음속에 어머니의 숭고한 사랑에 대한 깊은 깨달음이 일어난다. 이후 그는 눈 쌓인 추운 겨울에 자신의 옷을 벗어 무덤을 덮어 드린다.

바로 이 청년의 변화된 모습을 청중들은 듣기 원한다. 청중들은 이야기를 들을 때, 이야기 주인공이 결국 어떻게 되었는가에 관심이 많다. 플롯을 구성할 때, 카리아가 제안한 이 점을 놓치지 말아야 한다.

지금까지 그림 언어의 세계로 인도하는 이야기가 얼마나 중요하고 또 이야기를 어떻게 전개해야 효과적인지 살펴보았다. 이야기는 청중을 움직이는 감동이 있기 때문에 설교자가 청중들을 그림 언어의 세계로 이끌고 가는 중요한 통로 중 하나임이 틀림없다. 그런데 이야기를 할 때는 플롯 구성을 잘 설계하여 청중이 서스펜스와 스릴을 느끼면서 들을 수 있도록 제시해야 효과를 볼 수 있다.

예화로 사용하는 이야기가 얼마나 중요할까? 폴 쉐러의 말은 우리가 어떻게 이야기를 전달해야 하는지 경종을 울린다. "만약 교회가 죽는다면, 그 심장에 꽂힌 비수는 설교일 것이다. …… [좀 더 정확히 표현하자면] 교회를 죽이는 것은 설교라기보다는 교회의 예화일 것이다."[219]

설교할 때 예화로 사용하는 이야기 하나를 어떻게 표현하느냐에 따라 영혼이 죽고 사는 문제가 달렸다!

## 개인적인 이야기

이야기 중에서도 자신이 경험한 이야기가 가장 설득력이 있다. 남이 뭔가를 했다는 말보다는 자신이 뭔가를 했다는 말이 훨씬 더 효과가 있다. 사람들이 간증에 귀를 기울이는 것도 그런 까닭이다. 개인적인 이야기를 할 때도 위에서 말한 이야기의 플롯에 따라 전략적으로 이야기할 필요가 있다. 그렇다고 과장하거나 보태서 이야기해서는 안 되며, 플롯에 따라 위기와 절정과 해결을 느낄 수 있도록 이야기하면 된다.

플롯 구성이 잘된 이야기는 사람들의 주의를 끌어당기는 흡인력이 있다. 실례로 설교에 사용했던 나의 이야기를 한 가지만 해 보겠다.

(서론적 설명)

제가 대학생이었을 때 매일 아침 열심히 성경을 읽었습니다. 성경을 읽을 때마다 저에게 부담으로 다가오는 메시지가 있었습니다. '너는 내 증인이 되라'는 전도의 명령이었습니다. 그래서 마음을 먹고 학생들에게 복음을 나누었습니다.

(갈등)

그런데 전도를 했지만 열매가 없었습니다. 아무도 마음 문을 열고 복음을 받아들이지 않았습니다. 아니 어떤 때에는 전도를 하다가 '네 종교가 옳으니 내 종교가 옳으니' 하면서 언쟁까지 했습니다. '나는 왜 이렇게 전도를 할 수 없을까?' 고민이 생겼습니다. 그러면서도 하나님의 말씀을 읽으면 복음을 전하라는 부담감이 저에게 더 무거운 짐으로 계속 다가왔습니다. 그래서 매일 새벽기도회를 참석할 때마다 전도의 능력을 달라고 간절히 기도했습니다. 한 달에 한 번씩 있었던 금요철야기도회에서도 전도의 능력을 달라고 간절히 부르짖었습니다. 기도는 했지만 여전히 전도의 열매는 나타나지 않았습니다.

(해결)

몇 개월이 지난 후에 지금도 기억이 생생한 사건이 새벽기도 시간에 있었습니다. 1985년 11월 3일 토요일 새벽기도회가 끝난 후에 혼자 기도와 찬송을 하면서 경험했던 일입니다. 새벽기도회가 끝난 후에 조용히 기도하다가 사람들이 다 간 다음에 혼자서 403장 ("나 위하여 십자가의"; 통일찬송가) 찬송을 반복해서 불렀습니다. 아마 20번은 불렀을 겁니다. 그런데 갑자기 머리 위로부터 전기가 통하는 듯한 강력한 능력이 온몸으로 그리고 손끝까지 임함을 느낄 수 있었습니다. 손에 얼마나 큰 힘이 생기는지 손으로 바위라도 깨면 깨어질 것 같았습니다. 그 순간 얼마나 감격이 되었던지, 눈물을 펑펑 쏟으며 기도했습니다. 이때 저는 성령 충만을 처음 체험하게 되었습니다.

(인물의 변화)

그 이후에 전도를 해 보니 효과가 확연히 나타났습니다. 그 이전까지는 아무리 전도를 하려고 해도 학생들이 마음 문을 열지 않았는데, 성령 충만을 체험한 이후로는 복음을 전하면 십중팔구는 마음 문을 열고 예수님을 영접했습니다. 이때부터 전도가 재미있어서 매일 한 사람씩 만나서 전도하기 시작했습니다. 한 달에 약 20여 명이 마음을 열고 예수님을 영접하게 되었습니다. 그때 주신 전도의 은사는 지금도 그대로 효력이 있습니다. 학교에서 학생들에게 복음을 전하면 십중팔구의 학생들이 마음 문을 열고 예수님을 영접하곤 합니다.

(결론 / 가지고 갈 메시지)

그때 전도는 내가 하는 것이 아니라 성령님께서 하신다는 사실을 깊이 깨달았습니다. 사도행전 1장 8절의 말씀 "오직 성령이 너희에게 임하시면 너희가 권능을 받고 예루살렘과 온 유대와 사마리아와 땅 끝까지 이르러 내 증인이 되리라"는 말씀을 실감하게 되었습니다.

내 일생에 가장 중요한 경험을 한 가지만 뽑으라면 대학생 때 경험했던 성령 충만의 체험일 것이다. 지금도 그때를 사모하면서 늘 성령 충만하기를 위해서 기도한다. 그때 확실히 깨달은 건 전도는 결코 나의 말재주로 하는 것이 아니라 성령님의 능력으로 한다는 사실이다. 그러므로 교인들에게 '전도하라'고 다그칠 것이 아니라 성도들이 날마다 성령 충만한 삶을 살도록 영적으로 풍성한 꼴을 먹이고, 지속적으로 성령 충만한 삶을 살도록 기도와 말씀과 순종의 삶과 경건한 삶, 자기부정의 삶, 그리스도 중심의 삶, 믿음과 사랑을 실천하는 삶을 살도록 지도하는 것이 더 중요하다.[220]

다만 설교자가 개인적인 이야기를 자주 할 때 생기는 문제점이 있음을 알아 두어야 한다. 나 자신도 이에 대해서 잘 알지 못한 나머지 나의 경험들을 스스럼없이 나누었다가 이 모든 것이 나중에 자기 자랑처럼 들려 화살이 되어 되돌아온 경험이 있었다. 그러므로 개인적인 이야기를 할 때는 버트릭이 전하는 충고를 기억하라.

사실 버트릭은 설교자가 자신에 대해 말할 이유가 없다고 극단적인 말까지 한다. 그는 "회중들이 예화를 설교자의 성격의 노출로 항상 기억한다. 예화는 말하는 설교자에게 풀처럼 들러붙을 것이다"라고 경고한다. 설교자가 자기 이야기를 할 경우에는 세례 요한이 예수님을 가리켜 말한 것처럼 "그는 흥하여야 하겠고 나는 쇠하여야 하리라"(요 3:30)라는

자세가 가장 바람직하다고 말한다.[221]

## 예술들

시와 소설과 같은 문학작품들, 그림과 조각과 같은 미술품들, 건축물, 사진과 영화와 드라마와 같은 영상물들, 춤과 음악과 콘서트와 같은 예술은 다양한 그림 언어의 세계를 제공한다. 소설과 영화와 드라마는 이야기라는 주제와 상당 부분 중첩되기 때문에 더 이상 다루지 않겠다. 이런 예술들은 플롯을 갖고 있기 때문에 청중들에게 감동과 감화를 일으키는 중요한 그림 언어의 출처들이다. 특히 시는 풍성한 그림 언어의 세계로 인도한다. 시 문체의 두드러진 특징 중에 하나가 풍부한 그림 언어의 사용이다.[222]

설교에 유용한 그림 언어의 세계를 열 수 있는 사진과 그림들은 파워포인트로 직접 청중들에게 보여 주면서 설교하면 훨씬 더 큰 효과를 볼 수 있다. 컴퓨터 기술의 발전은 시각적 자료를 동원하는 데 혁명적인 기여를 했다. 미술품들을 설명할 때는 말로만 하지 말고 직접 보여 주는 것이 가장 좋다. 속담에 '백문이불여일견'(百聞而不如一見)이라는 말이 있듯이 백 번 설명하는 것보다 한 번 눈으로 보여 주는 것이 더 효과적이다.

렘브란트의 "돌아온 탕자"라는 그림을 보자. 누가복음 15장에 나오는 "돌아온 탕자"에 대해 설교를 한다면 이 한 폭의 그림이 수많은 설명보다 더 효과적으로 청중의 가슴에 파고들 것이다. 이 그림을 통해 작은아들의 비참상과 아버지의 자애로움을 시각적으로 보여 줄 수 있다. 사진과 그림은 그림 언어의 세계를 육안으로 볼 수 있게 하는 최고의 방법이다.

그림 5: 렘브란트의 '돌아온 탕자'

〈등장 인물〉

우선 모든 시선들이 향해 있는 두 사람에게 우리의 시선도 자연히 머물게 된다. 시선이 모여진 그곳에는 한 노인네가 헐벗은 거지 모습의 청년을 감싸 안고 있는 모습이다. 아버지 앞에 무릎을 꿇고 두 손을 조아리고 있는(눈으로는 볼 수 없지만) 작은아들의 헤어진 옷과 신발에서 그 삶이 비참했음을 읽을 수 있다. 오른쪽 끝에는 큰아들이 아버지와 동생의 상봉하는 모습을 우뚝 선 위치에서 묵묵히 바라보며 서 있다. 아버지와 큰아들 사이에 검은 모자의 콧수염의 사나이와 어둠 속에 잠겨 있는 두 여인을 살펴 볼 수 있다. 기둥 뒤에서 내다보는 한 여인이 중앙 상단에 있다. 그리고 왼쪽 위쪽에 약간의 형체만을 드러낸 목걸이를 하고 있는 여인의 모습은 쉽게 알아볼 수 없다.

〈작은아들의 묵상〉

아버지에게 돌아온 작은아들은 누더기의 속옷을 걸치고 거의 몸만을 가리고 있다. 그리고 그의 머리는 빡빡 깎여 있다. 그가 감옥에 있었든지, 수용소에 있었든지, 이 모습은 개성을 박탈당한 상태를 나타낸다. 황갈색의 찢어지고 핏기 어린 속옷은 그의 참담했던 생활을 대변해 주고 있다. 샌들이 벗겨진 왼발은 상처투성이고, 오른발은 망가진 샌들이 겨우 부분적으로 감싸고 있어 그의 삶이 얼마나 가난에 찌들었는지 보여 준다. 이것은 모든 것을 잃은 자의 모습이다.

더구나 작은아들의 머리는 엄마의 자궁에서 갓 태어난 아기의 모양이고 얼굴은 거의 태아의 모습이다. 렘브란트는 하나님 아버지의 품에 안긴 인간의 모습을 엄마의 자궁 속에 있던 아기의 모습으로, 다시 말해서 어머니이신 하나님의 품에 안긴 인간을 그리고 있다.

〈큰아들의 묵상〉

그는 작은아들의 귀향에 대한 목격자이다. 이 목격자는 아버지를 기쁨 없이 바라보고 있다. 그는 마치 판관 같은 자세로, 현재의 상황이 불만스럽다는 듯이 뻣뻣하게 서 있다. 그는 법적인 편협함을 가지고 있는지는 몰라도 사랑을 간직하고 있지는 않다. 그는 포옹을 원하지도 않으며, 뒤에서 이 광경을 지켜보는 하인들까지 포함하는 일가족으로부터도 한 걸음 물러서 있다. 이 그림의 주제는 분명 작은아들과 그를 안고 있는 아버지이지만 큰아들은 이 그림 전체의 오른편에 자리하고 있으며 거리를 두고 서 있다. 이 그림에서 큰아들은 작은아들보다 훨씬 아버지를 닮은 것으로 표현되어 있다. 두 사람 다 수염을 길렀고 붉은 겉옷을 걸치고 있다. 이러한 외적 유사성이

둘 사이의 공감대를 보여 주고 있다. 그러나 그 두 사람은 얼마나 다른가? 아버지는 작은아들을 향해 몸을 굽히고 있다. 반면에 큰아들은 꼿꼿하게 서 있고 긴 단장은 그의 자세를 더욱 강하게 표현해 준다.

〈아버지의 묵상〉

렘브란트가 그린 아버지의 모습은 가장 인간적인 모습 안에 드러나는 신성이라고 볼 수 있다. 수염을 기른 반 실명 상태의 노인, 황금빛의 옷에 붉은 망토를 두르고 돌아온 자식을 어루만지는 아버지의 모습에서 절대적인 자애와 조건 없는 사랑, 영원한 용서와 같은 신성의 실재를 보게 된다. 여기서 인성과 신성, 부서지기 쉬운 연약함과 강인함, 늙음과 영원한 젊음이 함께 표현되고 있다.

거의 눈 먼 아버지는 돌아온 아들의 등을 육체적인 시력이 아니라 내적인 눈으로 보면서 어루만져 주고 있는 것이다. 이 그림의 핵심은 아버지의 손에 있다. 이 손에 모든 빛이 모여 있고 이 그림의 다른 두 목격자들의 시선도 아버지의 손에 쏠려 있다. 그 안에서 자비가 육을 취한 의미와 화해와 용서, 치유가 함께 담겨 있다. 아들뿐 아니라 아버지도 안식을 누릴 수 있다는 것을 반 장님인 노인이 흐느끼면서 아들을 부드럽게 쓰다듬으며 상처받은 아들을 축복하는 모습에서 알 수 있다.

이 그림에서 나타나는 아버지는 가부장적인 권위의 남성상과는 거리가 멀다. 그것은 이 그림의 손에서부터 드러나는데 재미있게도 아버지의 두 손은 서로 다르게 그려져 있다. 아들의 어깨를 만지는 아버지의 왼손은 매우 강하고 근육질이다. 손가락들이 펼쳐져 있고 아들의 등과 어깨를 넓게 감싸고 있다. 일종의 누르는 힘과 같은 것이 느껴지는데 특별히 엄지손가락이 그러하다.

그러나 오른손은 얼마나 다른가? 이 손은 누르거나 잡거나 하지 않는다. 그것은 매우 세련되고 부드러우며 섬세하다. 손가락들이 모아져 있고 아주 우아하다. 이 손은 아들의 등 위에 부드럽게 얹혀 있다. 그것은 마치 안도감과 위로를 주는 엄마의 손인 여성의 손인 것이다.

〈작은아들의 머리〉

죄수와도 같이 삭발한 작은아들의 머리는 스스로 죄인임을 뉘우치는 모습이다. 그 아들의 얼굴을 자세히 들여다보면 마치 어머니의 뱃속에 머물고 있는 태아의 모습이다. 이것은 우리가 돌아가야 할 본래의 고향인 하나님 품을 전하고 있다.

〈아버지의 시선〉

아버지의 눈을 자세히 들여다보면 시선이 없음을 알게 된다. 매일같이 아들이 돌아올 그 길을 뚫어지게 바라보다 눈이 짓물러 멀게 된 아버지의 눈은 초점이 없음을 볼 수 있다. 시력을 상실한 노인은 눈이 멀기까지 기다리는 아버지 하나님의 사랑을 말해 준다.[223]

"돌아온 탕자"에 대한 설교를 할 경우에 렘브란트의 그림을 파워포인트로 보여 주면서 작은아들의 고난의 흔적들을 설명하고 아버지의 사랑과 자애로운 모습을 설명한다면, 한 죄인이 회개할 때 하나님께서 얼마나 기뻐하시는가에 대해 청중의 머릿속에 반영구적인 이미지를 새겨 놓게 될 것이다.

그러므로 언론 매체나 미술관이나 박물관이나 인터넷에서 좋은 그림을 보게 되면 사진파일로 수집해 두었다가 설교의 영상자료로 사용하면 웬만한 예화를 능가하는 감동을 주게 될 것이다. 우리가 지금 그림 언어를 논하는데 그림 언어의 원조를 발견한 것과 같은 효과를 볼 것이다.[224]

마지막으로 한 가지만 더 논하자면, 음악의 세계는 청각적 이미지를 청중의 마음속에 새겨 줄 수 있는 새로운 차원의 그림 언어이다. 서양 음악사를 개관해 보면 설교에 그림 언어를 제공할 수 있는 훌륭한 음악가들의 삶과 그들의 음악을 접하게 된다. 특히 바로크음악의 세계에는 작곡을 할 때마다 "오직 하나님께 영광"이라는 서명을 남긴 바하의 신앙심과 그의 교회음악이 있고, 헨델의 오라토리오 "메시아"는 그리스도의 삶을 주제로 복음의 핵심을 음악으로 승화시킨 위대한 작품이다. 헨델의 "메시아"를 듣고 거룩한 영감을 받은 고전음악가 하이든은 바티칸의 시스티나성당 천장에 그려진 미켈란젤로의 "천지창조"에 버금가는 음악세계의 "천지창조"라는 걸작을 남겼다. 동일한 "천지창조"라는 주제를 갖고 미켈란젤로는 미술로 불후의 명작을 남겼고, 하이든은 음악으로 불후의 명작을 남겼다. 음악의 음도 하나님의 창조의 섭리에 속하지만 가사가 함께 어우러질 때 음은 새로운 차원으로 우리에게 와 닿는다. 그러므로 가사를 음미하면서 음악을 감상하게 되면 더욱 풍성한 그림 언어의 세계를 경험하게 될 것이다.

헨델의 "메시아"의 예를 들어 보면 제 1, 2, 3부의 가사 모두 성경을 그대로 인용한다. 제1부의 가사는 예수 그리스도의 탄생에 대한 예언과 초림에 대한 내용이다. 제2부는 예수 그리스도의 대속적 죽음과 부활에 초점을 맞추고 있고, 제3부는 예수님의 재림에 초점을 맞추고 있다.[225] 제

1부에 예수님의 초림에 대한 예언을 하고 있는 성경들은 구약의 이사야 40장 1-5절, 학개 2장 6-7절, 말라기 3장 1-3절에서 인용한다.

이런 예언들은 대부분 시문체로 쓰여 있고, 그래서 풍성한 그림 언어를 포함하고 있다. 이런 그림 언어의 세계에 대한 이해는 예언의 올바른 이해와 아울러 그림 언어가 주는 감동을 느끼기 위해서 필수적이다. 예언의 내용을 이해하고 메시아를 감상한다면 우리에게 시각적 이미지뿐만 아니라 청각적 이미지의 세계로 인도하기 때문에 그 감동과 생명력은 배가가 된다.

찬송가도 풍성한 그림 언어의 세계로 인도한다. 찬송가 가사들은 대부분 경건한 신앙인들이 지었기 때문에 그들이 찬송가를 작사한 배경을 이해하면 그 자체로 훌륭한 그림 언어를 제공한다. 특히 찬송가 가사들은 대부분 시문체로 되어 있기 때문에 그 안에 풍성한 그림 언어를 포함하고 있다. 게다가 악보가 붙어 있기 때문에 운율이 붙어 있는 시는 훨씬 더 큰 감동으로 우리에게 다가온다.

예를 들면 "내 평생에 가는 길"(찬송가 413장)은 호레이쇼 스패포드(Horatio G. Spafford)라는 사람이 작사했다. 스패포드가 이 찬송가를 작사한 배경을 알면 이 찬송은 훨씬 더 큰 감동으로 다가온다. 이 찬송가가 이끄는 그림 언어의 세계는 그의 경험과 맞물려 험난한 바다를 항해하는 우리의 인생길에 참 평안은 어디서 오는가를 새로운 차원에서 깨닫게 한다.

> 스패포드는 시카고의 저명한 변호사였고 린드 대학교와 시카고 의과대학의 법리학 교수요 신학교 이사 및 운영위원이었다. 1873년 이 평화롭고 행

복한 가정에 시련이 닥쳤다. 시카고 화재로 집은 불타고 재산은 전부 잿더미로 변하고 말았다.

스패포드는 병약한 아내의 휴양을 위해 가족들과 함께 유럽으로 출발하려고 여객선을 예약했다. 하지만 시카고의 대화재로 자신의 집뿐만 아니라 그가 출석하던 무디교회도 잿더미가 되었기 때문에 무디교회의 재정을 맡은 그는 교회당 재건 때문에 가족과 함께 갈 수 없었다. 부인과 네 명의 딸들을 먼저 여행을 가게 하고 자신은 며칠 뒤에 뒤따라가기로 했다.

일주일 동안 대서양을 순항한 여객선은 새벽 2시 손님들이 모두 잠든 시간에 영국선적의 철갑선 '로키안'과 정면충돌해 2백26명의 선객을 실은 채 바다 속으로 침몰하기 시작했다. 사고 직후 스패포드 부인은 네 아이를 이끌고 갑판 위로 달려 올라와 두려움 속에서도 하나님께 간절히 기도 드렸지만 여객선은 완전히 침몰하고 말았다. 30분도 채 못 되는 동안에 일어난 일이었다. 다행히 스패포드 부인은 익사하기 직전에 실신한 채 구명정에 의해 구조되었지만 4명의 아이들은 익사했다.

9일 후 스패포드 부인은 웨일즈의 카디프에 도착하여 남편에게 전보를 쳤다. "혼자 구조됨."

소식을 듣고 큰 충격을 받은 스패포드는 아내를 데리러 서둘러 영국으로 가는 배를 탔다. 그가 탄 배가 비극의 대서양 사고지점을 지나면서 그는 아픔과 슬픔으로 밤이 새도록 하나님께 울부짖었다. 그런데 새벽 3시경, 일찍이 체험해 보지 못한 평안이 그의 마음에 가득 찼다. 종이를 꺼내어 마음의 평안을 기록했다.

내 평생에 가는 길 순탄하여 늘 잔잔한 강 같든지

큰 풍파로 무섭고 어렵든지 나의 영혼은 늘 편하다

내 영혼 평안해 내 영혼 내 영혼 평안해

스패포드는 유명한 작곡가인 블리스(Bliss, 1838~1876)에게 자신의 찬송시를 보여 주며 작곡을 부탁해 이 유명한 찬송가가 탄생하게 되었다. 스패포드는 1881년 시카고에서 아주 떠나 예루살렘에 가서 한 수도원에 정착하여, 주의 사역자로 삶을 마감했다. 스패포드가 그 환란 중에서 체험한 평안을 세상은 알 수 없다. 네 딸의 죽음 앞에서도 참 평안을 누릴 수 있었던 것은 주님의 평안이 그에게 찾아왔기 때문이다.[226]

### 효과적인 자료 관리법은?

우리가 예화를 수집할 때마다 경험하는 바인데, 자료를 어떻게 관리하는가가 매우 중요하다. 신문을 읽고 경험을 기록한 것을 분명히 어디엔가 모아 두었는데, 막상 설교 준비를 하면서 사용하려고 하면 어디에 있는지 생각이 나지 않는 경우가 많다. 그래서 어떤 목회자들은 전통적인 방법을 사용해서 모든 자료를 파일박스에 가나다순으로 모아 놓기도 한다. 필자도 이런 방법을 사용해 보았는데, 역시 자르고 모으고 찾고 하는 번거로움 때문에 사용하는 데 한계가 많았다.

감사한 것은 컴퓨터 데이터베이스의 발명으로 설교 자료 수집 및 관리에 혁명적인 변화가 왔다. 어떤 설교자용 소프트웨어들은 예화 데이터베이스를 아예 만들어 넣어 주기도 하고 자신이 넣을 수 있도록 데이터베이스를 포함해 주기도 한다. 이미 만들어 놓은 데이터베이스는 편리하기는 하지만, 예화를 사용해 본 사람은 알겠지만 자기가 직접 읽어 보고 수집한 것이 아니면 내가 실제로 사용하는 데 별로 도움이 되지 않는다. 시간이 걸리더라도 내가 직접 모아서 사용하는 것이 최상의 방책이다. 시중에 나오는 어떤 소프트웨어는 몇 년간 나오다가 중단되어 그간 애써 저장한 것이 무용지물이 되어 버리기도 했다.

컴퓨터 전문 지식이 없어도 일반인들이 가장 손쉽게 사용할 수 있는 데이터베이스는 아마 마이크로소프트사의 "엑세스"(Access)가 아닌가 생각한다. 엑세스는 조금만 공부하면 예화를 저장할 수 있는 데이터베이스를 손쉽게 만들 수가 있다.[227] 필자는 오래 전부터 엑세스로 데이터베이스를 만들어 예화를 저장하여 사용해 왔다. 좋은 점은 인터넷상에서 신문이나 잡지 등을 읽다가 적당한 예화거리가 있으면 바로 저장하기가 매우 편리하다. 그리고 데이터베이스의 강점은 저장 시에 입력해 두었던 '핵심 단어'로 매우 쉽게 예화를 찾을 수 있다는 점이다. 찾은 예화 자료를 사용할 때도 번거롭게 다시 타이핑할 필요가 없다. 설교를 준비하다가 예화가 필요한 곳에 그냥 잘라서 넣으면 된다. 컴퓨터 시대의 최대의 강점 중에 하나인 데이터베이스를 사용하지 않는 것은 자동차를 타기를 거부하고 옛날 달구지를 타는 것과 같다.

# 8
# 그림 언어에 탁월한 설교자들

## 예수 그리스도

예수님의 모든 설교에는 그림 언어가 넘쳐난다. 특별히 자연에서 온 그림 언어들을 즐겨 사용하셨다.

형제를 비판하지 않도록 교훈하기 위해 눈 속의 "들보"와 "티"라는 그림 언어를 사용하셨고(마 7:1-5), 진리를 아무에게나 던지지 않도록 "개", "진주", "돼지"라는 그림 언어를 사용하여 설명하셨다(마 7:6). 하나님 아버지께서 반드시 기도에 응답하신다는 사실을 교훈하기 위해서 "아들", "떡", "돌", "생선", "뱀"이라는 그림 언어를 사용하여 설명하셨고(마 7:9-10), 생명의 길과 사망의 길을 설명하기 위해서 "좁은 문"과 "넓은 문"이라는 그림 언어를 사용하여 설명하셨다(마 7:13-14).

거짓 선지자를 분별하는 법을 가르치기 위해 "양의 옷", "이리", "열매", "가시나무", "포도", "엉겅퀴", "무화과"라는 그림 언어를 사용하여 교훈하셨다(마 7:15-17). 주님의 말씀을 듣고 순종하는 자와 순종하지 않는 자를 구분하기 위해 "반석 위에 지은 집"과 "모래 위에 지은 집"이라는 그림 언어로 설명하셨다(마 7:24-27). 예수님의 산상수훈에 나오는 그림 언어들만 보더라도 얼마나 다양한 그림 언어를 구사하는지 알 수 있다.

마태복음 25장에 나오는 "열 처녀의 비유", "달란트 비유", "양과 염소의 비유" 또한 생생한 그림 언어를 통해서 다가올 천국을 설명하셨다.

뿐만 아니라 예수께서는 스토리텔링 기법이라는 탁월한 그림 언어를 사용한 설교자이셨다. 그의 스토리를 들으면서 청중은 갈등과 절정과 해결의 과정을 통해 서스펜스와 감동을 느낀다. 마태복음 18장에 나오는 "무자비한 종의 비유"는 베드로의 질문에 대답을 하시면서 주신 비유인데, 진정한 용서가 얼마나 중요한지 깨닫게 한다.

예수님께서 이 비유를 통해 왜 그리스도의 제자들은 일곱 번을 일흔 번씩이라도 형제를 용서해야 하는지 그 이유를 밝힌다. 아울러 용서하지 않을 때 어떤 대가를 치르는가도 분명하게 가르치신다. 위에서 말한 스토리의 플롯에 따라 이 비유를 분석해 보자.

(서론적 설명)

23 그러므로 천국은 그 종들과 결산하려 하던 어떤 임금과 같으니 24 결산할 때에 만 달란트 빚진 자 하나를 데려오매

(갈등)

25 갚을 것이 없는지라 주인이 명하여 그 몸과 아내와 자식들과 모든 소유

를 다 팔아 갚게 하라 하니 26 그 종이 엎드려 절하며 이르되 내게 참으소서 다 갚으리이다 하거늘 27 그 종의 주인이 불쌍히 여겨 놓아 보내며 그 빚을 탕감하여 주었더니 28 그 종이 나가서 자기에게 백 데나리온 빚진 동료 한 사람을 만나 붙들어 목을 잡고 이르되 빚을 갚으라 하매 29 그 동료가 엎드려 간구하여 이르되 나에게 참아 주소서 갚으리이다 하되 30 허락하지 아니하고 이에 가서 그가 빚을 갚도록 옥에 가두거늘

(해결)

31 그 동료들이 그것을 보고 몹시 딱하게 여겨 주인에게 가서 그 일을 다 알리니 32 이에 주인이 그를 불러다가 말하되 악한 종아 네가 빌기에 내가 네 빚을 전부 탕감하여 주었거늘 33 내가 너를 불쌍히 여김과 같이 너도 네 동료를 불쌍히 여김이 마땅하지 아니하냐 하고 34 주인이 노하여 그 빚을 다 갚도록 그를 옥졸들에게 넘기니라

(결론)

35 너희가 각각 마음으로부터 형제를 용서하지 아니하면 나의 하늘 아버지께서도 너희에게 이와 같이 하시리라 (마 18:23-35).

그리스도의 제자들이 형제를 일곱 번씩 일흔 번이라도 용서해야 하는 이유를, 은혜를 모르는 무지비한 종이라는 그림 언어를 통해 전달하신다. 이 비유에 등장하는 주요 인물은 임금, 일만 달란트 빚진 종, 백 데나리온 빚진 동료, 다른 동료들이다. 임금은 종의 일만 달란트나 되는 엄청난 빚을 탕감해 줄 정도로 은혜가 많다. 하지만 정의에 어긋난 무자비한

행동을 볼 때는 엄한 심판을 내리는 정의로운 모습으로 그려진다. 이는 곧 하나님 아버지의 모습을 비유적으로 보이는 그림 언어이다.

일만 달란트 빚진 종은 자신의 노력으로는 도저히 갚을 수 없는 엄청난 빚을 임금님의 큰 은혜로 탕감 받은 행운아이다. 이는 곧 자신의 노력으로는 도저히 해결할 수 없는 엄청난 죄를 타고났지만 하나님의 은혜로 조건 없이 용서를 받은 그리스도의 제자들을 가리키는 그림 언어이다.

그런데 일만 달란트 빚진 종은 자신은 그토록 많은 빚을 탕감 받았으면서도 자신에게 백 데나리온 빚진 동료의 멱살을 잡고 빚을 갚으라 독촉한다. 동료의 멱살을 잡는 그의 모습은 무례하기 짝이 없다. 그의 동료가 참아 주면 갚겠다고 했지만 그를 옥에 집어넣는 모습이 잔인하기까지 하다. 이는 그리스도의 제자가 엄청난 죄를 용서받고도 그 은혜를 잊고 형제가 자신에게 범한 작은 잘못을 용서하지 않는 무자비한 모습을 그린다.

여기서 일만 달란트의 빚과 백 데나리온의 빚이 대조를 이루는데, 후자는 전자의 60만 분의 일에 해당하는 작은 액수이다. 이 그림 언어를 통해 그리스도의 제자가 용서받은 죄의 크기와 형제의 잘못을 극적으로 대조시킨다.

형제의 잘못을 끝까지 용서하지 않는 잔인한 그리스도의 제자는 어떤 결과를 맞이할까? 이것이 비유의 핵심이다. 이런 부정의한 모습을 도저히 볼 수가 없던 동료들이 임금님께 이 소식을 전한다. 임금님이 은혜를 모르는 무자비한 종을 다시 불러 그를 꾸짖는다. "내가 너를 불쌍히 여김과 같이 너도 네 동료를 불쌍히 여김이 마땅하지 아니하냐?"

이는 그리스도인들이 하나님께로부터 용서받은 것처럼 형제를 불쌍히 여기지 않을 때 하나님의 엄중한 책망이 따른다는 사실을 가르친다. 임금님이 무자비한 종에게 부과한 벌은 자신이 그의 동료에게 부과한 벌과 동일하다. 이는 곧 형제에 대한 진정한 용서가 없으면 자신의 죄도 용서받지 못한다는 메시지다.

여기 '투옥'의 이미지는 용서하지 않는 모습을 그리는 그림 언어이다. 이 비유를 통하여 전달하는 메시지는 분명하다. 형제를 용서하지 않는 그리스도의 제자는 자신의 죄도 하나님으로부터 용서받을 수 없다는 사실이다. 그러므로 하나님의 용서를 체험한 그리스도의 제자는 반드시 형제를 용서하라는 메시지이다. 주기도문에서도 주님은 가르치신다. "우리가 우리에게 빚진 자를 용서하여 준 것처럼 우리의 빚을 용서하여 주시옵고"("And forgive us our debts, as we also have forgiven our debtors"; 마 6:12 [RSV]).

주기도문 원문에서는 마태복음 18장에서처럼 죄를 가리켜 동일한 "빚"이라는 그림 언어를 사용한다. 결론에 이 비유의 핵심적인 메시지가 대구법 형식으로 요약되어 있다. "너희가 각각 마음으로부터 형제를 용서하지 아니하면 나의 하늘 아버지께서도 너희에게 이와 같이 하시리라"(35절). 형제를 무조건 끝없이 용서해야 한다는 사실을 예수님께서 비유라는 그림 언어를 통해 얼마나 효과적으로 전달하고 계시는가?

### 조나단 에드워즈(Jonathan Edwards; 1703-1758)

1740년대 전후에 일어난 미국의 제1차 대각성운동은 뉴잉글랜드 지역에 신앙적 열정을 크게 일으켰다. 몇 년간 계속된 대각성운동은 신앙적 열정을 일으켰을 뿐만 아니라 "예배 중에 소리를 지르거나 큰 떨림"을 경험했고, 어떤 사람은 영적인 세계를 직접 보기도 했다.

조나단 에드워즈는 조지 위필드와 함께 제1차 대각성운동을 일으킨 "가장 강력한 설교자"로 평가된다. 철저한 칼빈주의자였던 에드워즈는 물질주의와 죄를 공격하기 위해 "지옥의 고통을 그림 언어"로 호소했다. "진노한 하나님의 손에 있는 죄인들"이라는 설교는 매우 잘 알려진 바 있다. 코네티컷(Connecticut) 주의 엔필드(Enfield)에서 1741년 7월 8일에 신명기 32장 35절을 본문으로 설교했던 것을 발췌한 것이다.[228]

거미나 혐오스러운 곤충을 불 위에서 붙잡고 있듯이 지옥의 구덩이 위에서 당신을 붙잡고 있는 하나님은 당신을 혐오하고 무섭게 분노하고 계십니다. 당신을 향한 그분의 분노는 불처럼 타오릅니다. 그분은 당신을 불속에 던져 넣을 수밖에 없는 아무 쓸모없는 것으로 바라보십니다. 그분은 그의 눈으로 당신을 보시는 것을 참을 수 없을 만큼 정결한 눈을 갖고 계십니다. 우리 눈에 가장 혐오스럽고 독성이 지독한 뱀보다도 당신은 그분의 눈에 만 배나 더 혐오스러운 존재입니다. 이 세상에 어떤 완고한 반역자가 그의 왕을 분노케 한 것보다 당신은 하나님을 무한히 분노케 했습니다. 그러나 당신을 불 속으로 떨어지지 않도록 매순간 붙잡고 있는 것은 그의 손입니다. 당신이 어젯밤에 잠을 자기 위해 두 눈을 감은 이후에 지옥으로 떨어지지 않고 이 세상에서 다시 깨어난 것은 다른 어떤 것에 기인하지 않습니다. 당신이 왜 지옥에 떨어지지 않고 아침에 일어나게 되었는지 다른 어떤 이유도 존재하지 않습니다. 다만 하나님의 손이 붙잡고 있기 때문입니다. 당신이 여기 하나님의 집에 앉아서 그분의 장엄한 예배에 참여하면서 당신의 죄악 되고 악한 태도로 그분의 정결한 눈을 범하고 있지만 당신이 지옥에 떨어지지 않는 다른 이유가 없습니다. 예, 당신이 지금 이 순간 지옥으로 떨어지지 않는 다른 이유로 주어진 것이 아무것도 없습니다.

오, 죄인들이여. 당신이 처해 있는 두려운 위험을 생각하세요. 이는 큰 분노의 용광로요, 넓고 끝없는 구덩이요, 분노의 불길이 가득 찬 곳이요, 바로 그 위에 분노가 촉발된 하나님의 손에 당신은 잡혀 있습니다. 지옥의 저주 받은 많은 사람들을 향해 하나님의 분노가 촉발되었듯이 당신을 향해서도 하나님의 분노는 촉발되었습니다.

당신은 가느다란 줄에 매달려 있는데, 그 주위로 하나님의 분노의 불길이 솟구치고 있습니다. 그 불길은 언제라도 가냘픈 줄을 그을어 태워버릴 수 있습니다. 그런데 당신은 중보자에 대한 관심이 없습니다. 당신을 구원하도록 붙잡을 것이 아무것도 없습니다. 아무것도 분노의 불길에서 지켜 줄 수 없습니다. 당신이 가진 어떤 것도, 당신이 한 어떤 일도, 당신을 한 순간이라도 살려 주시도록 하나님을 설득하기 위해 할 수 있는 것은 아무것도 없습니다.[229]

에드워즈의 설교에는 그림 언어가 생생하게 살아 있다. 청중들의 회개를 촉구하고, 하나님께서 얼마나 죄인들을 혐오하시는지 보여 주기 위해 '거미'라는 그림 언어를 사용한다. 에드워즈는 그림 언어를 통해 지옥의 불구덩이 위에서 하나님의 손에 매달린 죄인들의 위험한 상태를 타는 불 위에서 거미줄에 매달린 거미 이미지를 통해 그래픽하게 그려 낸다.

한 순간이라도 유약한 거미줄이 떨어지면 곧 바로 불구덩이에 떨어지듯이 하나님께서 한 순간이라도 손을 놓으시면 하나님을 진노케 한 죄인들은 지옥의 불구덩이에 떨어질 운명에 처해 있다. 이 얼마나 가슴을 파고드는 생생한 그림 언어인가!

하나님의 분노를 지옥의 불길에 비유한 그림 언어도 생생하게 와 닿는다. 죄인의 죄악을 도저히 참고 보실 수 없는 하나님의 정결한 눈의 이미지도 심금을 울린다. 죄인이 하나님 앞에 선 모습을 가장 혐오스럽고 지독한 독성을 지닌 뱀보다 만 배나 혐오스럽다는 그림 언어도 하나님의 진노 아래 있는 죄인이 얼마나 혐오스러운 인간인가를 실감나게 묘사한다.

죄인이 하나님의 분노를 촉발시킨 것을 세상에서 가장 완고한 반역자가 왕을 반역하여 일으킨 분노에 비유한 것도 추상적인 분노를 그래픽하게 느끼게 한다. 하나님을 분노케 했음에도 불구하고 지옥에 떨어지지 않은 이유를 죄인을 붙잡고 있는 하나님의 '손'이라는 그림 언어로 묘사함으로써 오직 구원의 은혜는 하나님의 손에 달렸음을 실감나게 묘사한다.

또한 지옥을 "큰 분노의 용광로", "넓고 끝없는 구덩이", "분노의 불길이 가득 찬 곳"이라는 그림 언어로 묘사함으로써, 지옥이 얼마나 무서운 곳인지 생생하게 그렸다. 하나님의 진노를 촉발시킨 죄인들의 상태를 거미줄 이미지로부터 온 "가냘픈 줄"에 매달린 죄인들로 묘사함으로써, 죄인들이 얼마나 위험한 상태에 처해 있는지 사실적으로 묘사한다.

조나단 에드워즈는 그림 언어 사용에 탁월한 재능을 가졌음에 분명하다. 그런데 그의 시대가 지나감에 따라 그림 언어나 시적인 표현을 가볍게 여기게 되었으니 안타까울 따름이다. 에드워즈 이후에 그림 언어에 대한 미국의 쇠퇴 현상을 위어스비는 로버트 벨라(Robert H. Bellah)의 말을 인용해 이렇게 설명한다.

> 사회학자 로버트 벨라가 미국 역사에 대한 해석을 내리면서 한 가지 대답을 내놓는다. 그에 의하면 미국 사회는 초창기부터 시(詩)적인 것을 버리고 실용적인 것을 추구한 사회라는 것이다. 그 바람에 미국 사회 전체가 상상이 '말라 비틀[어지]고' 말았다는 것이다.
>
> 로버트 벨라는 조나단 에드워즈를 "20세기 이전 개신교 신학자로는 유일하게 기독교 전통에서 상상의 원천을 자유로이 꺼내 쓸 수 있었던 마지막 인물이다. [에드워즈의 이미지 사용은 비길 수 없이 탁월했는데], 미국의 부흥회 설교 스타일 초창기의 인물"이라고 평한다. 하지만 이 조나단 에드워즈 이후로는 "[그와 같이 설득력과 사상이 결합된] 설교 유형이 점점 사라졌다"는 것이 그의 해석이다.
>
> 그 하향 추세를 로버트 벨라는 "미국 개신교 내에서 상상이 점진적으로 말라붙는 과정"이라고 표현한다.[230]

우리는 다시금 조나단 에드워즈 시대에 잃어버린 그림 언어를 재발견해야 한다. 그래야 우리 설교가 살고 강단이 살고 교회가 살고 기독교의 장래에 희망이 있게 되리라.

### 찰스 스펄전(Charles Haddon Spurgeon; 1834-1892)

스펄전 목사는 1850년 15세의 나이에 회심을 경험하고 4년 후인 1854

년 런던에서 가장 큰 침례교회였던 뉴파크길교회(New Park Street Chapel; 나중에 새로 건축하면서 Metropolitan Tabernacle로 개명됨) 담임목사로 청빙을 받았다. 불과 몇 달 만에 그는 설교자로서 두각을 나타냈고, "22세가 되었을 때 그는 당시에 가장 인기 있는 설교자"가 되었다.

그는 매주 10,000여 명의 회중들에게 설교했고, 일생 동안 "약 1,000만 명에게 말씀을 전했다"고 한다. 그래서 그는 "설교자의 황태자"라고 불린다.

그는 일생 동안 3,600회 설교를 했고, 약 49권의 주석서와 예화집, 명언집, 일화집, 경건서적을 남겼다.[231] 아래 설교는 고린도후서 6장 2절의 말씀을 중심으로 "구원의 날"(The Day of Salvation)이라는 제목으로 했던 설교의 서론 부분이다.[232] 그의 설교에 얼마나 그림 언어가 넘치는가 보라.

> 아무도 한 날의 외관을 바꿀 수 없습니다. 세상의 왕들은 그들 자신을 위해서 밝은 날을 명할 수도 없고 그들의 적들에게 사나운 폭풍우가 몰아치게 할 수도 없습니다.
> 아침을 명하여 샛별에게 제 위치를 알게 하는 것은 그들보다 높은 분에게 속한 것입니다. 빛과 태양, 구름과 비에 대해서 그들이 할 수 있는 것은 아무것도 없습니다. 그들은 달콤한 묘성의 영향력을 묶어 놓을 수도 없고 오리온자리를 흩트릴 수도 없습니다.
> 그러나 지배자나 통치자나 왕들은 그들의 백성이 사는 날 동안 사회적 특성을 조성하는 데는 많은 것을 이루었습니다. 니느웨의 왕처럼 때로 왕들은 금식일을 선포했고, 그들의 백성은 베옷을 입었습니다. 다른 경우에 왕들은 아하수에로 왕이 수산성에서 했듯이 잔칫날을 정하는 특권을 누렸습니다.

아하수에로 왕은 180일 동안 도성에 축제를 베풂으로써 "그의 영화로운 나라의 부함과 위엄의 혁혁함을"(에 1:4) 나타냈습니다. 옛 시대 왕들은 지금보다 당시 그들의 백성에게 더 큰 영향을 끼칠 수 있었습니다. 지금보다 인간의 지혜가 덜했고 신적 권위라는 우화에 대한 믿음이 더 많았던 옛날에는 폭군이 자신의 모든 땅 위에 짙은 어두움을 서리게 할 수 있었는데, 심지어 그 어두움은 실제로 느껴질 정도였습니다.

그들은 자신들의 환상이나 광포함에 따라 전쟁을 일으켰는데, 그게 도덕적 한밤중이 아니고 무엇이겠습니까? 전쟁은 범죄, 고통, 죽음, 빈곤 외에 무엇을 의미합니까? 이게 보통 모든 나쁜 짓거리의 총합이 아닙니까?

왕들은 또한 때때로 특사(特赦)와 대사(大赦)의 날을 선포하는 특권을 행사합니다. 오랜 반역은 진압되고, 반역이 다시 일어날 염려가 없습니다. 그 다음 군주는 부당한 가혹함을 삼가는 것이 최상이라 생각하고 그가 진압한 악을 덮어 버립니다. 그래서 치욕이나 즐거움을 위해서, 전쟁을 위해서, 평화를 위해서, 용서를 위해서 군주들은 날을 정할 수 있고, 역사상에 그들이 날인하여 기록에 남깁니다.

만약 지상의 군주들이 인간의 날에 다소 영향을 끼칠 수 있다면, 왕 중의 왕이신 분은 무슨 일을 못하겠습니까? 낮과 밤을 창조하신 분은 분명히 우리의 모든 빛과 어두움을 명할 수 있을 겁니다. 상고적부터 계신 분은 "구름이 없는 아침"을 우리에게 주실 수 있고, 낮을 흑암으로 어둡게 만들 수 있습니다.

그분은 얼마나 자주 번영의 태양빛으로 우리를 기쁘게 했습니까! 그분은 얼마나 갑자기 역경이란 두꺼운 구름 아래로 우리를 감싼 적이 있습니까! 우리의 날이 그분의 손에 있습니다. 그분은 모든 것의 주님이십니다.

스펄전 목사가 자신의 설교 서두에 사용한 그림 언어가 얼마나 조직적이고 체계적인가! "세상 왕"이라는 구체적인 그림 언어로 시작해 "왕 중의 왕"이신 하나님으로 이미지가 자연스럽게 전환된다.

세상 왕이 조금인들 "날"을 통제할 수 있는가라는 그림 언어로 초두에 시작한다. 세상 왕은 "밝은 날"을 명하거나 적에게 "사나운 폭풍"을 명할 수 없다. 세상 왕은 "빛", "태양", "구름", "비"에 대해서 아무런 통제도 할 수 없다. 여기에 막연히 좋은 날, 나쁜 날이라는 말을 쓰지 않고 구체적인 이미지를 연상할 수 있는 그림 언어를 사용한다.

또 세상 왕은 "묘성"이나 "오리온 자리"를 흔들 수도 없다. 세상 왕이 천체에 아무런 영향력도 행사할 수 없음을, 이미지를 떠올릴 수 있도록 구체적인 별(자리)들의 이름을 열거하여 설명한다.

반면에 세상 왕이 영향력을 행사할 수 있는 영역을 "백성"이라는 그림 언어로 설명한다. 왕들은 니느웨의 왕처럼 "금식일"을 선포할 수 있고, 아하수에로 왕처럼 "180일간 잔치"를 베풀도록 명령할 수 있다.

또 폭군은 전쟁을 일으킬 수도 있다. 폭군의 악영향을 설명하기 위해 스펄전은 구체적인 그림 언어를 사용한다. "땅 위에 짙은 어두움"이 끼게 하는 것은 문자적 표현이 아니라 은유적 표현이다. 폭군이 "환상과 광포함으로 일으킨 전쟁"을 "도덕적 한밤중"이라고 표현하는데, 여기에 사용된 "한밤중"도 역시 은유적 표현이다. 전쟁에 수반되는 디테일들도 "범죄", "고통", "죽음", "빈곤"이라는 구체적인 그림 언어를 사용해 실감나게 한다.

왕이 가진 또 다른 특권은 "특사"와 "대사"의 날을 선포할 수 있는 권한이다. 이도 역시 구체적인 그림 언어를 사용하여 표현한다. 스펄전은 왕이 행사할 수 있는 권한을 그림 언어로 세세하게 설명한 후에 결론적으로 이런 치욕, 즐거움, 전쟁, 평화, 용서를 위한 '날'을 기념일로 정할 수 있는 권한이 있다는 이미지를 부각시킨다.

세상 왕이 인간의 날에 대해서 가진 특권과 대조해서 또 다른 왕이라는 그림 언어를 사용한다. 이는 "왕 중의 왕"이신 '하나님'에 대한 이야기이다. 메시지는 세상의 왕들도 이런 권한을 행사하는데 하물며 왕 중의 왕이신 하나님이 행사하지 못할 권한이 무엇이 있겠는가라는 수사적 메시지이다. 하나님의 또 다른 명칭도 "낮과 밤의 창조자"라는 그림 언어로 묘사한다.

낮과 밤의 창조자께서 빛과 어두움을 통제하지 못하겠는가? 이는 세상 왕이 할 수 없는 영역임을 앞에서 밝혔다. 그런데 창조자께서는 능히 할 수 있기 때문에 그의 권한은 세상 왕과는 비교할 수가 없다는 뜻이다. 하나님은 "구름이 없는 아침"을 명하실 수 있고, "낮을 흑암"으로 바꿀 수 있는 분이시다. 이렇게 하나님의 능력도 생생한 그림 언어로 묘사한다. "번영의 태양 빛"이라는 말과 "역경이란 두꺼운 구름"도 모두 날에 수반된 그림 언어를 사용한 은유적 표현들이다.

날에 대해 지금까지 이야기하면서 주어진 정보 때문에 "번영"과 "역경"이라는 추상적인 언어가 얼마나 생생하게 느껴지는가? 결론적으로 '날'은 "그분의 손"에 달렸다. 단순히 날은 하나님께 달렸다고 말하지 않고, "그분의 손"이라는 그림 언어를 사용함으로써 모든 것을 통치하시는 하나님의 '손'이라는 그림 언어가 선명하게 부각된다.

스펄전 목사는 얼마나 그림 언어의 천재인가? 이런 살아 있는 언어로 말미암아 그의 설교들은 불후의 명작들이 되었고 지금까지 수많은 독자들이 그의 설교를 읽고 있다. 그의 천재적인 그림 언어 구사력은 오직 성령님의 도우심이 아니고는 도저히 도달할 수 없는 경지임을 때로 느낀다.

## 피터 마샬(Peter Marshall; 1902-1949)

피터 마샬 목사는 워싱턴 DC에 있는 뉴욕가(街)장로교회(New York Avenue Presbyterian Church)에서 목회를 했고, 미국 상원 채플린으로 두 번 사역하기도 했다.[233] 그의 설교는 생동감 넘치는 그림 언어로 가득하다. 아래 설교는 누가복음 14장 12-14절을 본문으로 "예수님의 초대로"(By Invitation of Jesus)라는 제목으로 설교했던 원고의 서론 부분이다.[234] 얼마나 생생한 그림 언어를 사용하였던지 본문이 마치 살아서 꿈틀거리는 듯하다.

워싱턴에서 좀 떨어진 매사추세츠가(街)나 스프링밸리에 사는 누군가가 어느 날 우연히 성경을 열었는데, 오직 천사들만 아는 신비한 과정에 의해 누가복음에 나오는 이 구절들을 읽었다고 가정해 봅시다. 이 말씀은 오래전 시리아의 하늘 아래에서 아람어로 말해졌지만 그래도 그 독자가 이 말씀이 20세기 사회에 여전히 적용된다고 결론을 내렸다고 가정해 봅시다. 그 사람이 예수님께서 말씀하신 축복들을 받을 가치가 있다고 믿고, 그 축복을 받기로 결심했다고 가정해 봅시다. 예수님의 말씀대로 받아들이는 데 필요한 용기와 사랑을 그가 가졌다고 가정해 봅시다. 어떤 일이 일어나리라고 생각합니까?

어느 몹시 추운 날 워싱턴 시가 눈과 얼음의 담요로 덮였을 때, 한 사람이 매사추세츠가의 자기 집에 앉아 있습니다. 집은 대단히 편안합니다. 난로에는 탁탁 소리를 내면서 타는 장작불이 패널로 가린 벽들 위에 춤추는 그림자를 드리우고 있습니다. 바깥에는 바람이 누군가가 고통을 호소하듯이 가볍게 신음하고 있습니다. 그리고 독서 램프는 이 사람이 읽고 있는 책 위에 부드럽고 따뜻한 불빛을 드리우고 있습니다. 그는 홀로 있습니다. 아이들은 쇼어헴에서 저녁을 먹고 파티를 즐기기 위해 나갔습니다. 그의 아내는 오후에 힘든 브리지 게임을 한 이후에 일찍 잠이 들었습니다.

그는 우리의 텍스트인 누가복음 본문을 읽고는 더 이상 읽을 수가 없습니다. 어쩐지 그는 이 단순한 말씀을 멀리할 수가 없습니다. 그는 성경을 자주 읽는 좋은 사람입니다. 하지만 이전에는 그 말씀이 불꽃에 인쇄된 것처럼 보이지 않았습니다. 그는 성경을 닫고 앉아서, 그의 일생에 처음으로 그리스도의 도전을 의식하면서 생각을 합니다.

그는 누군가가 그의 뒤에 서 있는 것처럼 느낍니다. 그는 더 이상 혼자가 아니란 사실을 느낍니다. 이 얼마나 이상한 환상인가? 금방 읽은 말씀이 속삭임처럼 계속 들리는 이유가 무엇인가? '나는 졸리고 꿈을 꾸는 거야'라고 생각합니다. '내가 잠 잘 시간이 지났어.' 그러나 아직 그가 원래 잠드는 시간 훨씬 전이었습니다. 아직 그 목소리는 속삭입니다. 그리고 그는 그의 방에서 그분의 임재를 의식합니다. 그는 이를 떨쳐버릴 수가 없습니다. 그전에는 이렇게 도전을 받아 본 적이 없습니다.

그는 자신의 아름다운 집에서 열었던 저녁식사와 파티들을 생각했습니다. 그는 자신이 주로 초대했던 사람들을 생각했습니다. 그들 대부분은 '워싱턴 유명인사'의 목록에 속한 사람들이었고, 그리고 사업, 재정, 클럽, 그리고 정부 단체에 속한 가문의 이름들이 그들의 이름들이었습니다. 정치적 사회적 혜택을 줄 수 있는 권세 있는 사람들이었습니다. 그들은 가난하지도, 불구가 되지도, 절뚝발이가 되지도, 눈멀지도 않은 사람들이었습니다.

무엇 때문에 이 엉뚱한 생각이 그의 머릿속에 떠올랐을까요? 그는 잠을 자려고 했지만, 그의 영혼의 복도 아래로 계속 질질 끌며 길을 여는 생각의 행렬로부터 그의 마음의 문을 닫을 수가 없었습니다.

떨리는 입술을 한 거지들이 있습니다. 앞을 곧게 응시하는 보지 못하는 눈들이 있고 추위로 인해 푸른빛으로 변한 얼굴들이 있습니다. 길을 두드리는 지팡이들이 있습니다. 휘어진 몸의 체중으로 인해 삐걱거리는 목발들이 있습니다. 그들이 지나가는 모습을 보면서 그의 마음이 움직이는 것을 느낍니다. 그는 주님께서 그에게 용기를 주시면, 주님의 말씀을 받고 주님이 그에게 원하시는 것을 하리라고 기도로 속삭입니다. 바로 그때 그는 평안을 찾고 잠이 듭니다. 아침이 왔을 때 그의 결심은 그에게 새로운 힘과 열정을 주었습니다.

누가복음 14장 12-14절에는 잔치를 열면 친구나 형제나 친척이나 부유한 이웃을 초청하지 말고, 가난한 자, 불구자, 절뚝발이, 눈먼 자를 초청하라는 주님의 가르침이 나온다. 이 간단한 내용을 마샬 목사는 구체적인 그림 언어를 사용하여 마치 현장에 있는 듯한 이미지를 청중들에게 심어 준다.

그가 사용하는 그림 언어들을 분석해 보자. 본문을 독자가 접하는 과정도 상상을 통해 구체적인 그림 언어의 세계로 인도한다. 워싱턴 근교 "매사추세츠가나 스프링밸리"라는 구체적인 지명을 언급함으로써 지명이 머릿속에 그림 언어로 작용하기 시작한다. 그곳에 사는 누군가가 "천사들만 아는" 신비한 방법으로 본문을 읽게 된다는 표현도 '천사'라는 존재를 동원한 그림 언어이다.

오래전 본문이 쓰여진 배경을 설명할 때는 "시리아의 하늘 아래에서 아람어"로 원래 진술된 배경을 삽입함으로써 고대 근동의 성경이 기록된 가상의 장소와 언어라는 이미지가 생각나게 한다. 그가 예수님의 말씀을 실천하기로 결심하고 앉아 있는 배경 또한 매우 그래픽한 그림 언어를 사용하여 설명한다.

워싱턴 시가 눈과 얼음으로 담요처럼 덮인 어느 몹시 추운 날이라는 그림 언어, 편안하고 안락한 집이라는 그림 언어, 난로에서 장작이 탁탁 소리를 내면서 불에 타는 그림 언어, 난로 불빛에 의해서 벽면에 드리워진 춤추는 그림자라는 그림 언어, 고통 중에 신음하는 소리와 같은 바람소리의 이미지, 책 위에 드리워진 독서 램프의 따뜻한 불빛 이미지 등 다양하고 실감나는 그림 언어로 성경을 읽고 있는 사람의 모습을 그리고 있다.

그가 홀로 있는 정황을 묘사하는데도 아이들이 "쇼어햄"이라는 구체적인 장소에서 저녁을 먹고 파티를 즐기는 그림 언어로 묘사하였고, 아내가 힘든 "브리지 게임"을 하고 피곤해 일찍 잠든 모습도 현장감 있는 그림 언어를 사용한다. 그가 읽고 있는 성경이 가슴에 와 닿는 모습을 "말씀이 불꽃에 인쇄된 것"이라는 독특한 그림 언어로 묘사한다.

주님의 임재와 말씀의 도전을 위해서 누군가 서 있는 모습으로 묘사한 것과 누군가 속삭이는 것으로 묘사한 것도 그림 언어의 기법이다. 그의 집에서 그가 열었던 저녁식사나 파티에 초대한 사람들은 "워싱턴 유명인사"라는 표현과 "그들은 가난하지도, 불구가 되지도, 절뚝발이가 되지도, 눈멀지도 않은 사람들이었다"라는 표현은 모두 구체적인 그림 언어들이다.

그의 머릿속에서 계속 떠오르는 생각들을 묘사하기 위해서 사용한 표현도 풍성한 그림 언어로 장식되어 있다. "영혼의 복도", "계속 질질 끌며 길을 여는 생각의 행렬", 닫을 수 없는 "마음의 문" 등은 모두 그림 언어들이다. 잠들기 전에 그의 마음속의 생각의 행렬들 가운데 나타난 새로운 초대의 대상들도 모두 그림 언어로 표현되어 있다. "떨리는 입술을 한 거지들이 있다. 앞을 곧게 응시하는 보지 못하는 눈들이 있고 추위로 인해 푸른빛으로 변한 얼굴들이 있다. 길을 두드리는 지팡이들이 있다. 휘어진 몸의 체중으로 인해 삐걱거리는 목발들이 있다."

마샬 목사는 얼마나 풍성한 그림 언어를 구사하였는가? 그가 사용한 다양한 그림 언어들로 말미암아 설교 내용이 얼마나 현장감이 있고 살아 있는 느낌을 주는가? 설교자는 이런 상상력과 그림 언어를 쓸 수 있도록 훈련을 거듭해야 한다.

## 빌리 그레이엄 (William Franklin Graham, Jr.; 1918- )

2008년도까지 전도자 빌리 그레이엄 목사의 설교를 전도 집회나 매스컴을 통해 들은 사람들을 전 세계적으로 추산해 보면 약 22억 명이나 된다. 그리고 그의 설교를 듣고 "예수 그리스도를 자신의 구세주로 영접한 사람들"이 약 320만 명이 된다.[235]

그는 1955년 이래로 갤럽이 조사한 미국에서 가장 존경받는 사람들에 55번이나 올랐고, 미국의 여러 대통령의 친구요 영적인 지도자로 봉사해 왔다.[236] 빌리 그레이엄이 가장 자주 설교한 본문은 요한복음 3장 16절인데, 그는 이에 대해서 이렇게 설명한다.

> 나는 사역 중에 다른 어떤 설교보다 요한복음 3장 16절 말씀을 자주 설교해 왔습니다. 한 가지 이유는 이 말씀이 아주 간결하게 성경의 축소판을 포함하고 있기 때문입니다. 이 말씀은 모든 문화에 속한 모든 사람들에게 적용할 수 있는 성경의 변하지 않는 메시지의 핵심을 포함하고 있습니다. 어떤 주일에는 예수 그리스도의 이름도 거의 들어 보지 못한 아프리카의 한 부족에게 나는 이 말씀을 전했고, 그 다음 주일에는 단지 예화만 조금 바꾸어서 영국의 캠브리지 대학에서 설교했습니다.[237]

아래 설교는 같은 본문으로 아직 공산당의 영향력이 막강했던 1984년 9월 18일 러시아 시베리아의 노보시빌스크(Novosibirsk, Siberia)에서 설교했던 내용이다. 그의 설교는 청중의 주의를 끌고 감동과 생명력을 유발하는 수많은 그림 언어와 이야기들로 가득 차 있다. 특히 그의 개인적인 이야기들은 감동을 자아낸다. 그의 설교 중에 일부를 발췌하여 소개한다.

> 예, 인간은 죽음에 이르는 병에 걸렸습니다. 이를 죄라고 부릅니다. 인간의 마음으로부터 온 세상의 문제들이 다 나옵니다. 사도 바울은 데살로니가후서 2장 7절에 "불법의 비밀이 이미 활동하였으나"라고 말씀합니다. 요한일서 3장 4절에 성경은 "죄를 짓는 자마다 불법을 행하나니 죄는 불법이라"

라고 말씀합니다.

여러분에게 뭔가를 말씀드리겠습니다. 빌리 그레이엄은 죄인입니다. 저는 하나님의 법을 어겼습니다. 성경은 우리가 율법을 하나만 어겨도 모든 것을 어긴 죄와 같다고 말합니다. "누구든지 온 율법을 지키다가 그 하나를 범하면 모두 범한 자가 되나니"(약 2:10).

이게 뭘 뜻합니까? 이는 내가 심판을 받아야 한다는 말입니다. 저는 정죄 아래 있습니다. 어떻게 제가 구원을 받을 수 있을까요? 이는 불가능한 것처럼 보입니다. 하나님은 자신이 거룩한 것처럼 나도 거룩해야 한다고 말씀합니다. 나에게는 거룩할 방법이 없습니다. 나는 죄인입니다. 하나님의 거룩하심에 자신을 재어 보면, 당신도 죄인입니다.

17세기에 살았던 한 위대한 프랑스 과학자가 있는데 그의 이름은 블레즈 파스칼입니다. 그는 계산기와 같이 오늘날 우리가 당연시하는 수많은 것을 발명했습니다. 15세의 나이에 그는 수학적인 능력으로 이미 세상을 놀라게 했습니다. 그러나 31세가 되었을 때 그는 천재성과 명성에도 불구하고 대단히 불행하게 느껴졌습니다. 그는 자신에게 "나의 삶에 내가 필요로 하고 원하는 다른 뭔가가 있다"라고 말했습니다. 그는 나중에 "나는 하나님 앞에서 죄인이다. 나는 예수 그리스도를 나의 삶에 믿음으로 받아들였다"라고 일기에 기록했습니다. 그때 이후로 파스칼은 여생 동안 그리스도의 자취를 따랐습니다. 그는 하나님 앞에서 죄인임을 깨달았고, 그는 용서받기 위해 그리스도께 의지했습니다. 그리스도는 그의 마음속의 빈자리를 채웠습니다.

저는 십대에 그리스도를 영접했습니다. 성경은 예수님의 십자가가 나를 의의 옷으로 덧입혀 주었다고 말합니다. 그리고 하나님께서 나를 보실 때 나의 죄를 보시지 않습니다. 하나님은 그리스도의 피를 봅니다. 그래서 우리는 성찬식을 할 때 그의 피를 찬양합니다. 우리가 포도주를 받고 떡을 뗄 때, 거의 2천 년 전의 그의 죽음을 기억합니다.

왜 그의 죽음이 그렇게도 중요합니까? 왜냐하면 그의 죽음의 순간에 하나님께서 우리 모두의 죄를 그리스도께 지웠기 때문입니다. 그분은 결코 죄를 범치 않았고 하나님의 도덕률을 어기지 않았습니다. 그는 결코 죽어야 할 이유가 없습니다. 그러나 십자가에 달린 그 순간에 그리스도는 육체적으로만 죽은 것이 아니라 영적으로도 죽었습니다. 당신의 죄와 나의 죄는 그에게 지워졌고, 이는 그로 하여금 지옥의 고통을 느끼게 했습니다.

그분은 내가 십자가에서 당해야 할 지옥과 심판을 지셨습니다. 그러나 그분은 십자가에 머물러 있지 않았습니다. 그는 죽음에서 일어났고, 살아났습니다. 성경은 또한 언젠가 그가 영원한 나라를 세우기 위해서 다시 오신다고 말합니다.

수년 전에 뉴질랜드에서 설교를 했는데, 뉴질랜드의 수도 오클랜드에 있는 대학에서 강연을 하도록 초청받았던 걸로 기억합니다. 강연 중에 저는 '지옥'이라는 단어를 언급했습니다. 그날 밤 잠을 자고 있는데, 문에서 큰 노크 소리가 들렸습니다. 일어나 눈을 부비면서 문을 열었더니, 한 학생이 서 있었습니다. 그는 대단히 화가 나 있었습니다. "오늘밤 당신은 우리에게 지옥이 있다고 하셨죠. 나는 지옥이나 심판을 믿지 않습니다. 우리에게 그렇게 말해서는 안 됩니다."

"들어와서 앉으세요."

그러자 그는 그렇게 했습니다. 우리는 오랫동안 이야기했습니다. "예수님의 말씀대로 지옥이 있다는 사실에 대해 10퍼센트 가능성을 둔다면 인정하겠습니까?"

그는 머리를 긁으며 잠시 생각한 후에 말했습니다. "예, 10퍼센트의 가능성은 있을 거라고 생각합니다. 그러나 많은 건 아니네요."

"그럼 다른 질문을 하겠는데, 학생이 공항에 간다고 가정해 봅시다. 오스트레일리아의 시드니로 갈 비행기를 타려고 합니다. 당신은 표를 샀고, 비행기를 막 타려는 순간에 이런 광고를 합니다. '비행기가 목적지에 도착하지 못할 가능성이 단 10퍼센트 있습니다.' 그러면 당신은 비행기를 타겠습니까?"

"아니요."

"학생이 내게 말하기를 지옥이 있을 가능성이 10퍼센트 있다는 사실을 인정했는데, 영원한 모험을 하겠습니까?" 제가 다시 물었습니다.

그는 말했습니다. "저는 모험을 안 할 겁니다."

"그렇다면 그리스도를 영접하겠네요."

하지만 그는 아니라고 했습니다. 그리고 이렇게 말을 이었습니다. "왜냐하면 내 문제는 지적인 문제가 아니라, 도덕적인 문제임을 인정하기 때문입니다. 저는 그리스도께 의지할 준비가 되어 있지 않습니다. 그의 도덕적 요구는 너무 높습니다."

하나님과 그의 구원으로부터 우리의 등을 돌려 버리는 일은 참으로 비참한 일입니다.[238]

빌리 그레이엄 목사의 설교에서도 다양한 그림 언어의 사용이 두드러진다. 죄를 "죽음에 이르는 병"(a terminal disease)이라는 그림 언어를 사용하여 표현하고, "인간의 마음"이라는 문자적인 표현은 "인간의 심장"(the human heart)인데, 이도 역시 인간의 중심을 상징하는 그림 언어이다.

"그리스도는 그의 마음속의 빈자리를 채웠습니다"라는 말에서 "빈자리"라는 표현도 공간적인 그림 언어를 사용한다. '의롭게 되는 것'을 성경이 자주 사용하는 그림 언어 중에 하나인 '옷 입는 이미지'를 사용하여 표현하고, 그리스도의 죽음의 의미를 포도주와 떡이라는 '성찬의 이미지'를 사용하여 설명한다.

지옥의 존재를 의심하는 대학생에게 지옥의 존재 가능성 10퍼센트와 오스트레일리아로 가는 비행기의 추락 가능성 10퍼센트를 비교하는 그림 언어를 사용한 것은 학생의 의심의 심장을 찌르는 날카로운 비수와 같은 그림 언어이다. 이 얼마나 적절한 그림 언어인가! 복음을 거절한 것을 '등을 돌려 버리는 이미지'를 사용해 표현한 것도 잘 알려진 것이지만 적절한 그림 언어이다.

좀 더 거시적 안목으로 빌리 그레이엄 목사의 설교를 분석해 보면, 그는 스토리텔링의 천재이다. 여기 인용한 이야기들과 개인적인 이야기들 외에도 그의 설교에는 수많은 설득력 있는 이야기들이 등장한다. 그는 어려운 진리를 이야기를 사용하여 쉽게 설명하는 데 탁월한 은사가 있다.

빌리 그레이엄 목사는 자신이 죄인이라는 사실을 이야기체로 표현한다. 이로부터 이 설교를 듣고 있는 청중들도 동일한 죄인임을 지적하면서 죄 문제 앞에 서 있는 모든 인간의 모습을 조명한다.

빌리 그레이엄 목사는 인간이 당면한 죄 문제 해결을 위한 모범적인 사례로 블레즈 파스칼의 이야기를 사용한다. 파스칼은 천재성과 명성에도 불구하고 예수 그리스도를 만나기 전까지 그의 가슴은 공허함으로 가득했다. 그러다 그리스도를 만나 죄 문제가 해결되자 삶의 공허함이

해결되었다. 파스칼 이야기는 백 마디의 회개를 외치는 것보다 더욱 설득력 있게 죄 문제 해결의 은혜를 청중들에게 전한다.

이어서 빌리 그레이엄 목사는 자신이 어떻게 죄 용서를 받고 하나님의 자녀가 되었는지 개인적인 이야기를 통해 전달한다. 자신이 십대 어린 나이에 예수님을 영접함으로 의의 옷을 입게 되었다는 사실과 아울러 예수님의 죽음의 의미를 성찬식 이미지를 사용하여 설명한다. 예수 그리스도의 죽음의 의미를 '우리의 죄 짐을 진다'는 그림 언어를 사용해 설명한 후에 이어서 그리스도의 부활과 재림까지 포함하여 복음의 핵심을 간결하게 전한다.

이어서 '지옥'의 실존 가능성에 대해서 의심하고 있는 청중들에게 '지옥'의 실존을 부정하는 것이 얼마나 위험한지 자신의 개인적인 일화를 소개함으로써 설명한다. 지옥의 가능성이 10퍼센트라도 있다면 복음을 거절하는 것이 얼마나 위험한 선택인지 10퍼센트의 비행기 추락 가능성이라는 그림 언어를 포함한 비유를 사용해 강렬하게 호소한다. 그는 스토리텔링이라는 그림 언어를 사용하는 데 가히 천재적이다.

예수 그리스도 자신을 포함하여 조나단 에드워즈, 찰스 스펄전, 피터 마샬, 빌리 그레이엄 등 탁월한 설교자들은 이미 그림 언어를 뛰어나게 구사하고 있다. 그림 언어 없는 설교는 누군가 말한 것처럼 '창문이 없는 집'과 같다. 창문이 없는 집이 얼마나 답답하겠는가? 그림 언어가 없는 설교도 답답하기가 꼭 마찬가지이다. 예화와 같은 그림 언어가 없는 설교에 청중은 곧 지겨움을 느낀다.

그런데도 참으로 많은 설교자들이 자주 예화나 그림 언어 없이 본문의 의미를 설명하고 설명하는 일을 거듭하는 함정에 빠진다. 본문의 의미를 설명하는 것이 중요하지 않다는 말이 아니다. 본문의 의미를 어떻게 청중들의 귀를 열고, 눈을 열고, 마음 문을 열고 듣도록 전하는가가 중요하다는 말이다.

소금 치지 않은 설렁탕을 먹어 본 적이 있는가? 싱거워서 먹기가 여간 어려운 게 아니다. 그런데 거기다 적당량의 소금만 넣어 주면 세상에 더없이 구수한 맛을 낸다. 작은 양의 소금이 설렁탕의 맛을 완전히 바꾸어 놓는다. 국의 핵심은 소금이 아니라 설렁탕이다. 그런데 설렁탕을 설렁탕 되게 맛을 내는 것은 작은 양의 소금이다. 그림 언어의 역할이 이와 같다.

그림 언어는 설교의 메인은 아니지만 하나님의 말씀의 '진리'가 살아나게 만드는 묘한 역할을 한다. 이렇게 설교에 맛을 낼 수 있도록 2부에서는 그림 언어를 사용할 수 있는 방법론을 다루었다. 한 번 읽고 끝내지 말고 여기서 가르치는 방법을 하나씩 하나씩 설교에 구체적으로 적용해 보길 바란다.

이는 운동을 통해 근육을 튼튼하게 하는 것과 같다. 아령을 하루 이틀 들었다고 갑자기 팔 근육이 돋는 것이 아니듯이, 그림 언어 몇 번 사용해 본다고 하루아침에 설교의 그림 언어가 살아나지 않는다. 일평생 그림 언어를 개발하리라는 각오로 시작하면, 언젠가는 쌀가마도 들어 올리는 강력한 이미지의 근력을 갖춘 새로운 설교의 세계로 들어가게 되리라 확신한다.

# HEBREW

# 3부
# 감동의 원리, 대구법

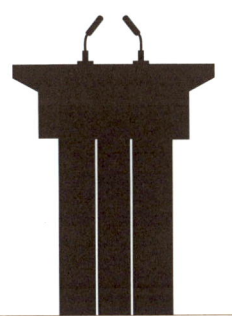

반복은 청중의 마음에 더 깊은 의미를 각인시킨다. 반복은 기록된 글에서는 단순해 보이고 불필요한 것처럼 보인다. 그러나 숙련된 설교자는 **반복이 가장 강력한 구두 의사소통의 도구라는 것**을 안다. 왜냐하면 (읽는 사람과 달리) 듣는 사람은 앞에 지나간 것을 다시 들을 수가 없기 때문에 반복은 설교자가 청중에게 힘주어 말하고자 하는 곳을 강조하는 효과가 있다. 결과적으로 신선한 구절로 표현된 중요한 사상들은 설교 전반에 걸쳐서 후렴처럼 메아리쳐 울려 퍼지는데, 이는 핵심 사상의 중요성을 알리는 신호이다.[239] _ 브라이언 채플

# 1
# 설교의 감동은
# 대구법의 사용에 달렸다

물방울이 바위를 뚫는다. 얼토당토않은 말 같지만 이는 사실이다. 등산을 하다 보면 계곡에서 흘러내린 물방울에 바위가 움푹 파인 곳을 본 적이 있을 것이다. 물방울이 어떻게 바위를 뚫는가? 이는 바로 반복의 힘이다. 작고 부드러운 물방울이지만 한곳에만 집중적으로 반복해서 떨어질 때, 바위는 서서히 닳아 구멍이 움푹 파인다.

설교에서 반복의 힘이 이와 같다. 같은 말을 반복해 들으면서, 그 말이 서서히 가슴 깊은 곳에 새겨진다. 브라이언 채플이 말했듯이 반복은 '가장 강력한 구두 의사소통의 도구'이다. 글을 반복해서 쓰는 일은 쓸데없어 보일지 모르지만, 구두로 표현하는 설교에서의 반복은 독특한 강화와 강조의 효과가 있다. 예를 들어 보자.

하나님은 당신을 사랑합니다.
하나님은 정말 당신을 사랑합니다.
하나님은 죽도록 당신을 사랑합니다.

설교의 클라이맥스에 이르렀을 때, 한 번으로 끝나는 단순한 표현보다 이렇게 같은 말을 반복할 때 어떤 느낌이 드는가? 두 번째 줄의 '정말'이라는 말과 세 번째 줄의 '죽도록'이라는 말 외에 "하나님은 당신을 사랑합니다"라는 말을 반복한다. 이렇게 짝을 이루어 반복하는 표현 방법을 대구법(혹은 평행법)이라고 한다.[240]

대구법을 사용함으로써 "하나님은 당신을 사랑합니다"라는 말을 한 번 들을 때보다 두 번째, 세 번째 들을 때, 더욱 심금을 울린다. 이는 대구법이 일으키는 독특한 강조의 효과 때문이다. 성경 해석학에서 대구법의 원리를 올바로 규명한 것은 오래되지 않는다. 지금 시가서와 선지서 해석에서 반복의 역학으로서의 대구법을 활발히 연구 중이다.

대구법이 강화와 강조의 효과를 나타낸다는 사실을 발견한 두 학자는 제임스 쿠걸과 로버트 올터다.[241] 1980년대 이후에 이들 두 학자들의 연구가 나오기 전에는 성경에 나오는 대구법이 단순한 반복 정도로 알려졌다. 그러나 이들의 연구를 통해 성경에 나오는 반복이 강화, 강조하는 효과가 있음을 알게 되었다. 대구법은 히브리 시인들이 즐겨 사용한 주된 수사적 특징이기 때문에 이들의 연구는 히브리 시를 이해하는 데 크게 기여할 것이다.

구약성경 중에는 시가서인 욥기, 시편, 잠언, 전도서, 아가서뿐만 아니라 선지서 대부분도 시(詩) 문체로 되어 있다. 히브리 시 문체가 구약성경에 이렇게 광범위하게 사용되기 때문에 대구법에 대한 올바른 접근은 성경을 올바로 이해하는 데 대단히 중요하다.

히브리 대구법 연구에서 이들의 탁월한 업적에도 불구하고 아직 이들의 대구법 이론들이 설교학에 구체적으로 도입된 사례를 별로 찾아보지 못했다.[242] 단지 대구법과 반복법이 갖는 '일반적인' 강조의 효과에 대해서만 알고 있는 정도이다.[243]

대구법을 연구하면서 성경 해석의 차원을 넘어서 설교자가 대구법의 '강화의 원리'를 깨닫고 설교에 직접 적용할 수 있는 이론적 토대가 필요하다는 것을 통감했다.

그래서 3부의 중요한 목적은 첫째, 설교자들이 대구법의 강화 원리를 올바로 이해할 수 있도록 돕고 둘째, 이 강화의 원리를 통해 설교에 대구법을 더욱 폭넓게 사용할 수 있도록 방법론을 제공하고자 한다.

이제 성경에서 사용하는 대구법의 실례와 마틴 루터 킹 목사가 설교에 사용한 대구법을 분석해 대구법이 어떻게 강화 효과를 내고, 이를 통해 감동을 일으키는지 먼저 개관적으로 검토하려 한다.

## 시편이 주는 감동

시편에는 수많은 대구법이 넘쳐난다. 아래 시편 6편을 읽으면서 대구법의 강화, 강조 원리를 함께 느껴 보자.

1 여호와여

주의 분노로 나를 책망하지 마시오며 /

주의 진노로 나를 징계하지 마옵소서 //

2 여호와여 내가 수척하였사오니 내게 은혜를 베푸소서 /

여호와여 나의 뼈가 떨리오니 나를 고치소서 //

3 나의 영혼도 매우 떨리나이다 /

여호와여 어느 때까지니이까 //

4 여호와여 돌아와 나의 영혼을 건지시며 /

주의 사랑으로 나를 구원하소서 //

5 사망 중에서는 주를 기억하는 일이 없사오니 /

스올에서 주께 감사할 자 누구리이까 //

6 내가 탄식함으로 피곤하여

   밤마다 눈물로

      내 침상을 띄우며 /

      내 요를 적시나이다 //

7 내 눈이

   근심으로 말미암아 쇠하며 /

   내 모든 대적으로 말미암아 어두워졌나이다 //

8 악을 행하는 너희는 다 나를 떠나라 /

여호와께서 내 울음 소리를 들으셨도다 //

9 여호와께서 내 간구를 들으셨음이여 /

여호와께서 내 기도를 받으시리로다 //

10 내 모든 원수들이 부끄러움을 당하고 심히 떨이여 /

갑자기 부끄러워 물러가리로다 // (시 6:1-10).

이 시는 열 개 구절이 모두 대구법으로 구성되어 있다. 각 시행들은 짝을 이룬 콜론(소절 혹은 반절)들이 의미를 강화하는 형태다.[244] 1절에는 "주의 분노"와 "주의 진노"가 대구를 이루는데, 앞 콜론의 표현보다 뒤엣것의 의미가 더 강하기 때문에 의미를 더욱 강화시키는 효과가 있다. "나를 책망하지 마시오며"와 "나를 징계하지 마옵소서"가 대구를 이루는데, 역시 책망보다 징계가 더욱 강한 의미로서 대구를 통해 강화하는 효과가 있다.

2절에는 "내가 수척하였사오니"와 "나의 뼈가 떨리오니"가 대구를 이루는데, 역시 "수척하였다"는 표현보다 "뼈가 떨린다"는 표현이 더 구체화되어 있기에 강화 효과가 있다. "내게 은혜를 베푸소서"와 "나를 고치소서"가 대구를 이루는데, 은혜를 베푼다는 표현보다 더욱 구체화된 "(질병으로부터) 고치소서"라는 표현이 강화된 표현이다.

3절에 "나의 영혼도 매우 떨리나이다" / "(당신은) 여호와여 어느 때까지니이까" //라는 표현은 표면상 대구가 아닌 것처럼 보이지만 심층을 살펴보면 대구법을 이룬다. 개역개정판 번역에는 두 번째 콜론의 "당신은"이라는 말이 번역되어 있지 않지만 원문에는 들어 있다. 시행을 분석해 보면, 첫 콜론에는 평서문으로 되어 있고, 두 번째 콜론은 의문문 형태이다.

"나의 영혼도"와 "당신은"이 대구를 이루고, "매우 떨리나이다"와 "어느 때까지니이까"가 대구를 이루는데, 두 번째 표현의 함축된 의미는 "어느 때까지 (나를 떨리도록 버려두겠습니까?)"라는 의미가 들어 있다. 이를 풀어서 설명하면 "나의 영혼도 매우 떨리나이다" / "(그런데) 여호와여 (호격), 당신은 어느 때까지 나를 떨리도록 버려두겠습니까?"라는 한층 강화된 의미를 대구법을 통해 전달한다.

4절에 "여호와여 돌아와"와 "주의 사랑으로"라는 말이 대구를 이루는데, 역시 뒤의 표현이 더욱 마음을 움직이는 발전된 의미이다. "나의 영혼을 건지시며"와 "나를 구원하소서"도 대구를 이루어 의미를 더욱 강화한다.

5절에 "사망 중에서"와 "스올에서"가 대구를 이루는데, 사망이라는 표현보다 사망한 자가 거주하는 곳으로 알려진 스올이 더욱 구체화되어 의미를 강화한다. "주를 기억하는 일이 없사오니"와 "주께 감사할 자 누구리이까"라는 말이 대구를 이루는데, '주를 기억한다'는 말보다 '주께 감사하는 자'가 더욱 적극적인 의미이기에 강화된 표현이고, 문체도 평서문에서 의문문으로 대구를 이룬다.

6절에는 "내 침상"과 "내 요"가 대구를 이루고, "띄우며"와 "적시나이다"라는 말이 대구를 이룬다. 7절에 "근심으로 말미암아"와 "내 모든 대적으로 말미암아"가 대구를 이루는데, 내적인 근심보다 외적인 모든 대적들이 더욱 강화된 의미를 전달한다. (내 눈이) "쇠하며"와 "어두워졌나이다"가 대구를 이루는데, 눈이 쇠하는 것보다 어두워지는 것이 더욱 강화된 의미를 전달한다. 이런 동의적 대구법을 사용함으로써 시인이 대면하고 있는 적이 얼마나 위협적인가를 더욱 깊이 느낄 수 있게 해준다.

8절에 "악을 행하는 너희는 다 나를 떠나라" / "여호와께서 내 울음소리를 들으셨도다" //라는 시행에는 대구법이 존재하지 않는 것처럼 보이지만, 여기서도 대조적 대구법을 사용함으로써 하나님의 응답을 더욱 강하게 부각시킨다. "악을 행하는 너희"와 "여호와"가 대조적 대구를 이루고, "나를 떠나라"와 "내 울음소리를 들으셨도다"가 대조적 대구를 이룬다.

대조적 대구법은 반대의 뜻을 전하는 것이 아니라, 앞의 콜론이 말하는 바를 대조적 표현을 사용해 더욱 강화하는 효과가 있다. 악을 행하는 자들이 모두 시인에게서 떠나야 하는 이유는 여호와께서 시인의 눈물의 간구를 들으셨기 때문이라는 뜻이다.

9절에는 "여호와께서"라는 말이 서로 대구를 이루고 "내 간구를 들으셨음이여"와 "내 기도를 받으시리로다"가 대구를 이룬다. 역시 유사한 말을 그냥 반복하는 것 같지만 이런 반복을 통해 강화하는 효과가 나타난다.

10절에는 "내 모든 원수들이"라는 표현이 앞뒤 콜론의 주어로서 대구를 이루는데, 뒷 콜론에서는 생략되어 있다. "부끄러움을 당하고 심히 떨이여"와 "갑자기 부끄러워 물러가리로다"가 대구를 이루는데, 부끄러움을 당하여 떠는 모습보다 부끄러워 물러가 버리는 행동이 더욱 강화된 의미를 전달한다.

지금까지 시편 6편에 나오는 각 절의 대구법의 구조를 보면, 대부분 앞의 콜론보다 뒤의 콜론에서 의미를 강화, 강조함을 알 수 있다. 이렇게 유사한 의미를 반복함으로써 대구법은 듣는 사람의 가슴에 더욱 깊이 파고든다.

이처럼 시가서의 주된 수사 기법 가운데 하나가 대구법이다. 대구법은 반복을 통해 의미를 강화, 강조하는 독특한 효과가 있기 때문에 시와 같은 고양된 문체의 두드러진 특성 가운데 하나로 꼽힌다.

## 선지서가 전하는 감동

시적인 표현은 산문체에서 느낄 수 없는 진한 감동을 전하기 때문에 선지서들도 시적인 표현을 자주 사용한다. 이때 선지서들은 대구법을 사용하여 청중들의 감정을 고조시킨다. 이사야서 1장을 보자.

    18 여호와께서 말씀하시되
        오라 우리가 서로 변론하자
            너희의 죄가 주홍 같을지라도 눈과 같이 희어질 것이요 /
                진홍같이 붉을지라도 양털같이 희게 되리라 //
    19 너희가 즐겨 순종하면 땅의 아름다운 소산을 먹을 것이요 /
    20 너희가 거절하여 배반하면 칼에 삼켜지리라 //
            여호와의 입의 말씀이니라
    21 신실하던 성읍이 어찌하여 창기가 되었는고 /
        정의가 거기에 충만하였고 공의가 그 가운데에 거하였더니
            이제는 살인자들뿐이로다 //
    22 네 은은 찌꺼기가 되었고 /
        네 포도주에는 물이 섞였도다 //
    23 네 고관들은 패역하여 /
        도둑과 짝하며 /
        다 뇌물을 사랑하며 /
        예물을 구하며 /
        고아를 위하여 신원하지 아니하며 /

과부의 송사를 수리하지 아니하는도다 // (사 1:18-23).

    18절에는 "너희의 죄가 주홍 같을지라도 눈과 같이 희어질 것이요 / 진홍같이 붉을지라도 양털같이 희게 되리라" //라는 시행(line)이 대구법을 이룬다. "너희의 죄가 주홍 같을지라도"와 "(너희의 죄가) 진홍같이 붉을지라도"가 대구를 이루고 있는데, 한글 번역에는 두 번째 콜론의 대명사 주어가 생략된 형태이다. 이 시행에 사용된 대구법은 두 개의 콜론이 짝을 이루어 우리 죄가 주홍과 진홍처럼 붉을지라도 눈과 양털과 같이 희게 되리라는 의미를 강조한다.

    19절과 20절은 두 개의 절이 합쳐 하나의 시행을 이루는데, 19절의 "너희가 즐겨 순종하면"과 20절의 "너희가 거절하여 배반하면"이 대조적 대구를 이루고, 19절의 "땅의 아름다운 소산을 먹을 것이요"와 20절의 "칼에 삼켜지리라"가 또한 대조적 대구를 이룬다. 이런 대조적 대구법은 서로 상반된 뜻을 전하는 것이 아니라, 뒤의 콜론에 반대적 개념을 사용해 앞 콜론의 의미를 더욱 강화하는 구조다.

    21절에도 "신실하던 성읍이"라는 표현과 "정의가 거기에 충만하였고 공의가 그 가운데에 거하였더니"라는 표현이 대구를 이루고, "어찌하여 창기가 되었는고"라는 말과 "이제는 살인자들뿐이로다"라는 말이 대구를 이룬다. 이는 신실하던 곳이 정의와 공의가 충만하던 곳으로 강화되고, 창녀라는 말이 살인자들이라는 말로 강화된 구조다. 원래 신실하던 성읍(예루살렘), 정의와 공의가 충만하던 성읍(예루살렘)이 이제는 창녀(우상숭배자)가 되었고 살인자들이 들끓는 쓸모없는 곳이 되어 버린 모습을 대구법을 사용함으로써 더욱 극적으로 묘사한다.[245]

22절에는 이스라엘 백성의 부정의한 모습을 대구법을 사용해 표현한다. 여기서 은과 포도주는 이스라엘의 고관을 상징하는 이미지들이고 찌꺼기와 물 섞인 포도주는 이들의 변질된 모습을 가리킨다.[246] '은'은 불순물이 가득 섞인 '찌꺼기'로 변질되었고, '포도주'도 물이 섞여 고유한 맛을 잃어버린 쓸모없는 포도주가 되어 버렸다는 의미이다. 이렇게 대구법을 사용함으로써 유대 지도자들의 정의를 잃어버린 모습을 강조한다.

23절은 "패역하여"라는 말과 이어서 따라오는 다양한 패역한 모습들과 대구를 이루도록 열거함으로써 이스라엘의 부정의한 모습들을 한층 강화했다. 또 이들의 부정의한 모습을 표현하는 용어들이 주어 하나를 공유하기 때문에 또 다른 대구법의 효과를 느낄 수 있다. 개역개정판 성경에는 나머지 주어들을 반복해서 사용하지 않지만, 원문에는 동일한 주어를 지칭하는 대명사들이 포함되어 있다. 이를 풀어 기술하면 다음과 같다.

네 고관들은 패역하여
(그들은) 도둑과 짝하며
(그들은) 다 뇌물을 사랑하며
(그들은) 예물을 구하며
(그들은) 고아를 위하여 신원하지 아니하며
(그들은) 과부의 송사를 수리하지 아니하는도다

이렇게 주어를 반복해서 들리게(수구 반복) 해 이들 고관들이 얼마나 부패했는지 더욱 부각한다.

## 잠언의 설득의 역학

잠언에는 대조적 대구법이 두드러진다. 잠언은 내용상 앞뒤 구절 연결이 매끄럽지 않지만, 한 구절 안에 두 콜론이 서로 대조적 대구를 이룸으로써 한 진리를 양면적으로 강화하는 효과가 있다. 다음의 몇 가지 예를 보자.

의인의 입은 생명의 샘이라도 /
악인의 입은 독을 머금었느니라 // (잠 10:11).

"의인의 입"과 "악인의 입"이 대조적 대구를 이루고, "생명의 샘"과 "독을 머금음"도 대조적 대구를 이룬다. 대조적 대구법은 반대 뜻을 전하는 것이 아니라, 결국 앞 콜론의 의미를 대조적 대구를 사용함으로써 그 의미를 더욱 강화하는 구조다. 결국 이는 '독을 머금은 악인의 입을 가진 자가 되지 말고, 사람들의 생명을 살리는 의인의 입을 가지라'는 권고이다.

말이 많으면 허물을 면하기 어려우나 /
그 입술을 제어하는 자는 지혜가 있느니라 // (잠 10:19).

여기서도 "말이 많으면"이라는 말과 "그 입술을 제어하는 자는"이라는 말이 대조적 대구를 이루고, "허물을 면하기 어려우나"와 "지혜가 있으니라"가 대조적 대구를 이룬다. 이는 결국 '말이 많은 자는 어리석은 자이니, 입술을 제어하는 지혜로운 자가 되라'는 권고이다. 이렇게 대조적 대구법을 사용함으로써, '입술을 통제하는 지혜로운 자가 되라'는 가르침을 더욱 돋보이게 한다.

> 의인의 마음은 대답할 말을 깊이 생각하여도 /
> 악인의 입은 악을 쏟느니라 // (잠 15:28).

"의인의 마음"과 "악인의 입"이 대조적 대구를 이루고, "대답할 말을 깊이 생각하여도"와 "악을 쏟느니라"는 말이 대조적 대구를 이룬다. 언뜻 보기에는 "의인의 마음"과 "악인의 입"이 대구를 위해 어울리지 않는 표현 같지만 조금만 생각하면 곧 언어의 출처를 드러내는 심오한 의미가 담겨 있음을 알 수 있다.

말은 결국 어디에서 나오는가? 사람의 마음에서 나온다. 그리스도께서도 이 사실을 확증하셨다(눅 6:45 참조). 이는 할 말을 깊이 생각하는 의인의 "마음"과 깊은 생각 없이 "입"에서 막 쏟아내는 악인의 말과 훌륭한 대조를 이룬다. 생각 없이 말을 쏟아내는 악인의 입과 대답할 말을 깊이 생각하는 의인의 마음이 얼마나 적절한 조화를 이루는 대구인가?

결국 이 말은 '대답할 말을 깊이 생각한 후에 발설하는 사려 깊은 사람이 되라'는 권고를 대조적 대구법을 사용해 더욱 강화해 표현한 것이다.

이렇게 대조적 대구법은 서로 상반된 개념을 대구법을 사용해 표현함으로써 단순히 한 번만 표현된 말보다 동일한 진리를 훨씬 더 강화, 강조, 고조시키는 효과가 있다. 대조적 대구법을 사용해 잠언과 같은 금언들이 마음속에 깊이 파고드는 효과를 낳는다.

# 마틴 루터 킹 목사의 감동감화력

킹 목사는 탁월한 연사일 뿐만 아니라 뛰어난 설교자였다. 아래 설교는 "악장(樂長)의 본능"(The Drum Major Instinct)이라는 제목으로 그가 했던 설교 결론에 나오는 내용이다. 이 설교는 1967년 4월 30일, 그가 조지아 주 아틀란타 시에 있는 에벤에셀침례교회 회중들에게 했다.[247] 그는 자신의 죽음을 예견이라도 한 것처럼 자신의 마지막 날에 대한 설교로 결론을 맺고 있다.

제가 저의 날(임종의 날)을 맞아야 할 그때에 여러분 중에 거기에 계신다면, 저는 긴 장례식을 원치 않습니다. 만약 누군가에게 조사를 부탁한다면, 그에게 너무 긴 말을 하지 않도록 말해 주세요. 그리고 이제고 그때고 저는 그들이 무엇을 말할 것인가에 대해 알고 싶습니다.

제가 노벨평화상을 받은 것을 그들이 말하지 않도록 일러 주세요.
   그것은 중요하지 않습니다.
제가 삼, 사백 개의 다른 상을 받은 것도 그들이 말하지 않도록 일러 주세요.
   그것은 중요하지 않습니다.
제가 어느 학교에 다녔는지도 그들이 말하지 않도록 일러 주세요.

그날에 마틴 루터 킹 목사가 다른 사람들을 섬기다가 자신의 생명을 주려고 했다는 사실을 일러 주길 원합니다.
그날에 마틴 루터 킹 목사가 누군가를 사랑하려고 했다는 사실을 말해 주길 원합니다.

그날에 제가 전쟁 문제가 바로 해결되도록 노력했다는 사실을 말해 주길 원합니다.

그날에 제가 굶주린 자들을 먹이려고 했다는 사실을 말해 줄 수 있기를 원합니다.

그리고 그날에 제가 저의 삶 가운데 헐벗은 자들을 입히기 위해서 노력했다는 사실을 말해 줄 수 있기를 원합니다.

그날에 제가 저의 삶 가운데 옥에 갇힌 자들을 돌보려고 했다는 사실을 말해 주길 원합니다.

제가 사람들을 사랑하고 섬기려고 했다는 사실을 일러 주길 원합니다.


그렇습니다. 만일 제가 악장이라고 여러분이 말하려면, 저는 정의를 위한 악장이었다고 말하세요.

저는 평화를 위한 악장이었다고 말하세요.

저는 의를 위한 악장이었습니다.


그리고 다른 모든 표면적인 것들은 중요하지 않습니다.

저는 남겨 놓을 돈이 없을 것입니다.

저는 이 세상에 멋지고 호화로운 것들을 남겨 놓을 것은 없을 것입니다.

그러나 저는 단지 헌신된 삶을 남겨 놓길 원합니다.

그리고 그것이 제가 하고 싶은 모든 말입니다.

제가 길을 지나가다가 누군가를 도울 수 있다면,

제가 말이나 노래로 누군가를 격려할 수 있다면,

제가 누군가가 잘못 가고 있는 것을 보일 수 있다면,

그러면 저의 삶은 헛되지 않을 것입니다.

제가 기독교인으로서 마땅히 해야 할 의무를 행할 수 있다면,

제가 이미 창조된 이 세상에 구원을 전할 수 있다면,

제가 주님께서 가르치신 대로 메시지를 전파할 수 있다면,

그러면 저의 삶은 헛되지 않을 것입니다.


그렇습니다. 예수님.

제가 주님의 우편과 좌편에 있기를 원합니다.

이는 이기적인 이유 때문이 아닙니다.

제가 주님의 우편과 좌편에 있기를 원합니다.

이는 어떤 정치적인 왕국이나 야망 때문이 아닙니다.

그러나 저는 사랑 가운데, 정의 가운데, 진리 가운데, 다른 사람을 향한 헌신 가운데 그곳에 있기를 원할 뿐입니다. 그리하여 우리가 이 옛 세상을 새로운 세상으로 만들게 될 것입니다.[248]


    킹 목사는 거의 모든 단락마다 대구법을 사용해 반복적으로 표현한다. 가장 두드러진 대구법 형태는 '수구 반복'(anaphora)이다. 수구 반복은 대구법을 즐겨 사용하는 설교자들 대부분이 가장 많이 사용하는 대구법 형식이다. 이에 대해서는 뒤에서 좀 더 자세히 다루겠다.

    이미 오래전에 '수구 반복'의 중요성을 간파했다. 고전수사학이 나오기도 전에 호머의 시들 속에도 등장하고, 고전수사학의 정점에 해당하는 키케로도 수구 반복을 수사학의 중요한 기법으로 이미 감지했다.[249] 이

는 수구 반복 기법 속에 나타나는 독특한 강화, 강조의 역학이 작용하기 때문이라고 생각한다.

첫 번째 수구 반복이 나타나는 부분은 "제가 …… 그들이 말하지 않도록 일러주세요"라는 말을 반복하는 부분이다. 우리말 번역에는 "제가 ……"로 시작하지만 영어 원문에는 "Tell them not to mention ……" ("그들이 말하지 않도록 일러 주세요")이라는 말로 시작하기 때문에 수구 반복의 운이 훨씬 강하게 살아난다. 이 동일한 말을 세 번 반복함으로써 대구법의 강화 작용이 일어나서 한 번만 말하는 것보다 두 번, 세 번 반복함에 따라 더욱 내용이 강렬하게 청중에게 다가온다. 노벨상을 받은 것이나 삼, 사백 개의 다른 상을 받은 것이나 어느 학교 출신인가와 같은 세속적인 자랑들은 정말 의미가 없는 것임을 수구 반복이라는 독특한 대구법을 사용함으로써 강화시키고 있다.

이어서 따라오는 단락에도 수구 반복이 일곱 번 등장한다. "그날에 …… 원합니다"라는 패턴으로 나타나는데, 여기서도 수구 반복을 표현하는 말에 우리말 번역의 한계를 느낄 수 있다. 우리말 번역에는 "그날에"라는 말이 제일 먼저 나오기 때문에 이 말이 강조되는 느낌이다. 그런데 영어 원문에는 모두 "그날에"(that day)라는 말은 중간에 나오고, "I'd like to ……" 혹은 "I want to ……"라는 패턴으로 각 문장이 시작된다. 그래서 "내가 …… 하길 원합니다"라는 말이 수구 반복을 통해 일곱 번이나 강조되어 있는 형태이다.

여기서도 강조되는 내용은 반복되는 말과 함께 조금씩 변화를 주면서 등장하는 말들이다. 그리하여 킹 목사가 진정으로 원하는 모습은, 주님 오른편에 있는 양들에게 나타나는 아름다운 선행의 모습(마 25장 참조)이라는 것을 반복을 하면 할수록 더욱 부각되고 강조되는 구조다.

그 다음에 나오는 "저는 ······를 위한 악장이었다"라는 말도 세 번 반복해서 나타난다. 여기서도 킹 목사 자신이 악장이었다는 사실을 반복함으로써 점점 강화, 강조하는 효과가 있다. 여기서 강조되는 말들은 조금씩 변화를 주어 등장하는 정의, 평화, 의라는 말들이다.

이어서 "저는 남겨 놓을 ······ 없을 겁니다"라는 표현을 두 번 반복하여 강조하고, 이어서 반의적 대구법을 사용하여 "저는 ······ 남겨 놓길 원합니다"라고 반복함으로써 앞의 두 가지 내용보다 마지막에 사용된 대구법에 포함된 내용을 훨씬 더 강조하는 형태로 되어 있다. 그리하여 "돈"이나 "멋지고 호화로운 것들"보다도 "헌신된 삶"을 남겨 놓기를 원하는 아름다운 모습이 감동으로 다가온다.

이어서 따라오는 두 문장의 대구법은 각각 세 개의 조건절과 한 개의 귀결절 형태로 되어 있다. 각 문장의 세 개의 조건절들은 삼중 대구법을 이루는 복잡한 구조다. 그리고 마지막에 나오는 귀결절은 동일한 표현을 사용하기 때문에 두 문장 간에 후렴의 효과가 있다. 두 문장의 조건절들은 모두 "제가 ······ 할 수 있다면"이라는 형태로 된 세 개의 콜론으로 구성되어 있는데, 대구를 이루기 때문에 반복을 통해 조건절의 내용을 강화하는 구조다.

두 문장의 세 짝의 콜론들은 문장 간에도 대구를 이루는 구조로 되어 있기 때문에 뒷 문장의 내용이 더욱 강화된 형태이다. 그리고 귀결절은 "그러면 저의 삶은 헛되지 않을 겁니다"라는 내용을 후렴으로 반복하기 때문에 역시 두 문장 간에 강화를 일으키는 구조로 되어 있다. 얼마나 잘 짜인 대구법의 구조인가!

마지막 단락에 나오는 "제가 주님의 우편과 좌편에 있기를 원합니다. 이는 이기적인 이유 때문이 아닙니다"라는 말은 영어 원문에는 한 문장으로 되어 있다. 이어서 따라오는 "제가 주님의 우편과 좌편에 있기를 원합니다. 이는 어떤 정치적인 왕국이나 야망 때문이 아닙니다"라는 말도 한 문장으로 되어 있다. 한글 번역의 어려움 때문에 두 문장으로 분리해서 번역했다. 그래서 원문에는 이 두 문장이 동의적 대구법을 이루는 구조로 되어 있다.

앞에 동일한 말이 반복되기 때문에 대구법의 효과를 일으키게 되고, 뒤에 따라오는 말이 강화되게 된다. 킹 목사가 주님의 우편과 좌편에 있기를 원하는 이유가 이기적인 이유 때문이 아니요, 정치적 욕망은 더욱 아님을 강조하는 것이다.

이어서 따라오는 말이 "그러나"하고 대조적 대구를 이루는 구조인데, 대조의 초점은 이기적인 이유나 정치적 욕망이 아니라, 오직 사랑과 정의와 진리와 사람을 향한 헌신이라는 숭고한 가치를 위해서 주님 곁에 있기를 원한다는 점에 가 있다. 그리하여 결론적으로 킹 목사는 주님 곁에 있음을 통해 부패한 옛 세상을 새로운 세상으로 만들기를 원하는 숭고한 순교적 각오로 말을 맺는다.

킹 목사의 위대한 연설은 하루아침에 만들어진 것이 아니라 설교자로서 수년에 걸쳐 체득한 수사적 언어 감각이 자연스럽게 그의 연설에 흘러나온 것이 아닌가 짐작해 본다.

## 2
## 대구법이란 무엇인가?

시편 2편 4절을 예로 들어 보겠다. 대구를 이루는 시행에는 여러 가지 말들이 반복해서 나타난다.

하늘에 계신 이가 웃으심이여 /
주께서 그들을 비웃으시리로다 //

"하늘에 계신 이"와 "주께서"라는 유사한 말이 반복해 나타나고, "웃으심이여"와 유사한 "비웃으시리로다"라는 말이 반복해서 나타난다. 대구법을 간단하게 정의하면 이렇게 한 시행(詩行) 안에서 유사한 말이나 대조적인 말이 짝을 이루는 표현 방식을 가리킨다.[250]

짝을 이루는 말들은 때로는 단어들(words) 간에 짝을 이루기도 하고,

때로는 구들(phrases) 간에 짝을 이루기도 하고, 때로는 절들(clauses) 간에 짝을 이루기도 하고, 때로는 구나 절이나 단어가 서로 혼합되어 짝을 이루기도 한다. 때로는 앞뒤 문장 전체가 짝을 이루기도 하고, 더 넓게는 후렴(refrain)이나 수미상관법(inclusio)과 같이 한 텍스트 안에서 반복을 통해 대구법의 효과를 자아내기도 한다.

아래에서 다양한 유형의 대구법을 논하면서 대구의 관계를 더욱 자세히 설명하겠다. 먼저 대구법을 설명하는 데 필요한 용어들을 간단히 살펴보자.

## 용어

학자들이 시(詩)에서 사용하는 용어들이 저마다 약간씩 차이가 있기 때문에 일관성을 위해 용어를 정리할 필요가 있다. 일차적으로 여기서는 트렘퍼 롱맨 교수의 견해를 따르되, 필요한 부분을 보완해서 사용하려고 한다.251)

대구법의 단위를 이루는 기본 단위를 롱맨 교수는 'line'이라고 불렀는데, 이를 시행(詩行)으로 번역하겠다. 어떤 사람들은 그냥 '행' 혹은 '줄'로 사용하기도 하지만, 다른 줄 혹은 행과 혼돈을 피하기 위해 '시행'이라는 말을 사용하겠다. 한 시행 안에 대구를 이루는 말들을 영어 그대로 '콜론'(colon)이라고 칭하겠다. 한국학자들 중에 어떤 이는 '소절' 혹은 '반절'이라는 말을 사용하고, 어떤 이는 '콜론'을 그대로 사용하지만 아직 일치된 견해가 없기 때문이다.252)

예를 들면, 시편 2편 4절의 "하늘에 계신 이가 웃으심이여 / 주께서 그들을 비웃으시리로다" //라는 한 시행 안에는 두 개의 콜론이 존재한다. 이렇게 한 시행 안에 두 개의 콜론이 있는 것을 "이중 콜론"(bicolon)이라 칭하고, 세 개의 콜론이 있는 경우에는 "삼중 콜론"(tricolon)이라 칭하겠다. 한 개의 콜론은 "단(單) 콜론"(monocola)이라고 부르겠다.[253] 한 시행 안에 여러 개의 콜론이 있을 경우에 첫 번째 것을 A, 두 번째 것을 B, 세 번째 것을 C 등으로 칭하겠다. 세 개 이상의 콜론이 존재할 경우에는 그에 따라 알파벳을 맞추어 사용하겠다.[254]

'연'(stanza)은 몇 줄의 시행이 함께 모여 산문의 문단처럼 개념의 단위를 이루는 것을 가리킨다.[255] 현대시에서는 '연'을 구분하기 위해서 시행 간에 여백을 두기도 한다. 예를 들면, 시편 제2편은 4개의 연으로 구성되어 있다고 볼 수 있다. 한 시편 안에 있는 구성 요소들을 작은 단위부터 말하자면, 제일 밑에 '콜론'이 있고, 그 다음에 '시행'이 있고, 몇 시행들이 모여서 '연'을 이루고, 연들이 모여서 하나의 '시편'을 이룬다.

콜론에 대해 한 가지 첨언하자면, 때로는 대구를 이루는 단위가 콜론의 범위를 뛰어넘어 문장 간에 대구를 이루기도 하고, 후렴 같은 경우에는 반복되는 콜론이나 문장이 중간 중간에 등장하기도 한다. 그러므로 대구법을 이루는 짝을 굳이 콜론으로만 제한해서 사용할 필요는 없다. 특별히 설교를 분석해 보면, 콜론 단위보다 문장 단위 대구법이 더 빈번하게 나타나기 때문이다. 시를 분석할 때에는 콜론이라는 말이 유용하지만, 설교를 분석할 때는 대구를 이루는 짝을 그냥 A, B, C, D 등으로 표현하는 것이 유용하리라고 본다. 특히 설교를 분석할 때 이 점을 염두에 둘 필요가 있다.

## 히브리 대구법 이론의 발전 역사

하나의 시행 안에서 콜론 간의 관계를 어떻게 보느냐에 따라 히브리 대구법 이론의 발전 역사를 네 단계로 나누어 볼 수 있다. 첫 세 개의 견해는 롱맨의 분류를 따랐고, 마지막 견해는 벌린의 이론을 따랐다.[256) 아래 시행에서 앞의 콜론을 A라고 칭했고, 뒤의 콜론을 B라고 칭했다. 이제 아래 이론들은 A와 B의 관계가 어떤 관계인지 설명하는 것이다.

(A) 하늘에 계신 이가 웃으심이여 /
(B) 주께서 그들을 비웃으시리로다 // (시 2:4).

### 1) A와 B는 다르다

이 견해는 1753년 로버트 로우쓰(Robert Lowth)의 견해가 나오기 이전까지의 견해다. 롱맨 교수에 따르면 이런 견해가 나온 배경에는 하나님의 말씀에는 불필요한 반복이 없다는 생각 때문이다. 그래서 대구법을 이루는 각 콜론에서 서로 다른 의미를 찾으려고 했다.

예를 들면 랍비 예후다(Rabbi Yehuda, 135-219 AD)는 창세기 21장 1절("여호와께서 말씀하신(had said) 대로 사라를 돌보셨고(A) / 여호와께서 말씀하신(had promised) 대로 사라에게 행하셨으므로"(B) //)에 나오는 대구법에서 "두 개의 다른 의미"를 찾으려고 했다.

콜론 A는 "아들의 출생을 통해 하나님께서 **말씀하신** 것이 성취되었고," 콜론 B는 "사라가 아들에게 젖을 먹일 수 있는 축복을 통해 하나님께서 **약속하신** 것이 성취되었다"라고 해석했다.[257) 이 견해는 대구법의 의미를 완전히 오도하는 결과를 낳았다.

이 견해에 따르면 시편 2편 4절에 나오는 두 콜론의 의미는 완전히 다르다. "하늘에 계신 이가 웃으심이여"라는 말과 "주께서 그들을 비웃으시리로다"라는 말이 과연 서로 다른 뜻인가? 상식적인 수준에서 봐도 이 견해는 문제가 있음을 느낄 수 있다.

### 2) A와 B는 같다

1753년에 출판된 로버트 로우쓰의 『*De sacra poesi Hebraeorum*』과 1778년에 출판된 "이사야"에 관한 그의 글들은 대구법 연구에서 큰 업적을 남겼다.[258] 그는 동의적 대구법, 대조적 대구법, 종합적 대구법이라는 용어를 남겼고 지금도 그의 용어들을 사용한다.[259] 이들 용어에 대한 설명은 아래에서 자세히 다루겠다. 로우쓰는 대구법을 이렇게 정의한다.

> 한 절 혹은 한 행이 다른 것과 일치하는 것을 나는 대구법(parallelism)이라고 칭한다. 하나의 명제가 주어질 때, 의미상 두 번째 것이 이에 뒤 따르거나, 그 아래에 놓이거나, 혹은 이와 동등하거나 대조가 된다. 혹은 문법적 구조의 형태에서 이와 유사하다. 이를 나는 대구 시행(Parallel Lines)이라고 칭한다. 일치하는 시행 안에서 하나가 또 다른 하나에게 응답하는 어휘들이나 구들을 대구 용어들이라고 칭한다.[260]

요컨대 로우쓰는 대구법을 콜론 간의 관계가 동일한 의미를 전달하는 것으로 보았다.[261] 이 견해에 의하면 시편 2편 4절의 "하늘에 계신 이가 웃으심이여"라는 말과 "주께서 그들을 비웃으시리로다"라는 말은 의미상 동일한 것으로 여겨질 것이다. 이와 같이 대구법은 같은 말을 반복하는 것으로 보이기 때문에 해석에서는 하나의 개념으로 요약한다.[262] 요약하면 '하나님께서 그들을 조롱하실 것이다'가 된다.

그런데 로우쓰의 이 같은 견해는 대구법이 갖는 "변화와 연속성"을 무시하는 결과를 낳았다.[263] 그의 견해대로라면 유사한 말 반복을 통해 얻는 강화와 강조의 효과를 볼 수 없게 된다.

### 3) B는 A를 보다 강화시킨다

로우쓰의 견해를 바꾼 것은 1981년도에 쿠걸이 『성경적 시의 개념: 대구법과 이의 역사』라는 책을 출판하면서다. 쿠걸이 주장하는 대구법의 핵심은 "B는 A를 보다 강화시킨다"는 개념이다. 이를 쿠걸의 말로 표현하면, "A가 그렇다면, 이에 더한 것은 B이다"("A is so, and what's more, B is so.").[264] 쿠걸은 첫 번째 콜론보다 두 번째 콜론의 의미가 항상 고조되고, 강조되고, 강화된다고 보았다.[265] 그는 성경의 대구법의 본질을 이렇게 설명한다.

> B는 A에 연결됨으로써 이를 더욱 끌고 나가서, 이에 울림을 주고, 이를 정의하고, 이를 거듭 말하고, 이를 대조시키는데 어느 것이건 상관없이 강화시키고 "보완"한다. 그리고 이는 어떤 균형이나 평행의 미학 그 이상인데, 이것이 성경적 대구법의 중심부에 있다.[266]

쿠걸의 대구법 이론은 대구법을 설교학에 적용할 수 있는 20세기 최고의 발견 중에 하나다. 이 이론이 없었다면 왜 반복적 대구법이 청중의 마음을 휘어잡고 감동을 일으키는지 그 원리를 알 수 없었을 것이다. 사실 쿠걸의 발견은 이미 2세기 이전에 허드(J. G. Herder)가 로우쓰의 이론을 반박하면서 "두 개 대구의 구성원들은 서로 간에 강화시키고, 고조시키고, 힘을 더해 준다"라고 말함으로써 이미 관측되었다. 하지만 그의 당대에는 빛을 보지 못하다가 쿠걸의 이론이 나오면서 새롭게 조명되었다.[267]

나중에 쿠걸의 이론을 더욱 발전시킨 사람은 로버트 올터다. 그는 쿠걸의 이론 중에 부족한 부분들을 상당히 보완했다. 쿠걸은 시와 산문의 관계는 '연속선상'에 있다고 보아 이를 구분하지 않았는데, 올터는 그것을 비판했다. 산문체와 구분되는 시어체가 존재함을 인정한 것이다. 이점에 대해서 벌린(Adele Berlin)도 쿠걸의 입장을 반박하면서 성경에는 산문체와 구분되는 시어체가 존재함을 인정했다.[268]

올터는 또한 B는 항상 A를 강화, 강조한다는 쿠걸의 원리에 동의하면서도 아주 드물게는 강화하지 않는 경우도 있다는 의견을 내놓았다.[269] 실제로 히브리 시를 분석해 보면 B가 A보다 덜 강화된 표현을 사용하는 경우도 가끔씩 발견된다. 올터는 이런 예외에 대한 설명을 보완했다. 그럼에도 불구하고 쿠걸의 원리는 거의 대부분의 경우에 작용하기 때문에 틀린 말은 아니다. 단지 예외적인 경우에 부정확할 뿐이다.

무엇보다 올터가 쿠걸보다 훨씬 더 발전시킨 점은 A와 B의 관계를 어떻게 강화, 강조, 발전, 고조시키는가를 밝힌 점이다.[270] 이 점은 나중에 예를 들면서 더욱 구체적으로 다루겠다.

쿠걸과 올터가 히브리 시의 대구법에 대해서 남긴 귀중한 유산은, 대구법은 동일한 개념의 반복이 아니라 대부분의 경우 반복되는 말이 앞의 말을 강화, 강조, 고조시킨다는 중요한 진리를 발견한 점이다. 이 점은 설교에 대구법을 적용할 수 있는 귀중한 단초를 제공한다.

### 4) 언어학적 대구법 이론

쿠걸과 올터는 시행을 기본 단위로 의미론적 접근을 시도했다. 그렇다면 시행을 뛰어넘는 차원의 대구법은 어떻게 다루어야 하는가? 로만 제이콥슨(Roman Jakobson)이 언어학적 접근으로 이에 대한 돌파구를 마련했다.[271] 그리고 벌린이 그의 이론을 성경의 대구법 연구에 적극적으로 도입했다. 물론 벌린의 연구가 있기까지 콜린스(Collins), 겔러(Geller), 그린스타인(Greenstein), 오코너(O'Connor) 등이 언어학적 접근을 시도했지만 이들의 연구를 종합하여 더욱 발전시킨 사람은 벌린이다.[272]

벌린은 지금까지 이루어진 대구법 연구가 "대구법의 다면적이고 다차원적인 성격"을 인식하는 데 실패했다고 보았다. 그녀는 "대구법은 의미론, 문법, 그리고/혹은 다른 언어적 양상들을 수반할 수 있고, 이는 단어, 시행, 대구의 짝, 혹은 더 큰 텍스트 범위의 수준에서 일어날 수 있다"는 의견을 내놓았다.[273] 이런 견해는 대구법을 시행과 콜론 중심으로 분석한 쿠걸과 올터의 좁은 범위를 벗어나 더욱 폭넓은 대구법을 볼 수 있는 길을 열었다. 대구법을 의미론적, 통사론적, 형태론적, 음성학적 차원에서 분석한 그녀의 연구는 설교학에 대구법을 적용하는 데 훨씬 더 포괄적이고 적절한 이론을 제공했다. 벌린의 대구법 이론은 대구법의 유형들을 다룰 때 더 구체적으로 다루겠다.

# 3
# 대구법이 감동을 일으키는 원리

히브리 시의 특징은 무엇일까? 최근 연구들에 따르면 운율(meter)은 히브리 시의 특성이 아닌 것으로 드러났다.[274] 이는 희랍시, 로마시, 영시, 한국시와 다른 특성이다. 히브리 시의 두드러진 특징은 바로 빈도 높은 대구법과 생략법 사용이다. 올터와 벌린도 여기에 동의한다.[275]

산문에도 대구법을 사용하지만 시에서 훨씬 더 자주 사용한다. 대구법은 반복을 통해 시에 "아름다움과 힘"을 더하고,[276] 의미를 강화, 강조, 고조시키며, 대구를 이루는 콜론 간에 서로 연결된 느낌을 준다.[277]

한편 롱맨은 히브리 시의 또 다른 특징은 산문체보다 이미지를 훨씬 더 많이 사용한다고 본다.[278] 앞에서 보았듯이 고빈도의 이미지는 언어에 생동감과 생명력을 부여함으로써 독자의 마음에 더욱 깊이 파고드는 효과를 낳는다. 이들 히브리 시의 두드러진 특징인 대구법, 생략법, 이미지 중에서 설교에 적용할 수 있는 것은 대구법과 이미지뿐이다.

생략법은 설교라는 독특한 장르와 잘 맞지 않는 문체이다. 물론 시를 위해서는 언어의 경제학이라고 할 수 있는 생략법이 중요한 역할을 하지만 설교나 연설에서 생략법 사용은 상당한 한계가 있다. 그러나 대구법은 다르다. 이는 설교에 사용할 수 있는 매우 탁월한 수사적 기교이다. 대구법이 주는 강화와 강조 효과를 설교의 클라이맥스에 사용하면 청중의 마음에 감동을 창조한다.

이제 대구법에 수반되는 언어의 역학을 좀 더 깊이 생각해 보자. 앞에서 잠깐 언급한 것처럼 쿠걸과 올터의 가장 큰 기여는 대구법이 반복을 통해 강화, 강조, 고조시킨다는 사실을 발견한 것이다. 쿠걸의 대구법에 대한 정의를 다시 살펴보자.

> B가 A와 분명하게 연속하기에, 즉 강도와 구체성에서 A를 넘어서는 시행들이 적지 않게 있다. 그리고 이는 …… 고대 히브리 청자 혹은 독자가 모든 본문에 기대하는 것과 일치한다. 그의 귀는 "A가 이러하니, 게다가 더한 것은 B도 그렇다"라는 말에 익숙해 있다. 즉 B는 A와 연결되어 있고 이와 뭔가를 함께 공유하고 있지만, 단순히 재진술이라고 기대하지 (간주하지) 않는다. …… 왜냐하면 B는 A의 뒤에 나오기에 여기에 뭔가를 더하는데, 종종 의미를 구체화하거나 정의하거나 확대하거나 한다. 그렇지만 동시에 A를 다시 불러들여 이와 분명하게 연결시킨다는 점에서 이중적 성격이 있다. …… B는 강조하는 성격이 있는데 …… 바로 이를 거듭 언급하는 것이 일종의 강화와 강조이다.[279]

올터는 쿠걸의 이론을 받아들여 라멕의 시를 분석했다. 라멕의 시에서 분명하게 나타나는 의미상의 대구법을 관측했는데, 첫 번째 콜론에 나타나는 내용을 두 번째 콜론에서 정확히 울림을 주고 있다는 사실을 발견했다.

아다와 씰라여 내 목소리를 들으라 /
라멕의 아내들이여 내 말에 귀를 기울이라 //[280]
나의 상처로 말미암아 내가 사람을 죽였고 /
나의 상함으로 말미암아 소년을 죽였도다 //
가인을 위하여는 벌이 칠 배일진대 /
라멕을 위하여는 벌이 칠십칠 배이리로다 // (창 4:23-24)

첫 번째 시행에 나오는 대구의 짝을 관찰해 보자. "아다와 씰라" / "라멕의 아내들", "내 목소리" / "내 말", "들으라" / "귀를 기울이라"는 말들이 대구의 짝을 이룬다. 두 번째 시행에는 "나의 상처" / "나의 상함", "사람" / "소년", "죽였고" / "죽였도다"라는 말이 대구의 짝을 이룬다. 마지막 시행에는 "가인" / "라멕", "벌" / "벌", "칠 배" / "칠십칠 배"가 대구의 짝을 이룬다.

라멕의 시는 의미론적으로 보나 통사론적으로 보나 완벽한 대구를 이루는 구조다. 히브리 시의 이런 반복된 대구는 앞의 콜론에 나온 말을 뒤의 콜론에서 유사한 말을 반복함으로써 앞의 내용을 더욱 강화, 강조, 고조시키는 효과가 있다. 여기서 중요한 점은 대구법에 나오는 유사성뿐만 아니라 미묘한 차이점이 주의를 끌고 의미를 강화시키는 효과를 낳는다.

올터는 이 점을 러시아 형식주의 비평가 빅토르 쉬클로브스키(Viktor Shklovsky)의 말을 인용해 설명한다.

> 조화로운 맥락에서 불협화음을 인식하는 일은 대구법에서 중요하다. 대구법의 목적은 이미지의 일반적인 목적과 같이 대상을 통상적으로 인식하는 데서 새로운 인식의 영역으로 전환하는 것이다. 그래서 독특한 의미상의 변화를 유발하는 것이다.[281]

이 진술을 토대로 라멕의 세 번째 시행을 다시 살펴보자. 여기에 콜론 A, B의 대구의 조화 속에서 콜론 A, B간의 중요한 대구의 차이를 발견하게 된다. 특히 "칠 배"와 "칠십칠 배"의 차이점이다. 올터는 이곳에 '대구법의 정수'가 나타난다고 보았다. 일반적으로 숫자를 대구법으로 사용할 경우에 "열둘", "한 다스"와 같이 같은 말을 반복하는 것이 아니라, A보다 B의 숫자가 올라가는 경우가 대부분이다. 올터가 예를 들고 있듯이 신명기 32장 30절의 모세의 고별의 노래에서 "어찌 하나가 천을 쫓으며 / 둘이 만을 도망하게 하였으리요 //"라는 말이 나오는데, 여기서 "하나"와 "둘"이 대구를 이루고, "천"과 "만"이 대구를 이룬다.

숫자의 대구법은 일반적으로 "숫자에 일을 더하거나" "첫 숫자에 열 배를 곱하거나" "열배를 곱한 것에 그 숫자 자체를 더하기"를 하는 강조법을 사용한다.[282] 그래서 이 숫자의 대구법이 유발시키는 효과는 "어찌 하나가 천을 쫓으며 (게다가 더한 것은) 둘이 만을 도망하게 하였으리요"라고 강화, 강조하는 효과를 낸다. 이를 라멕의 세 번째 시행에 적용해 보면 동일한 효과를 얻을 수 있다. "가인을 위하여는 벌이 칠 배일진대 (게

다가 더한 것은) 라멕을 위하여는 벌이 칠십칠 배이리로다"라고 강조, 강화하는 효과가 있다. 올터는 여기에 착안하여 히브리 시행의 대구법은 B가 A를 더욱 강화, 강조, 고조시키는 효과가 있다는 쿠걸의 이론을 거듭 확증했다.[283]

이제 이를 염두에 두고 제익스 목사의 설교를 분석해 보자. 제익스 목사는 창세기 32장에서 야곱이 하나님의 천사와 씨름하는 장면을 설명하면서 반복적 대구법을 사용해 청중이 대면하게 될 어려운 상황을 기가 막히게 연출한다. "홀로 남겨진 사람에게 사랑이 많으신 하나님께서 하시리라고 기대하는 바는 우리 인간의 관점에서 보면 '위로'이다. 그런데 하나님은 위로하기 위해서 야곱을 찾아오신 것이 아니라 도전하기 위해서 찾아오셨다."

하나님께서 야곱과 씨름하기 위해서 찾아오시자, 그는 "오, 안 돼요. 당신까지 이렇게 할 분이 아닙니다!"라고 반응한다.[284] 제익스 목사는 이를 우리가 당면한 어려운 상황에 반복적 대구법을 사용해 곧바로 적용한다.

모두가 나와 씨름합니다.
나의 아내가 나와 씨름합니다.
나의 자녀들이 나와 씨름합니다.
나의 보스가 나와 씨름합니다.
나의 빚쟁이들이 나와 씨름합니다.
나의 직장동료들이 나와 씨름합니다.
나의 교회가 나와 씨름합니다.

나 자신의 마음이 나와 씨름하는 적수입니다.
그리고 이제, 하나님, 당신도요?[285]

"나와 씨름합니다"라는 말이 계속 반복해서 나타나는 반복적 대구법을 형성한다. 단지 주어만 계속해서 바뀌는 듯하지만 "나와 씨름합니다"라는 말이 반복적으로 등장하면서 점점 더 강화, 강조시키는 효과를 연출한다. 그리하여 "게다가 더한 것은"이라는 말을 더한 효과가 매 시행마다 나타나고, 맨 마지막에 가서는 감정이 가장 고조된 상태에 도달하는 효과를 낳는다. 대구법의 효과를 나타내는 "게다가 더한 것은"이라는 말을 넣어 읽어 보자.

모두가 나와 씨름합니다. 〈전체의 대구를 포괄하는 일반적 진술〉
나의 아내가 나와 씨름합니다. 〈구체적인 대구의 시작〉
(게다가 더한 것은) 나의 자녀들이 나와 씨름합니다.
(게다가 더한 것은) 나의 보스가 나와 씨름합니다.
(게다가 더한 것은) 나의 빚쟁이들이 나와 씨름합니다.
(게다가 더한 것은) 나의 직장동료들이 나와 씨름합니다.
(게다가 더한 것은) 나의 교회가 나와 씨름합니다.
(게다가 더한 것은) 나 자신의 마음이 나와 씨름하는 적수입니다.
(게다가 더한 것은) 이제, 하나님, 당신도요?

이 대구법의 클라이맥스인 마지막에 와서 야곱이 하나님과 했던 씨름이 얼마나 힘든 것이었는가를 기가 막히게 표현하는가? 지금껏 수많은 요인들과 씨름해 왔는데, "하나님, 이제 당신마저도 저를 위로해 주시지 않고 씨름하려고 오셨습니까?"라는 뜻이 내포되어 있다. 마지막 행에서 반복의 패턴이 달라지는 것은 이렇게 하여 청중의 주의를 끌어당기기 위해서다. "이제, 하나님, 당신도요?" 이것이 대구법의 '변이'가 연출하는 탁월한 효과이다.

# 4
# 대구법의 유형들

위에서 보았듯이 벌린의 연구가 대구법을 가장 포괄적으로 제시하기 때문에 필자는 이 책에서 그의 연구를 따르려고 한다. 벌린의 접근법은 언어학적인 접근 방법으로서 어휘와 시행/구절을 기준으로 문법적 대구법, 어휘적-의미론적 대구법, 음성학적 대구법으로 나누어 다룬다. 그는 자신의 접근법을 아래와 같이 도식화한다.[286]

| 기준 | 양상 | | |
| --- | --- | --- | --- |
| | 문법적 | 어휘적-의미론적 | 음성학적 |
| 단어 | 형태론적 동등/대조 | 단어의 짝 | 음성의 짝 |
| 시행 혹은 구절 | 통사론적 동등/대조 | 시행 간의 의미론적 관계 | 시행 간의 음성학적 동등 |

벌린은 다후드(Dahood)의 이론을 받아들여 대구법 자체뿐만 아니라 "어휘나 구절의 병렬(竝列; juxtaposition) 관계와 연어(連語; collocation) 관계"까지 포괄하는 개념으로 대구법을 사용한다. 여기서 병렬 관계는 "한 구절 안에서 짝을 이루는 말들이 함께 나타나는 경우"를 말하고, 연어 관계는 "같은 시행 안에서 정해지지 않은 거리를 두고 정해지지 않은 관계"까지 포괄하는 개념이다.[287]

"대구법, 병렬 관계, 연어 관계는 언어학적으로 어떤 식으로든 동등한 결합 요소들로 구성된 동일한 현상들의 한 부분이다. 이것이 내가 말하는 대구법이다"라고 벌린은 자신의 견해를 요약한다.[288]

이제 벌린의 분류에 따라 1) 어휘적-의미론적 관점에 따른 분류, 2) 문법적 관점에 따른 분류, 3) 음성학적 관점에 따른 분류 순으로 대구법의 유형을 다루겠다. 벌린의 이론은 심도 있는 학문적인 이론이기 때문에 일반적인 설교에 적용하는 데는 어려운 점이 많다. 그래서 이 책은 설교에 도움이 되는 중요한 요소들만 선별해서 롱맨의 설명을 중심으로 다루려고 한다.[289]

## 어휘적-의미론적 관점에 따른 분류

### 1) 동의적 대구법 (synonymous parallelism)

동의적 대구법은 히브리 시에서 가장 자주 나타나는 대구법으로 의미상 유사한 단어나 구절을 사용해 대구를 이루는 구조다.[290] 다음 예문을 보자.

여호와여 일어나소서 /

나의 하나님이여 나를 구원하소서 //

주께서 나의 모든 원수의 뺨을 치시며 /

(주께서) 악인의 이를 꺾으셨나이다 // (시 3:7)

"여호와여"와 "나의 하나님이여"가 의미상 유사한 대구를 이루고, "일어나소서"와 "나를 구원하소서"가 유사한 대구를 이루고 있다. "일어나소서"라는 말은 단순히 '일어나시라'는 뜻이 아니라 이어 나오는 대구가 의미를 강화하듯이 "(나를 구원하기 위해서) 일어나소서"라는 뜻이다. 그리고 "나의 모든 원수의 뺨"과 "악인의 이"가 의미상 유사한 대구를 이루고, "치시며"와 "꺾으셨나이다"라는 말이 역시 의미상 유사한 대구를 이룬다. 이들 유사한 대구의 짝들은 주께서 시인의 원수인 악인들에게 보응하시는 모습을 한층 강화하는 효과를 나타낸다.

이렇게 의미상 유사한 단어나 구절이 대구를 이루는 구조를 동의적 대구법이라고 한다. 여기서 필자가 비록 로우쓰가 사용한 동의적 대구법, 대조적 대구법이라는 용어를 사용하지만, 콜론 간의 의미가 동일하다는 뜻이 아니라 쿠걸의 이론을 받아들여 콜론 간의 의미 강화를 전제하고 이들 용어를 차용한다.

### 2) 대조적 대구법 (antithetic parallelism)[291]

대조적인 어휘나 구절을 사용한 대구의 구조를 대조적 대구법이라고 한다. 그러나 반대 뜻을 전하는 것이 아니라, 같은 뜻을 대조적인 개념을 사용하여 강조해서 전하는 대구법이다. 여기 사용된 '대조적'이라는 말이 '동의적'이라는 말과 반대 뉘앙스를 갖지만 실제 대구법의 기능은 그렇지 않다. 실제 대조적 대구법이 내는 효과는 '동일한 내용'을 반대되는 말을 사용해 강조하는 효과가 있을 뿐이다.[292] 앞서 말했듯 대조적 대구법은 잠언에 가장 많이 나타난다. 아래 예문을 보자.

사람의 마음의 교만은 멸망의 선봉이요 /
겸손은 존귀의 길잡이니라 // (잠 18:12).

"교만"과 "겸손"은 대조적 대구를 이루고, "멸망의 선봉"과 "존귀의 길잡이"도 대조적 대구를 이룬다. 그런데 이렇게 대조적 대구법을 사용함으로써 이루는 효과는 앞뒤 콜론 간의 반대 뜻을 나타내는 것이 아니라, 오히려 뒤의 긍정적인 뜻을 더욱 강화, 강조하는 효과가 있다.[293]

이는 '사람의 마음의 교만은 멸망'시키는 기능을 하고, '겸손은 존귀의 길잡이' 기능을 한다는 단순한 사실을 전하는 것이 아니라, 마음의 교만은 멸망을 불러오기 때문에 더욱 조심해서 겸손한 사람이 되라는 뜻이다. 이는 쿠걸이 말한 것처럼 대조적 대구법을 사용함으로써 '교만이 얼마나 나쁜 것인가'라는 의미에다 '게다가 더한 것은'이라는 의미를 부가해 '겸손이 존귀의 길잡이까지 되니 얼마나 좋은가'라는 강화된 효과를 나타낸다.

### 3) 상징적 대구법 (emblematic parallelism)

상징적 대구법은 '~처럼, ~같이'(like, as)와 같은 말을 사용해 의도적으로 대구를 이루는 구조다.[294] 이는 대구를 이루는 비교 대상을 쉽게 파악할 수 있도록 직유법을 사용한 대구법의 일종이다. 아래 예문을 보자.

(A) 아버지가 자식을 긍휼히 여김같이 /
(B) 여호와께서는 자기를 경외하는 자를 긍휼히 여기시나니 // (시 103:13).

"아버지"와 "여호와"가 대구를 이루고, "자식"과 "자기를 경외하는 자"가 대구를 이루고, "긍휼히 여김"과 "긍휼히 여기시나니"가 대구를 이루는 구조이다. 여기서 A에 "같이"라는 말이 들어감으로 말미암아 비교의 대상을 명시적으로 표시하고 있다.

여기서도 의미의 강화를 볼 수 있다. 강조의 핵심은 B에 있다. 육신의 아버지도 자식을 사랑하는데 '하물며' 하나님께서 '자기를 경외하는' 성도들을 긍휼히 여기지 않겠느냐는 강화의 의미가 두 번째 콜론에 실려 있다. 이렇게 직유법을 사용한 대구법을 상징적 대구법이라고 한다.

### 4) 반복적 대구법 (repetitive parallelism)

반복적 대구법은 사다리식 대구법, 계단식 대구법 혹은 점증적 대구법이라 불리기도 한다. 용어가 암시하듯이 이는 처음에 나온 구절의 일부를 계속 반복함으로써, 동의적 대구법보다 의미를 더욱 고조시키는 효과를 낸다.[295] 아래에 롱맨 교수가 실례로 든 시편 29편 1-2절을 설명해 보겠다.

권능 있는 자들아 여호와께 돌릴지어다
   영광과 능력을 여호와께 돌릴지어다

> 그의 이름에 합당한 영광을 여호와께 돌릴지어다
> 거룩한 옷을 입고 여호와께 예배할지어다(시 29:1-2).[296]

"여호와께 돌릴지어다"라는 말이 각 콜론마다 그대로 반복되고(수구 반복), 이에 더해진 말들은 조금씩 바뀐다. 그리고 마지막에 "여호와께 예배할지어다"라고 용어를 살짝 바꾸었지만 유사한 용어를 사용했기 때문에 대구법의 효과는 그대로 지속된다. 여기서 한 가지 주목할 것은 이렇게 정해진 패턴으로 가다가 변화를 주는 것은 "히브리 시인이 시행을 강조하는" 수사적 장치 가운데 하나라는 사실이다.[297]

벌린은 "계단식 대구법"이라는 말을 선호하는데, 이는 첫 콜론에 사용된 용어를 그 이후 콜론에 일부 그대로 사용하고 내용을 완성하기 위해서 다른 요소를 더하는 식으로 계단과 같은 구조를 이루어 그렇게 부른다. 그는 사사기 5장 12절을 예로 든다.

> 깰지어다 깰지어다 드보라여
> 깰지어다 깰지어다 너는 노래할지어다(삿 5:12).[298]

"깰지어다 깰지어다"라는 말이 그대로 반복되고, 단지 뒤에 있는 말이 "드보라여"에서 "너는 노래할지어다"로 바뀌었다. 이렇게 추가되는 내용이 분명한 대구를 이루는 구조가 아닐지라도 앞에 반복되는 말 때문에 대구의 효과를 나타내는 문체를 계단식 대구법이라고 한다.

이런 반복적 혹은 계단식 대구법은 의미를 점증시키는 효과를 낳기 때문에 특히 설교에 유용한 대구법이다. 앞에서 보았지만, 마틴 루터 킹 목사가 설교 시에 사용하는 대구법은 대부분 이런 계단식 대구법이다. 그래서 반복하면 할수록 더욱 의미를 고조, 강화, 강조하는 효과를 낳는다.

### 5) 중심점 패턴 (pivot pattern)

롱맨 교수에 의하면 중심점 패턴은 "고도로 정교한 형태의 대구법"으로, 앞뒤 콜론(A, B)의 중심에 있는 단어나 구절이 앞뒤 콜론과 함께 연결되어 읽히도록 고안된 대구법이다. 그가 실례로 든 시편 98편 2절을 보자.[299]

(A) 여호와께서 그의 구원을 알게 하시며

　　뭇 나라의 목전에서

(B) 그의 공의를 명백히 나타내셨도다(시 98:2).

이는 개역개정판 성경을 원문의 위치에 따라 다시 배열한 것이다. "뭇 나라의 목전에서"라는 말이 원문에는 A, B 콜론의 중간에 배치돼 있어서 두 콜론 모두에게 함께 연결돼 읽힌다. 그래서 이의 의미는 "뭇 나라의 목전에서" "여호와께서 그의 구원을 알게 하시며" / "뭇 나라의 목전에서" "그의 공의를 명백히 나타내셨도다" //라는 뜻이다.[300]

### 6) 교차 대구법 (chiasm)

교차 대구법을 영어로 "chiasm"이라고 칭하는데, 이는 헬라어 X(chi)에서 나온 말로 대구를 이루는 콜론의 어순이 X, Y // Y, X의 대칭을 이루는 구조다.[301] 이는 의미론적 관점에서뿐만 아니라 통사론적 관점에서도 동일한 원리가 적용된다고 볼 수 있다. 시편 1편 6절을 원문의 어순을 따라 번역하면 교차 대구법을 관찰할 수 있다.

대저
(A) 여호와께서 인정하신다(X), 의인의 길을(Y)
(B) 악인의 길은(Y), 망하리로다(X).

시편 1편 6절의 A, B 콜론의 어순을 보면, 교차 구조로 되어 있다. A 콜론의 X, Y의 어순은 B 콜론에서 Y, X의 어순으로 바뀌어 대칭을 이루는 대구법 형태다.[302] 중심점 패턴이나 교차 대구법은 원문을 번역할 때, 원문의 순서를 따라야 이런 대구법의 의미를 살릴 수 있으나 번역상의 상당한 한계가 있음을 부인할 수 없다.

이런 대구법의 구조를 제대로 분석하려면 원문을 통사론적 관점에서 분석하는 것이 최상의 방법일 것이다. 이를 설교에 적용하려면 히브리 원문의 어순에서처럼 의미론적 관점이나 통사론적 관점에서 어순을 서로 교차시켜 대구를 이루는 대구법을 연습하는 것이 최상의 방법이다.

### 7) 수미상관법 (inclusio)

벌린은 제이콥슨의 언어학적 이론을 대구법 연구에 도입하면서 대구법의 범위를 텍스트의 범위로 확장시켰다. 그리하여 벌린은 수미상관법도 대구법의 한 형태로 보았다. 수미상관법은 "특정 텍스트의 첫 시행과 마지막 시행에 나오는 단어나 구절이 동일한 경우"를 가리킨다.[303]

시편에는 "할렐루야"로 시작하고 끝나는 수미상관법을 사용한 시편이 여러 편이 있다. 시편 150편을 보자.

> ¹ 할렐루야
> 그의 성소에서 하나님을 찬양하며
> 그의 권능의 궁창에서 그를 찬양할지어다
> ² 그의 능하신 행동을 찬양하며
> 그의 지극히 위대하심을 따라 찬양할지어다
> ³ 나팔 소리로 찬양하며
> 비파와 수금으로 찬양할지어다
> ⁴ 소고 치며 춤 추어 찬양하며
> 현악과 통소로 찬양할지어다
> ⁵ 큰 소리 나는 제금으로 찬양하며
> 높은 소리 나는 제금으로 찬양할지어다
> ⁶ 호흡이 있는 자마다 여호와를 찬양할지어다
> 할렐루야

시편 150편뿐만 아니라 시편 전체를 종결하는 다섯 편의 송영 시편들 (146-150편)은 모두 "할렐루야"로 시작해서 "할렐루야"로 끝을 맺는 수미상관법이라는 특수한 대구법을 사용하고 있어 하나님을 찬양하는 의미가 마지막까지 더욱 고조되어 나타난다.

왓슨은 수미상관법(inclusio)이라는 말 대신 "봉투 모양"(the envelope figure)이라는 말을 사용한다. 그는 "봉투 모양"을 "멀리 떨어진 대구법" (distant parallelism)의 일종으로 본다. 그러나 "봉투 모양"과 "멀리 떨어진 대구법"의 차이점은 "봉투 모양"에는 반복되는 말이 처음과 끝에 "단 한 번씩" 나타나는 점이 다르다고 보았다. "후렴"(refrain)과 "봉투 모양"이 다른 점도 전자는 자주 반복이 되는 반면에 후자는 처음과 끝에 단 한 번씩만 나타난다고 보았다.[304]

### 8) 야누스 대구법 (Janus parallelism)

벌린에 따르면 야누스 대구법은 "두 가지 다른 의미를 가진 단어를 사용"하여 "하나의 의미는 앞의 구절과 대구를 이루고, 또 다른 하나의 의미는 뒤의 구절과 대구를 이루는" 구조다.[305] 이렇게 이중적인 의미를 가진 단어 때문에 양쪽으로 의미를 강화하는 대구법의 형태다. 창세기 49장 26절의 예를 보자.

네 아버지의 축복은
나의 조상들/산들(원어. 호리)의 축복을 능가하여
영원한 산들의 끝없는 경계에 이르기까지 이르고[306]

야누스 대구법은 원어의 이중적 의미를 파악하지 못하면 결코 알아채지 못할 대구법이다. 그러므로 설교에 야누스 대구법의 형태를 사용하기에는 상당한 한계가 있다. 그러나 때로 설교자가 한 단어의 이중적 의미를 살려 유머를 구사할 때는 사용할 수도 있을 것이다.

### 9) 단어 짝 (word pairs)

20세기에 와서 많은 학자들이 "고정된 단어의 짝들"(fixed word pairs)

에 대해 관심을 갖기 시작했다. 이들은 대구법의 기원이 고정된 단어의 짝에서 시작된 것으로 여기고 히브리어와 우가릿어의 단어의 짝을 약 1,000여 개 이상 발견했다.[307] 단어의 짝이란 성경과 우가릿 문헌에 나오는 "낮과 밤", "빛과 어둠", "아침과 저녁", "삶과 죽음" 등과 같이 짝을 이룬 표현들이 대구를 이루어 나타나는 현상을 가리킨다.

하나님이 빛을 낮이라 부르시고
어둠을 밤이라 부르시니라
저녁이 되고
아침이 되니
이는 첫째 날이니라(창 1:5).

나는 빛도 짓고
어둠도 창조하며
나는 평안도 짓고
환난도 창조하나니(사 45:7).

숫자가 짝을 이루어 나타날 때는 x // x+1 (혹은 x 10)의 형태 등으로 나타난다.[308] 성경에 나타난 실례를 보자.

여섯 가지 환난에서 너를 구원하시며
일곱 가지 환난이라도 그 재앙이 네게 미치지 않게 하시며(욥 5:19).

천 명이 네 왼쪽에서

만 명이 네 오른쪽에서 엎드러지나

이 재앙이 네게 가까이 하지 못하리로다(시 91:7).

한동안 단어 짝에 대한 연구에 너무 몰두한 나머지 콜론이나 시행 차원에서 존재하는 대구법을 등한히 여기는 결과를 낳기도 했다. 그러다 언어학 발전과 함께 단어의 짝은 언어학적인 현상의 일부임이 드러나면서 단어 짝에 편향된 대구법 연구는 빛을 잃는다.[309]

어휘적-의미론적 관점에 따른 대구법의 분류를 설교에 적용하면, 동의적 대구법, 대조적 대구법, 상징적 대구법, 반복적 대구법이 가장 빈번하게 사용되는 대구법들이라고 본다. 그중에서 가장 자주 사용하는 대구법을 하나만 뽑으라면 아마 반복적 대구법이 아닐까?

마틴 루터 킹 목사와 같은 탁월한 설교자들은 반복적 대구법 사용에 있어서 대가이다. 설교자들이 가장 익숙하게 사용하는 대구법이 반복적 혹은 계단식 대구법이라고 해도 과언이 아니다. 다른 유형들도 사용할 수 있지만 야누스 대구법과 같은 것은 너무나 전문적인 기교여서 일반 설교자들이 사용하기에는 한계가 있다고 본다.

## 문법적 관점에 따른 분류

문법적 관점에서는 "통사론적 대구법"(syntactic parallelism)과 "형태론적 대구법"(morphologic parallelism) 이렇게 둘로 나눌 수 있다. 통사론적 대구법은 대구를 이루는 A, B 콜론이 같은 구문의 형태를 지닌 것을 가리킨다. 예를 들면, "전치사구 + 주어 + 동사"의 어순이 대구를 이루는 콜론 간에 동일하게 나타나는 것과 같은 현상을 말한다. 형태론적 대구법은 대구를 이루는 A, B 콜론 간에 형태론적으로 동등하거나 대조를 이루는 형태를 말한다.[310) 벌린이 예로 든 시편 103편 10절을 보자.

(콜론 A)    //    (콜론 B)

우리의 죄를 따라 // 우리의 죄악을 따라

(원문: 전치사 + 명사[남성 복수] + 소유격 접미어[1인칭 복수])

우리를 // 우리에게

(원문: 전치사 + 1인칭 복수 접미어)

처벌하지는 // 그대로 갚지는

(원문: 3인칭 남성 단수 완료형 동사)

아니하시며 // 아니하셨으니

(원문: 부정적인 뜻의 불변화사不變化詞)[311)

우리말 번역에는 통사론적, 형태론적인 차이가 있는 듯 보이지만 원문에는 대구를 이루는 A, B 콜론 간에 완벽한 통사론적, 형태론적 일치를 보인다. 이렇게 대구를 이루는 콜론 간에 구문상 일치를 이루는 구조를 통사론적 대구법이라고 한다. 그리고 여기에 사용된 형태론적인 양상도 일치하기 때문에 형태론적 대구법도 또한 이루는 구조다.

### 1) 형태론적 대구법

벌린은 형태론적 대구법을 두 가지로 구분해서 다룬다. 첫째, "다른 어휘 부류에서 온 형태론적 짝"은 대구를 이루는 품사가 서로 다른 형태인 대구법을 가리킨다. 명사와 대명사가 대구를 이루는 구조나, 명사 혹은 대명사가 관계사절과 대구를 이루는 구조나, 전치사구가 부사와 대구를 이루는 구조나, 실사(명사, 형용사, 분사)와 동사가 대구를 이루는 구조도 이에 해당된다.[312] 아래 예들을 보자.[313]

> 온 땅은 <u>여호와</u>를 두려워하며
> 세상의 모든 거민들은 <u>그</u>를 경외할지어다(시 33:8).

> 그리하여 그는 그의 종 모세와
> <u>그의 택하신</u> 아론을 보내시니(시 105:26).

> 내가 여호와를 <u>항상</u> (בְּכָל־עֵת) 송축함이여
> 내 입술로 <u>항상</u> (תָּמִיד) 주를 찬양하리이다(시 34:1).

시편 33편 8절은 "여호와"(고유명사)와 "그"(대명사)가 형태론적 대구법을 이루고, 시편 105편 26절은 "종"("모세"와 동격인 명사)과 "그의 택하신"("아론"을 꾸미는 관계절)이 형태론적 대구법을 이루고, 시편 34편 1절은 "항

상"(히, 전치사구)과 "항상"(히, 부사)이 형태론적 대구법을 이룬다. 시편 34편 1절의 우리말 번역에는 "항상"이라는 동일한 말을 사용하지만 히브리어 원문에는 전자는 전치사구(בְּכָל־עֵת)를 사용하고, 후자는 부사(תָּמִיד)를 사용한다. 그러므로 이런 수사적 장치를 올바로 분별하기 위해서는 원문을 꼭 확인해야 한다. 이런 원문에 나타난 품사의 의미를 살려야 형태론적 대구법의 존재를 확인할 수 있기 때문에 번역할 때 유의해야 한다.

둘째, "동일한 어휘 부류에서 온 형태론적 짝"은 동일한 품사를 사용한 대구법을 가리킨다. 예를 들면, 명사가 명사와 짝을 이루는 구조나, 동사가 동사와 짝을 이루는 구조를 말한다. 그런데 이들의 형태론적 양상은 똑같지 않아도 된다. 단수 명사와 복수 명사가 대구를 이룰 수도 있고, 완료형 동사가 미완료형 동사와 대구를 이룰 수도 있다.

벌린은 시제의 대조, 동사 변화에 의한 대조, 인칭대명사의 대조, 성별의 대조, 숫자의 대조, 한정사의 대조, 격의 대조, 잡다한 대조 등 다양한 형태론적 대구법을 관찰하고 있다.[314]

여호와께서 홍수 때에 <u>좌정하셨음이여</u>(יָשַׁב)
여호와께서 영원하도록 왕으로 <u>좌정하시도다</u>(וַיֵּשֶׁב) (시 29:10).

문들아 너희 머리를 <u>들지어다</u>(שְׂאוּ)
영원한 문들아 들릴지어다(הִנָּשְׂאוּ) (시 24:7).

<u>이러므로</u>(עַל־זֶה) 우리의 마음이 피곤하고
<u>이러므로</u>(עַל־אֵלֶּה) 우리 눈들이 어두우며 (애 5:17).

시편 29편 10절은 과거적 의미의 동사(완료형 동사)와 현재적 의미의 동사(바브 + 미완료형 동사)를 대조하여 형태론적 대구법을 이루고, 시편 24편 7절은 능동형 동사(칼형)와 수동형 동사(니팔형)를 대조하여 형태론적 대구법을 이루고, 애가 5장 17절은 단수 지시대명사(문자적 의미; 이것 때문에)와 복수 지시대명사(문자적 의미; 이것들 때문에)를 대조하여 형태론적 대구법을 이루는 구조다.[315] 그 외에 더 많은 형태론적 대구법들이 있지만 더 자세한 내용은 본 연구의 범위를 넘어서기 때문에 이 정도만 다루겠다.

### 2) 통사론적 (구문론적) 대구법

통사론적 대구법은 대구를 이루는 A, B 콜론이 구문(syntax)상 일치하는 구조를 말한다.[316]

시편 15편 1절의 예를 보자.

여호와여,

(A) 주의 장막에(בְּאָהֳלֶךָ) 머무를 자(יָגוּר) 누구오며(מִי)

(B) 주의 성산에(בְּהַר קָדְשֶׁךָ) 사는 자(יִשְׁכֹּן) 누구오니이까(מִי)


시편 15편 1절은 히브리어 원문의 구문을 살펴보면, "의문사 + 동사 + 전치사구" // "의문사 + 동사 + 전치사구"의 어순으로 A, B 콜론이 동일한 구문을 갖춰 통사론적 대구법을 이루고 있다. 우리말 번역에서는 어순이 정확히 반대로 나타나고 있을 뿐이다.

언어학적인 관점에서 이는 A, B 콜론의 "깊은 구조"(deep structure)가 같아야 한다는 뜻이다.[317] 통사론적 대구법은 구문의 구성요소가 동일하게 나타날 수도 있고, 변형되어 나타날 수도 있다.

벌린은 구문이 변형되어 나타나는 네 가지 경우를 예로 든다. "명사상당어에서 동사상당어로의 변형, 긍정적인 것에서 부정적인 것으로의 변형, 주어에서 목적어로의 변형, 문법적 서법(敍法)에 있어서의 대조" 등을 예로 든다.[318] 벌린이 제시한 몇 가지 예를 보자.

(A) 내가 여호와를 항상 <u>송축함이여</u>(אֲבָרְכָה) / (동사상당어)
(B) 내 입술에 항상 <u>주를 찬양함이</u>(תְּהִלָּתוֹ) (시 34:1).[319] // (명사상당어)


(A) 내 아들아 네 아비의 명령을 <u>지키며</u>(נְצֹר) / (긍정적인 표현)
(B) 네 어미의 법을 <u>떠나지 말고</u>(אַל־תִּטֹּשׁ) (잠 6:20). // (부정적인 표현)


(A) <u>너는</u>(אַתָּה) 내 아들이라 / (주어)
(B) 오늘 내가 <u>너를</u> 낳았도다(יְלִדְתִּיךָ) (시 2:7). // (목적어)


(A) 사망 중에서는 주를 기억하는 일이 없사오니 / (평서법)
(B) 스올에서 주께 감사할 자 누구리이까(시 6:5). // (의문법)


시편 34편 1절의 히브리어 원문에 콜론 A의 "송축함이여"는 동사로 된 말이지만, 콜론 B에는 동사가 존재하지 않는다. 콜론 A의 "송축함이여"에 대구를 이루는 말은 콜론 B에 "주를 찬양함"이라는 명사로 나타난다. 이렇게 통사론적 대구법에는 동사상당어에서 명사상당어로 바뀌는 경우도 있고, 그 반대로 나타나는 경우도 있다.

잠언 6장 20절은 콜론 A의 "지키며"라는 긍정적 표현이 콜론 B의 "떠나지 말고"라는 부정적인 표현으로 대구를 이루기도 한다. 시편 2편 7절에는 콜론 A의 주어 "너는"이 콜론 B에서는 목적격 "너를"의 형태로 대구를 이룬다. "너를 낳았도다"라는 히브리어 원문은 한 단어로 되어 있지만, 형태를 분석하면 동사와 2인칭 남성 단수의 목적격 대명사가 결합된 형태이다.

시편 6편 5절에는 콜론 A가 평서법인데, 이에 대구를 이루는 콜론 B는 의문법으로 되어 있는 대구법이다. 이렇게 통사론적 대구법은 콜론 A, B간에 변형을 한 형태의 대구법들이 다양하게 존재한다.

형태론적 대구법과 통사론적 대구법과 같은 문법적인 대구법들은 의미론적 대구법들과 함께 작용하여 대구법의 강화, 강조, 고조의 효과를 더욱 높여 준다. 많은 경우에 의미론적 대구법이 존재하는 곳에는 문법적 대구법도 함께 존재한다. 그러므로 의미의 관점에서뿐만 아니라 통사론(구문론)이나 형태론의 관점에서도 대구법을 볼 수 있는 안목을 키워야 한다. 문법적 대구법에 대한 감각을 늘이면 늘일수록 대구법을 유창하게 구사할 수 있는 기반을 더욱 든든히 다지게 될 것이다.

제익스 목사가 사용하는 대부분의 반복적 대구법을 분석해 보면, 의미론적 대구법뿐만 아니라 문법적 대구법도 동시에 갖추고 있어 대구법의 강화 효과를 한층 더 높인다. 아래 예를 보자.

You could be a great husband. (주어 + 조동사 + 본동사 + 보어)
당신은 훌륭한 남편이 될 수 있습니다.
You could be a great father. (주어 + 조동사 + 본동사 + 보어)

당신은 훌륭한 아버지가 될 수 있습니다.
You could be an outstanding employee. (주어 + 조동사 + 본동사 + 보어)
당신은 뛰어난 피고용인이 될 수 있습니다.
You could be a very effective witness. (주어 + 조동사 + 본동사 + 보어)
당신은 매우 효과적인 증인이 될 수 있습니다.[320]

제익스 목사가 사용한 반복적 대구법에 나오는 네 개의 문장이 동일한 품사와 어순(주어 + 조동사 + 본동사 + 보어)을 지닌 구문으로 이루어져 있다. 심지어 '보어'에 수반된 품사와 순서도 거의 동일하다(관사 + 형용사 + 명사). 단지 마지막 문장에 'very'라는 부사가 하나 더 첨가되었을 뿐이다. 설교자가 자주 사용하는 반복적 대구법은 이렇게 동일한 구문론적 대구를 이루는 문장들을 사용할 때, 가장 효과적이라고 본다.

이제 이동원 목사의 예를 보자. 이는 전도서 7장 1-10절 말씀을 중심으로 "생의 역설"이라는 제목으로 그가 설교했던 내용이다.

나는 어떻게 결산할 것인가? (주어 + 의문부사 + 동사)
나는 한 사건을 어떻게 마무리하는가? (주어 + 목적어 + 의문부사 + 동사)
나는 책임을 어떻게 마무리하는가? (주어 + 목적어 + 의문부사 + 동사)
나는 내 일생을 어떻게 마무리할 것인가?[321] (주어 + 목적어 + 의문부사 + 동사)

여기서도 동일한 현상을 발견할 수 있다. 네 개의 반복적 대구법을 이루는 문장들은 첫 번째 문장을 제외하고 모두 동일한 품사와 어순(주어 + 목적어 + 의문부사 + 동사)으로 구성되어 있다. 첫 번째 문장에는 목적어가 없지만 이 문장은 "나는 결산을 어떻게 할 것인가?"라고 바꾸어 쓸 수 있기 때문에 사실상 뒤의 세 문장과 통사론적 관점에서 전혀 차이가 없다. 여기서 중요한 점은 의미론적 대구법뿐만 아니라 통사론적 대구법을 동시에 이룰 때 대구법의 효과를 극대화할 수 있다는 점이다.

## 음성학적 관점에 따른 분류

박목월 시인이 지은 "가정"이라는 시에 이런 시구(詩句)들이 나온다.

아랫목에 모인
아홉 마리의 강아지야
강아지 같은 것들아
굴욕과 굶주림과 추운 길을 걸어
내가 왔다
아버지가 왔다
아니 십구문 반의 신발이 왔다
아니 지상에는
아버지라는 어설픈 것이
존재한다
미소하는
내 얼굴을 보아라.[322]

이 시의 첫째, 둘째, 여섯째, 일곱째, 여덟째, 아홉째 시행이 모두 '아'라는 글자로 시작한다. 이렇게 시행의 "첫머리에 규칙적으로 같은 운의 글자"로 시작하는 기교를 두운(頭韻)법이라고 한다. "시행의 끝에 규칙적으로 같은 운의 글자를 다는" 것을 각운(脚韻)법이라고 하고, 시행의 "일정한 자리에 같은 운을 규칙적으로 다는" 것을 압운(押韻)법이라고 한다.[323]

박목월의 시를 좀 더 자세히 보면 또 다른 운이 있음을 알게 된다. 둘째 시행의 "강아지야"와 셋째 시행의 "강아지 같은 것들아"가 '강'자로 시작하여 운을 맞추고 있다. 넷째 시행에 "굴욕과 굶주림"이라는 단어의 짝도 '구'를 포함한 글자로 시작하여 운이 맞추어져 있다. 다섯째, 여섯째, 일곱째 시행은 "왔다"라는 말로 각 시행을 종결지음으로써 각운을 살린 것을 알 수 있다.

우리말 시에 운을 맞추듯이 히브리 시에도 다양한 음성학적 울림들이 존재한다. 그런데 이 책에서는 벌린의 연구를 따라 단지 "소리의 짝"(sound pairs)에 초점을 맞추어 다루려고 한다.[324] 벌린은 소리의 짝을 연구하는 데 몇 가지 구체적인 조건을 설정한다. 벌린은 "소리의 짝"을 "어떤 순서로 나타나든 가까운 곳에서 동일하거나 유사한 자음들이 대구를 이루는 단어나 행의 반복"으로 정의한다.

그리고 벌린은 소리의 짝을 히브리어 원문의 자음으로만 제한을 하는데, 그 이유는 1) "성서 히브리어는 원래 자음으로 기록되었기" 때문에 마소라 사본에 찍힌 모음의 발음에 대해서 의문의 여지가 있고, 2) "히브리어가 종종 자음의 언어로 여겨지기에, 즉 어휘의 의미는 오직 자음으로 구성된 어근으로 전달되기" 때문이다.[325]

히브리어 자음이 22글자로 구성되어 있기 때문에 우연히 음의 일치가 일어나는 경우가 있을 수 있다. 그래서 벌린은 소리의 짝이 존재하는 여부를 결정하기 위해서 세 가지 조건을 더 달고 있다. 1) "적어도 두 개의 자음이 소리 짝을 이루어야 한다." 2) 소리의 짝을 이루는 말은 대구를 이루는 시행 내의 "한 단어나 혹은 이에 근접한 단어처럼 가까운 위치에 있어야 한다." 3) "'같거나 유사한 자음'이란 '동일한 음소' 혹은 '동일한 음소에 속하는 다른 음'(예, ב와 כ) 혹은 '유사하게 발음이 되는 두 음소들'(예, m과 n과 같은 비음들; s와 sh와 같은 마찰음들)을 의미한다."[326)]

여기서 "소리의 짝"은 "어휘의 짝"과 구분이 되어야 하고 "소리의 짝"은 "어휘적-의미론적 짝"과 일치할 수도 있고 이와 상관없이 나타날 수도 있다. 그래서 벌린은 "어휘의 짝"을 이루는 "소리의 짝"과 "어휘의 짝"을 이루지 않는 "소리의 짝"을 구분해서 다룬다.[327)] 아래 예를 보자.[328)]

네 성 안에는 평안(שָׁלוֹם)이 있고
네 궁중에는 형통함(שַׁלְוָה)이 있을지어다(시 122:7).

너는 네 우물(מִבּוֹרֶךָ)에서 물을 마시며
네 샘(בְּאֵרֶךָ)에서 흐르는 물을 마시라(잠 5:15).

성문(שַׁעַר)에 앉은 자가 나를 비난하며
독주(שֵׁכָר)에 취한 무리가 나를 두고 노래하나이다(시 69:12).

네가 힘없는 자를 참 잘도 도와주는구나(עָזַרְתָּ)

기력(וּז) 없는 팔(זְרוֹעַ)을 참 잘도 구원하여 주는구나(욥 26:2).

시편 122편 7절에는 "평안"과 "형통함"이 의미론적 관점에서 "어휘의 짝"을 이루고 있으면서, 동시에 "솨롬"(평안)과 "솨르바"(형통함)가 "소리의 짝"을 이룬다. 잠언 5장 15절에도 "우물"과 "샘"은 의미론적 관점에서 "어휘의 짝"을 이루고 있으면서, 동시에 "미보레카"(네 우물)와 "버에레카"(네 샘)가 "소리의 짝"을 이룬다. 반면에 시편 69편 12절에는 "성문"과 "독주"가 의미상 "어휘의 짝"을 이루지 못한다. 그러나 "솨아르"(성문)와 "쉐카르"(독주)가 "소리의 짝"을 이룬다.

욥기 26장 2절에 "도와주는구나"라는 말과 "기력" 혹은 "팔"이라는 말이 의미상 "어휘의 짝"을 이루지 못한다. 그러나 "아제르타"(도와주는구나)와 "오즈"(기력) 혹은 "저로아"(팔) 간에 "소리의 짝"을 이룬다.

소리의 짝이 대구법에 어떤 영향을 줄까? 벌린은 "소리의 짝을 이룸으로써 시행 간의 일치감을 향상시킨다"고 본다. 그리고 "소리의 짝이 어휘적-의미상 짝을 또한 이룰 때, 시행 간의 결합력은 강화된다"고 했다. "시행 간의 다른 어휘의 짝이 있을 때조차도, 소리의 짝은 시행간의 결합을 이루는 데 결정적인 역할을 한다"고 벌린은 주장한다.[329]

지금까지 연구를 종합해 보면 의미론적 대구법은 문법적 대구법에 의해서 강화되고, 이는 또한 소리의 짝을 통해서 더욱 강화된다. 그러므로 훌륭한 대구법은 의미론적, 문법적, 음성학적 대구법을 동시에 수반할 때 가장 강력한 대구법의 구조를 이룬다고 볼 수 있다.

벌린은 여기서 한 걸음 더 나아가 통사론적, 의미론적 구조의 유사성은 음성학적 유사성의 자리를 깔아준다고 주장한다. 동시에 "음성학적 유사성이나 일치는 의미론적 일치감을 증진시킨다"고 벌린은 주장한다.330) 그녀는 이사야 54장 7절을 예로 든다.

(A) 내가 잠시 (בְּרֶגַע קָטֹן) 너를 버렸으나 (עֲזַבְתִּיךְ) /
(B) 큰 긍휼로 (בְּרַחֲמִים גְּדֹלִים) 너를 모을 것이요 (אֲקַבְּצֵךְ) // (사 54:7).

여기서 A, B콜론 간에 두 짝의 의미론적 대구법을 이룬다. 히브리어 원문상 "작은"(קָטֹן)과 "큰"(גְּדֹלִים)이 대조적 대구를 이루고, "너를 버렸으나"와 "너를 모을 것이요"가 의미상 대조적 대구를 이룬다. 통사론적 관점에서 보아도 A, B 콜론은 동일한 구조다. "전치사구 + 형용사 + 동사 + 목적어"로 구성된 동일한 구조다. 이렇게 의미론적, 통사론적 대구법을 이루기 때문에 이사야 54장 7절을 시작하는 말들인 "버레가"와 "버라하밈"의 음성학적 유사성을 더욱 고조시킨다.

벌린은 소리의 짝이 한 구절에 두 개씩 나타날 때, 소리의 짝을 aabb, abab, abba의 패턴으로 분류한다.331) 다음 소리의 짝의 실례를 보자.332)

나는 내가 사랑하는 자(יְדִידִי)를 위하여 노래하되 (여디디)
내가 사랑하는 자(דּוֹדִי)의 포도원을 노래하리라 (도디)
내가 사랑하는 자에게 포도원(כֶּרֶם)이 있음이여 (케렘)
심히 기름진 산(קֶרֶן)에로다(사 5:1). (케렌)

분노가 미련한 자(אֱוִיל)를 죽이고 (에빌)
시기가 어리석은 자(וּפֹתֶה)를 멸하느니라 (브포테)

내가 미련한 자(אֱוִיל)가 뿌리 내리는 것을 보고 (에빌)

그의 집을 당장에 (פִּתְאֹם) 저주하였노라 (욥 5:2-3). (피터옴)


여호와께서 용사(גִּבּוֹר)같이 나가시며 (기보르)

전사같이 분발하여 (יָעִיר) (야이르)

외쳐(יָרִיעַ) 크게 부르시며 (야리아)

그 대적을 크게 치시리로다(יִתְגַּבָּר) (사 42:13). (이트가바르)


이사야 5장 1절은 여디디(a), 도디(a), 케렘(b), 케렌(b)이라는 말로 되어 있어 aabb의 구조로 된 소리의 짝을 이루고, 욥기 5장 2-3절은 에빌(a), 브포테(b), 에빌(a), 피터옴(b)이라는 말로 되어 있어 abab의 구조로 된 소리의 짝을 이루고, 이사야 42장 13절은 기보르(a), 야이르(b), 야리아(b), 이트가바르(a)라는 말로 되어 있어 abba의 구조로 된 소리의 짝을 이룬다.

이런 소리의 짝들 때문에 히브리어를 아는 원래의 청중들의 귀에 메시지가 들릴 때, 운이 살아 있어 더욱 호소력 있는 시구로 들릴 것이다. 이런 히브리어의 소리의 짝들을 염두에 두고 현대 설교자들이 우리말에 소리의 짝의 원리들을 적용한다면, 설교를 듣는 청중들의 귀에 즐거움과 호소력을 더욱 더할 것이다. 설교자들이 의미론적, 문법적 대구법과 함께 음성학적 대구법을 구사한다면, 최고 수준의 대구법을 구사하는 설교자가 되리라 확신한다.

이제 이동원 목사가 소리의 짝을 이룬 대구법을 사용한 실례를 함께 보자. 그는 우물가에서 예수님을 만나 변한 여인에 대해서 설명하면서

"어느 날 변한 여자"라는 재미있는 세속 유머를 설교 중에 인용한다.

여우 같은 여자에서 여유 있는 여자로
화난 여자에서 환한 여자로
따지는 여자에서 따뜻한 여자로
착각하는 여자에서 자각하는 여자로
색기 있는 여자에서 색깔 있는 여자로
밝히는 여자에서 밝은 여자로
남들에게 애 먹이는 여자에서 남들 때문에 애 태우는 여자로
답답한 여자에서 답을 아는 여자로
빚이 많던 여자에서 빛을 발하는 여자로[333]

아홉 개의 시행으로 구성된 대구법이 변화된 여인의 모습을 얼마나 재미있게 그리고 감동적으로 그려내는가? 여기에 사용된 "여자에서 …… 여자로"라는 수구 반복은 대구를 이루는 시행 간에 강력한 결속을 이루고, 각 시행마다 짝을 이룬 음성학적 대구법은 즐거움과 호소력을 더한다.

"여우/여유, 따지는/따뜻한, 색기/색깔, 밝히는/밝은, 남들/남들, 답답한/답을" 등은 동일한 말로 시작한다. 그러나 "화난/환한, 착각하는/자각하는, 빚이/빛을" 등은 음성학적으로 정확하게 일치하지 않는다. 앞에서 설명한 대로 음성학적 대구법에는 이렇게 음이 정확히 일치하지 않아도 유사음이 대구를 이룰 수도 있다. 음성학적 대구법에서는 음이 비슷하게 들려도 같은 효과를 내기 때문이다.

# 5
# 대구법을 효과적으로 사용하기 위한 비법은 무엇인가?

설교에서 대구법을 사용할 때, 어떻게 강화할 수 있을까? 이 분야에는 올터가 가장 크게 기여했다. 올터는 『성경적 시의 예술』(*The Art of Biblical Poetry*)이라는 책에서 십여 가지 효과적인 강화, 강조, 고조 원리들을 제공한다.[334] 올터가 잘 지적한 대로 쿠걸의 대구법 이론 가운데 한 가지 제한해야 할 점이 있다. 쿠걸은 콜론 간의 관계가 주절과 종속절과 같이 의미론적, 통사론적 대구법이 형성되지 않는 것도 포괄해서 보는 잘못된 관점을 견지한다.[335] 이 견해는 반드시 고쳐야 한다. 콜론 A, B 간에 반드시 의미론적 대구법, 문법적 대구법, 혹은 음성학적 대구법이 존재해야 설교에서 효과적인 대구법의 감동을 자아낼 수 있기 때문이다.

## 구체화를 통한 강화

구체화를 통한 강화는 가장 자주 사용하는 대구법의 강화 방법으로, 첫 번째 콜론에서 "일반적인 말"을 사용하고, 두 번째 콜론에서는 이에 대한 "더 구체적인 용어"를 사용한다.[336] 올터가 든 다음 예문을 보자.

(A) 그것의 가슴은 돌처럼 튼튼하며
(B) 맷돌 아래짝같이 튼튼하구나(욥 41:24).

이 구절은 욥기 41장에 나오는 리워야단(악어)의 가슴에 대해서 대구법을 사용해 묘사하는 장면이다. A 콜론에서 악어의 가슴을 "돌"에 비유하여 묘사하는데, B 콜론에서는 "맷돌 아래짝"에 비유하여 묘사한다. '돌'은 일반적인 용어인 반면에 '맷돌 아래짝'은 구체적인 용어이다. 옛날 사람들이 사용했던 돌들 중에서 가장 튼튼한 돌들 중에 하나인 맷돌 아래짝에 비유함으로써, 앞 콜론보다 뒷 콜론이 의미를 더 강화하는 효과를 낳는다. 시편 9편의 예를 보자.

1 내가 전심으로 여호와께 감사하오며
  주의 모든 기이한 일들을 전하리이다
2 내가 주를 기뻐하고 즐거워하며
  지존하신 주의 이름을 찬송하리니
3 내 원수들이 물러갈 때에
  주 앞에서 넘어져 망함이니이다

4 주께서 나의 의와 송사를 변호하셨으며

　보좌에 앉으사 의롭게 심판하셨나이다

5 이방 나라들을 책망하시고 악인을 멸하시며

　그들의 이름을 영원히 지우셨나이다

6 원수가 끊어져 영원히 멸망하였사오니

　주께서 무너뜨린 성읍들을 기억할 수 없나이다

7 여호와께서 영원히 앉으심이여

　심판을 위하여 보좌를 준비하셨도다

8 공의로 세계를 심판하심이여

　정직으로 만민에게 판결을 내리시리로다(시 9:1-8).

1절에는 "여호와께 감사하오며"에서 "기이한 일들을 전하리이다"라고 더 구체적인 감사 내용으로 발전한다. 여호와께 막연히 감사하는 것보다 여호와의 "기이한 일"이 더욱더 구체적인 내용이다. 2절에는 "주를 기뻐하고 즐거워하며"에서 "주의 이름을 찬송하리니"로 구체화되어 있다. '주'보다 '주의 이름'이 더 구체적인 내용이다. 3절에는 "원수들이 물러갈 때"의 모습보다 원수들이 "넘어져 망함"이 더욱더 구체적인 내용이다.

4절에는 "주께서" 변호하시는 모습보다 "보좌에 앉으사" 심판하시는 모습이 더욱더 선명한 이미지를 사용한 구체적인 모습이다. 보좌에 앉으신 하나님의 모습은 재판석에 앉은 판사의 모습을 연상케 한다. 5절에는 "이방 나라들을 책망"하시는 모습이나 "악인을 멸하시는" 모습보다 "그들의 이름을 영원히" 지워 버리시는 모습이 훨씬 더 구체적인 강화이다.

6절에는 "원수가 끊어진" 모습보다 "주께서 무너뜨린 성읍들"이 더 구체적으로 원수들이 망한 모습을 묘사한다.

7절에는 "여호와께서 …… 앉으신" 모습보다 "심판을 위하여 보좌를 준비"하신 모습이 더욱더 구체적인 이미지를 사용한 강화 방법이다. 8절에는 "세계를 심판"하시는 모습보다 "만민에게 판결"을 내리시는 모습이 더욱더 구체적인 내용이다. '세계'라는 단어는 막연한 의미를 갖지만 '만민'은 이 세계에 사는 모든 인간들을 대상으로 하기에 더욱더 구체적인 강화라고 볼 수 있다.

설교에서 대구법을 사용할 때도 이렇게 첫 콜론에는 일반적인 용어를 사용하고 둘째 콜론에 구체적인 용어를 사용하면 효과적인 대구법의 강화를 자아낼 수 있다.

이동원 목사는 한국의 설교자 중에서 대구법에 매우 탁월한 사람 중에 한 사람이다. 그의 설교에는 수많은 대구법이 등장한다. 아래에 그가 성경구절을 인용한 이후에 어떻게 구체화를 통한 강화를 해 가는지 함께 보자.

"이 세상도 그 정욕도 지나가되
하나님의 뜻을 행하는 사람은 영원히 거하리라."[337]
이 세상도 지나가지만,
부요함도 지나가지만,
지식도 지나가지만,
물질도 지나가지만,
이 모든 것이 지나가지만,

하나님의 뜻을 행하는 사람은 영원히 거합니다.[338]

이동원 목사는 "이 세상도 그 정욕도" 지나간다는 사실을 대구법을 사용해 "이 세상도, 부요함도, 지식도, 물질도, 이 모든 것"에 이르기까지 구체적인 예를 들면서 강화해 나간다. 또 여기에 "지나가지만"이라는 "수구(首句) 반복"(뒤에 "점강적 반복을 통한 강화"에서 다룸)을 통해 각 개념이 서로 밀접히 연결되어 대구법의 효과가 극대화되고 있다.

이동원 목사는 사도행전 1장 1-8절을 강해하면서 제자들의 꿈과 예수님의 꿈을 대비시킴과 동시에 대구법을 통해 점점 더 구체적으로 묘사하면서 이들의 꿈이 얼마나 다른지 훌륭하게 그려 낸다.

그러나 예수님의 꿈은 제자들의 꿈과 달랐습니다.
제자들은 이스라엘 민족의 회복이라는 꿈을 꾸고 있었지만,
주께서는 그보다 더 커다란 꿈을 갖고 계셨습니다.
제자들의 꿈을 '민족 회복의 꿈'이라고 한다면,
예수님의 꿈은 '하나님 나라의 꿈'이라고 이름 붙일 수 있을 것입니다.
……
제자들이 꿈꾸던 나라는 정치적인 나라였습니다.
그러나 예수께서 말씀하신 하나님 나라는 정치적 나라라기보다는 영적인 나라이며, 보이지 않지만 지금 여기에서부터 시작되어 완성을 향해서 확장되고 있었던 도덕적인 특성을 지닌 나라였습니다.
제자들이 꿈꾸고 있었던 나라는 지상에서 살아가는 동안 필요했던 순간적인 나라였지만,

예수께서 말씀하신 나라는 영원한 나라였습니다.

그러나 예수께서 꿈꾸고 있었던 이 나라는 이스라엘뿐 아니라 예루살렘과 사마리아와 땅 끝까지, 즉 전 세계의 모든 민족들을 포함해서 이루어질 우주적인 나라였던 것입니다.

제자들이 꿈꾸던 나라는 이스라엘 민족으로 출생한 사람이라면 누구나 그 국민이 될 수 있는 그런 나라입니다.

그러나 하나님의 나라는 영적인 출생이 없이는 들어갈 수가 없습니다.

자기의 죄인 됨을 깨닫고 하나님 앞에 자기 자신의 삶을 믿음으로 드리지 않고는, 즉 회개와 믿음이 없으면 하나님 나라의 국민이 될 수 없습니다.[339]


제자들의 꿈/예수님의 꿈의 대비가 이스라엘 민족 회복이라는 꿈/더 커다란 꿈의 대비로, 민족 회복의 꿈/하나님 나라의 꿈의 대비로, 정치적인 나라/영적인 나라의 대비로, 순간적인 나라/영원한 나라의 대비로, 이스라엘 민족으로 출생한 사람이라면 누구나 그 국민이 될 수 있는 그런 나라/영적인 출생이 없이는 들어갈 수 없는 나라의 대비로 점점 더 대비의 강도를 높여 가며 강화한다. 그리고 중간 중간 중요한 대목에는 대구법을 사용해 그 부분만을 강조한다.

마지막 부분에 나오는 "영적인 출생"에 대해서 대구법을 이중으로 사용해 더욱 강조한다. "자기의 죄인 됨을 깨닫고 하나님 앞에 자기 자신의 삶을 믿음으로 드리지 않고는,/ 즉 회개와 믿음이 없으면// 하나님 나라의 국민이 될 수 없습니다"라고 영적 출생의 비밀을 대구법이라는 강조를 통해 밝힌다. 영적인 출생을 설명하면서 다시금 대구법을 이중으로 덧붙임으로써 거듭남의 비밀이 더욱 구체적으로 드러난다. 이렇게 함으로써 첫째 전달하고자 하는 뜻이 명료하게 되고, 둘째 반복을 통한 강화, 강조, 고조의 효과를 동시에 볼 수 있다.

## 초점화를 통한 강화

올터에 의하면 초점화를 통한 강화는 첫 번째 콜론에 "어떤 장소"가 등장하고, 두 번째 콜론에는 첫 번째 콜론에 언급된 장소보다 "더욱더 좁은 공간"에 초점을 맞추는 대구법 형태이다.[340]

(A) 그의 땅을 황폐하게 하였으며
(B) 그의 성읍들은 불타서 주민이 없게 되었으며(렘 2:15).

여기에 A 콜론에 등장하는 "땅"(land)은 이스라엘 땅을 가리킨다. 그런데 B 콜론에 등장하는 "성읍들"(cities)은 이스라엘 땅에 있는 특정한 더 좁은 공간을 의미한다. 이렇게 첫 번째 콜론에는 넓은 장소의 개념이 등장하고, 두 번째 콜론에는 더욱더 좁은 공간에 초점을 맞춘 형태의 강화가 이에 속한다.

첫 번째 콜론에서 황폐한 땅을 막연하게 그린다면, 두 번째 콜론에는 더욱 구체적으로 성읍들에 초점을 맞추어 성읍들이 불에 타 버리고 주민이 없어진 모습을 그린다. 이와 같이 초점화를 통한 강화 역시 구체화를 통한 강화의 한 부분이라 할 수 있다. 넓은 장소에서 더 좁은 장소로 초점을 맞추는 것 또한 일종의 구체화이기 때문이다.

## 이미지를 사용한 강화

이는 첫 번째 콜론에 "문자적인 표현"을 사용하고, 두 번째 콜론에는 "더욱 구체적인 이미지"를 사용해 강화하는 방식이다.[341]

(A) 그들이 이웃에게 각기 거짓을 말함이여

(B) (그들이 이웃에게 각기) 아첨하는 입술과 두 마음으로 말하는도다(시 12:2).


(A) 여호와의 말씀은 순결함이여

(B) (여호와의 말씀은) 흙 도가니에 일곱 번 단련한 은 같도다(시 12:6).


시편 12편 2, 6절은 생략법을 사용한 대구법이다. 대구법의 평행 관계를 보이기 위해서 생략된 말을 괄호 안에 넣었다. 2절의 A 콜론에 "거짓"이라는 추상적인 진술이, B 콜론에는 "아첨하는 입술과 두 마음"이라는 구체적인 이미지를 사용해 표현함으로써, 거짓말을 하는 모습이 훨씬 더 선명하게 마음으로 그려지게 하는 강화의 방법을 사용한다. 6절의 A 콜론에 하나님의 말씀의 "순결함"을, B 콜론에서는 "흙 도가니에 일곱 번 단련한 은"이라는 이미지를 사용해 묘사함으로써 마음속에 말씀의 순결한 모습이 선명한 시각적 이미지로 그려지게 했다.

다음은 올터가 이미지의 구체화를 위해서 든 실례이다.[342]


여호와께서 그들을 사막으로 통과하게 하시던 때에

(A) 그들이 목마르지 아니하게 하시되

(B) 그들을 위하여 <u>바위에서 물이 흘러나게</u> 하시며

(C) <u>바위를 쪼개사 물이 솟아나게</u> 하셨느니라(사 48:21).

여기 A 콜론에 "목마르지 아니하게" 하셨다는 문자적인 내용을 B 콜론에는 "바위에서 물이 흘러나게" 하셨다는 이미지를 사용해 강화하고, C 콜론에는 "바위를 쪼개사 물이 솟아나게" 하셨다고 더욱 구체적인 이미지를 사용해 강화한다. 여기에 사용된 삼중의 대구법은 문자적인 언어에서 이미지를 사용한 언어로, 그리고 더욱 구체적인 이미지를 사용한 언어로, 이렇게 계단식으로 강화하고 있어 청중이 더욱더 생생한 생동감을 느끼게 한다.

이미지를 사용한 강화는 설교에서도 자주 등장하는 강화 방식이다. 앞에서 말한 내용을 뒤에서 이미지를 사용해 구체적으로 설명할 때 내용의 이해를 도울 뿐만 아니라, 마음속에 생생한 그림이 그려지면서 감동을 자아내게 된다. 아래 예를 보자.

의인이나 악인이나 할 것 없이 죽음에 있어서
인간은 가장 공평한 자리에 섭니다. /
누르고 있던 사람도, 눌리고 있던 사람도,
억울하게 사람을 착취하고 있던 사람도, 착취를 당하고 있던 사람도,
다 함께 어느 날 가장 공평한 삶의 자리에 서게 될 것입니다. //[343]

설교에서는 시행의 차원을 넘어 문장 간의 대구를 이루는 경우가 많다. 여기서도 앞의 문장과 뒤의 문장이 대구를 이루는 구조다. 앞 문장의

"의인이나 악인"에 대해 대구를 이루는 뒷 문장의 말들은 "누르고 있던 사람도, 눌리고 있던 사람도, 억울하게 사람을 착취하던 사람도, 착취를 당하던 사람도"라고 표현함으로써, 의인과 악인에 대하여 더욱더 구체적인 이미지를 그려 준다. 설교에 사용된 또 다른 예를 보자.

> 이 질문에 대한 해답을 얻지 못하면
> 사람은 허무주의 속에 빠집니다. /
> 인생은 물거품처럼 사라지는 것,
> 아무것도 손에 잡을 수가 없는 것,
> 결국 아무것도 남지 않는 것,
> 사라질 수밖에 없는 것,
> 그래서 우리는 허무주의 속에 빠져 버립니다. //[344]

여기서도 앞 문장과 뒤 문장이 대구를 이루는 구조다. 앞에 나온 "허무주의"라는 추상적인 용어를 뒤 문장에서 구체적인 예를 들면서 이해를 돕는다. 허무주의를 "인생은 물거품처럼 사라지는 것, 아무것도 손에 잡을 수가 없는 것, 결국 아무것도 남지 않는 것, 사라질 수밖에 없는 것"과 같은 구체적인 이미지를 사용해 설명함으로써 더욱더 선명하게 우리 마음에 와 닿게 한다.

이동원 목사의 설교에는 이와 같은 수많은 이미지를 사용한 강화, 강조, 부연 설명이 많다. 여기서 중요한 설교의 원리를 발견할 수 있다. 어떤 추상적인 용어를 사용하면 그것으로 끝내지 말고, 추상적인 말을 이해할 수 있도록 구체적인 이미지를 사용해 반복해서 설명하라! 그러면 자연스럽게 이미지를 사용한 대구법의 구조를 이루게 되고, 대구법이 가져오는 강화 효과 덕분에 설교에 감동과 감화를 불러일으킬 수 있다.

## 극화를 통한 강화[345]

(A) 하나님의 말씀을 듣는 자,

(B) 전능자의 환상을 보는 자,

(C) 엎드려서 눈을 뜬 자가 말하기를(민 24:4).

C 콜론에 나오는 "엎드려서 눈을 뜬 자"라는 말은 도대체 무슨 뜻인가? C 콜론에 나오는 의미를 정확히 파악하기 위해서 이 구절의 대구법 구조를 이해해야 한다. 이 구절은 발람 자신이 이방인 술사로서 자신의 예언자적인 기능을 설명한다.[346] 그는 처음에는 "하나님의 말씀을 듣는 자"라는 청각적 이미지를 사용해 예언의 말씀을 듣는 모습을 묘사한다.

그런데 B 콜론에는 "전능자의 환상을 보는 자"라는 시각적 이미지를 사용해 예언자적인 기능을 설명한다. C 콜론에서는 환상을 보는 모습을 더욱 극적인 이미지로 묘사한다. 엎드려 있지만 눈을 뜬 상태에서 환상을 보는 모습(원문의 의미)은 점술가가 환각에 사로잡힌 상태를 묘사하는 극화된 이미지이다.[347] 환상을 보는 예언자의 모습을 청각적 이미지, 시각적 이미지, 더욱 극화된 시각적 이미지를 사용해 단계적으로 강화한다.

제익스 목사는 야곱의 사기꾼 기질을 묘사하면서 갑자기 음모꾼에 대한 이야기로 넘어간다.

야곱은 그의 성장기 동안에 다른 사람의 것을 속여 취한 협잡꾼이라고 불렸다.

야곱의 이름은 "사기꾼"이라는 뜻이다.

음모꾼이여, 너의 코트가 어디 있는가?

음모꾼이여, 부엌으로 들어가라.

음모꾼이여, 덧신을 신어라.

음모꾼이여, 쓰레기를 가져다 버려라.[348]

"음모꾼이여"라는 수구 반복을 통해 야곱의 사기꾼과 같은 더러운 기질을 쓰레기를 버리듯이 가져다 버리라고 대구법을 사용해 '극적으로' 묘사한다.

## 과장법을 통한 강화

이는 첫 번째 콜론에 사용된 '평범한 용어'를 두 번째 콜론에서 '과장법을 사용해서 강화'하는 형태를 말한다.[349] 올터가 든 두 가지 예를 보자.

(A) 그들이 얼굴을 <u>땅에 대고</u> 네게 절하고
(B) 네 발의 <u>티끌을 핥을 것이니</u>(사 49:23).

(A) 광야에 사는 자는 <u>그 앞에 굽히며</u>
(B) 그의 원수들은 <u>티끌을 핥을 것이며</u>(시 72:9).

이사야 49장 23절이나 시편 72편 9절에 사용된 "티끌을 핥을 것이다"라는 표현은 문자적인 뜻이 아니라, 과장법으로 보아야 한다.[350] 이는 지극히 비천한 처지로 낮아진 모습을 묘사하는 표현이다.[351] 이 두 구절의 첫 번째 콜론에 사용된 "땅에 대고 네게 절하고" 혹은 "그 앞에 굽히며"라는 말에서 두 번째 콜론에 등장하는 "티끌을 핥을 것이다"라는 과장된 표현을 사용함으로써 훨씬 더 강화시키는 효과를 보게 된다.

(A) 그들은 비를 기다리듯 나를 기다렸으며
(B) 봄비를 맞이하듯 입을 벌렸느니라(욥 29:23).

여기서도 A 콜론에 사용된 욥을 기다리는 모습을 B 콜론에서는 "봄비를 맞이하듯이 입을 벌렸느니라"는 시각적 이미지를 사용해 묘사한다. 여기에 "입을 벌렸느니라"는 말은 문자적인 뜻이 아니라 과장된 표현이다.[352] 어느 누가 사람을 기다리면서 봄비를 맞듯이 입을 벌리고 기다리겠는가? 이렇게 이미지가 수반된 '과장법'을 사용함으로써, 사람들이 욥을 기다리는 모습을 더욱 감동적으로 묘사한다.

## 직유나 은유를 통한 강화

이는 첫 번째 콜론에 평범하게 사용된 용어를 두 번째 콜론에 가서 '직유법'이나 '은유법'을 사용해 강화하는 형태이다.[353] 혹은 그 반대로 나타날 때도 있다.

(A) 네가 철장으로 그들을 깨뜨림이여

(B) 질그릇같이 부수리라 하시도다(시 2:9).[354]

A 콜론에 "깨뜨림이여"라는 말을 사용했는데, B 콜론에는 이를 받아 "질그릇같이"라는 직유법을 사용해 "부수리라"고 표현함으로써, 깨뜨림의 의미를 훨씬 더 강조한다.

(A) 선한 말은 꿀송이 같아서

(B) (선한 말이) 마음에 달고 뼈에 양약이 되느니라(잠 16:24).

잠언 16장 24절은 A 콜론에 "선한 말"을 "꿀송이 같아서"라는 직유법을 사용하여 묘사한 후에 B 콜론에서 "선한 말"이 마음에 꿀처럼 달고 뼈에 양약처럼 유익함을 강조하고 있다. 동시에 B 콜론에 사용된 '마음에 달다'라는 말과 '뼈에 양약이 된다'라는 말은 또한 "선한 말"의 유익함을 은유적으로 강화하고 있는 형태이다.

아래에 제익스 목사가 직유법을 사용해 대구법의 강화의 효과를 어떻게 극대화시키는지 보라.

왜 내가 교회에서는 성자처럼 행동하고 다윗처럼 뛰다가,
    집에 와서는 내 아내와 자식들에게 야생 고릴라처럼 행동하게 되는가?[355]

남자들의 위선적인 모습을 직유(성자처럼, 다윗처럼, 야생 고릴라처럼)를 사용

한 대구법을 통해 적나라하게 드러낸다. 이 얼마나 탁월한 직유법을 통한 강화 방법인가!

## 점강적 반복을 통한 강화

이는 첫 번째 콜론에서 "뭔가를 말한 후에" 다음 콜론에는 "뭔가를 추가해서 똑같은 말을 반복하는" 대구법의 형태이다.[356] 이는 앞에서 분류한 대구법의 유형 중에서 "반복적 대구법"에 속한 것이다.

올터에 의하면 점강적 반복(incremental repetition)에는 수구 반복(anaphora)이라는 독특한 수사 기법을 사용하는데, 이는 "하나의 단어나 짧은 구절을 수사적으로 강조해서 반복하는" 형태이다. 수구 반복은 따라오는 대구를 이루는 말로의 "중복 효과"(overlap effect)를 낳기 때문에 "하나의 행동이 관련되어 따라오는 다른 행동으로 흘러들어가는" 효과를 낳는다.

점강적 반복에는 일단 반복된 말을 통해 동질성을 확인한 이후에 새롭게 도입된 말이 새로운 주의를 끌게 된다. 그리하여 의미가 어떻게 발전해 가는지 주목하게 된다. 달리 말하면 수구 반복을 통해 "동질성과 차이, 반복과 발전이라는 생산적인 긴장"을 형성한다.[357] 올터는 시편 13편에 사용된 점강적 반복에 주목한다.

여호와여 어느 때까지니이까 나를 영원히 잊으시나이까
주의 얼굴을 나에게서 어느 때까지 숨기시겠나이까

나의 영혼이 번민하고 종일토록 마음에 근심하기를 어느 때까지 하오며
내 원수가 나를 치며 자랑하기를 어느 때까지 하리이까(시 13:1-2).

시편 13편 1-2절에는 "어느 때까지"라는 구절이 반복해서 등장하면서 네 개의 콜론들이 대구법을 이루는 구조다. 우리말로 번역된 이 네 개의 시행을 "수구 반복"이라는 말로 표현하기에는 좀 난해한 점이 있다. 그러나 히브리어 원문을 보면 매 문장이 "어느 때까지"(עַד־אָ֫נָה)로 시작하고 있는데, NIV 영어 번역은 "수구 반복"의 운(韻)이 실감이 나도록 번역하고 있다.

> How long, LORD? Will you forget me forever?
> How long will you hide your face from me?
> How long must I wrestle with my thoughts
>     and day after day have sorrow in my heart?
> How long will my enemy triumph over me?

영어 번역을 보면 "어느 때까지"(how long)라는 말이 제일 먼저 등장하고, 이어서 더해진 말들이 따라 나온다. 이렇게 반복해서 등장하는 말이 따라오는 시행들을 하나로 묶어 준다. 이어서 새롭게 더해진 말들이 의미를 새롭게 발전시킨다.[358] 대구법의 강화의 원리인 "게다가 더한 것은"이라는 의미가 추가되어, 수구를 반복하면 할수록 더욱 강렬한 강화, 강조, 고조를 이루어 심금을 울리는 감동을 낳는다.

올터는 "수구 반복을 통해 반복된 말이나 구절은 결코 똑같은 것을 두

번 말하는 것이 아니라" 새로이 추가된 말 때문에 "어떤 새로운 색채를 띠게 된다"고 본다. 올터는 이 사실을 러시아 기호언어학자 쥬리즈 로트만(Jurij Lotman)의 말을 인용해 보강한다.

> 엄격히 말해서 무조건적인 반복은 시에서 불가능하다. 일반적으로 어떤 텍스트에 등장하는 한 단어의 반복은 한 개념의 기계적인 반복을 의미하지 않는다. 아주 빈번히 이는 비록 통합되어 있지만 더욱 복잡한 의미의 맥락을 가리킨다. 한 텍스트의 도식적인 감각에 익숙한 독자는 지면에 있는 한 단어의 반복된 윤곽들을 보고는 그는 단지 한 개념의 중복을 보게 된다. 그런데 실상 그는 또 다른 더욱 복잡한 개념을 통상 다루게 되는데, 이는 그 말과 관계되어 있지만, 이의 복잡성은 결코 양적인 것을 의미하지 않는 것이다.[359]

이런 관점에서 올터는 시편 13편 1-2절을 이렇게 분석한다. 처음에는 시인은 "하나님께서 영원히 잊으신 것에 대해서 불평한다." 이어서 하나님으로부터 잊힌 어려움은 "하나님께서 그에게 얼굴을 가림으로써", "더욱더 개인적으로 구체적으로" 느껴지게 된다.

그 다음 콜론에서는 "버려진 상태가 시인의 내면적인 경험으로 전환되면서", "그는 덧없는 계획을 세우면서 허우적거리고 있고 게다가 더한 것은 지속적인 슬픔에 잠기게 된다." 마지막 콜론에서는 "그의 적이 그와 대항해서 이기는" 모습을 그린다. 이 마지막 "어느 때까지"라는 수구 반복은 "이전에 거의 암시되지 않은 구체적인 것을 소개할 뿐만 아니라, 그 이전에 없었던 …… 실제적 원인적인 힘을 내포한다." 즉 "얼마나 이

고통이 계속되어야 합니까? 왜냐하면 바로 이것이 그 이유입니다"라는 뜻이다. "이는 시적인 본문에서 말 그대로의 반복(verbatim repetition)이 전체적인 맥락 속에서 갖는 의미와 동일시될 수 없음을 잘 보여 준다."[360]

점강적 반복을 통한 강화는 설교에 가장 유용한 강화 방법 가운데 하나이다. 앞에서 보았듯이 제익스 목사는 점강적 반복을 참 많이 사용했다. 그는 남자들에게 전하는 설교에서 남자들이 자기 스스로를 괴롭히는 모습을 점강적 반복법이라는 대구법을 사용해 사실적으로 묘사한다.

<u>누가</u> 우리의 소년과 소녀들을 괴롭혔습니까?
<u>누가</u> 우리의 여자들을 강간했습니까?
<u>누가</u> 우리의 유아들을 때렸습니까?
<u>누가</u> 우리의 아기들을 버렸습니까?[361]

제익스 목사는 "누가"(Who)라는 수구 반복을 통해 남자들이 가정을 파괴하는 네 개의 영역을 점차적으로 강도를 높이며 묘사한다. 여기에 "누가"라는 말을 반복함으로써, 이런 일을 자행하는 사람들이 바로 당신 '남자들'이라는 사실을 강조하고 있고, 각 반복에 추가되는 새로운 말들은 점점 더 강도를 더해 간다.

그리하여 소년소녀들을 괴롭히는 장면으로 시작하여, 여자들을 강간하는 장면으로, 유아들을 때리는 모습으로, 나아가 마지막에는 아기를 버리는 심각한 상태까지 남성들이 저지르는 심각한 죄악상을 점강적 반복이라는 대구법을 사용해 묘사한다.

이동원 목사도 점강적 강화를 사용한 대구법에 탁월한 설교자이다. 그의 설교에서 수많은 점강적 반복을 사용한 강화를 발견할 수 있다. 이동원 목사는 전도서 3장 1-9절을 설교하면서 28가지의 '때'에 대한 말씀을 긍정적 사건들 14가지와 부정적 사건 14가지로 분류하여 점강적 강화 방법을 사용해 설명한다.

> 시간은 우리에게 생명을 제공합니다.
> 시간은 우리에게 건강을 제공합니다.
> 시간은 우리에게 청춘을 제공합니다.
> 시간은 우리에게 성취의 감격을 안겨다 줍니다.
> 시간은 우리에게 춤추는 댄싱의 즐거움을 가져다줍니다.
> 시간은 우리에게 공격의 기쁨을 알게 해 줍니다.
> 시간은 우리에게 소유의 기쁨을 알게 해 줍니다.
> 시간은 우리에게 창조의 기쁨을 안겨다 줍니다.
> 시간은 우리에게 생산의 의미를 가르칩니다.
> 시간은 우리에게 발견의 감격을 가져다줍니다.
> 시간은 우리에게 웅변의 아름다움을 이야기해 줍니다.
> 시간은 우리에게 사랑의 추억을 가져다줍니다.
> 시간은 우리에게 평화의 즐거움을 안겨다 줍니다.
> 이런 것들만 있으면 얼마나 좋겠습니까?[362]

점강적 강화를 위해서 "시간은 우리에게"라는 수구 반복을 계속해서 사용했다. 점강적 강화를 통해 시간의 긍정적인 요소들이 점점 더 강하게 부각된다. 그런데 마지막에 대구법을 벗어나는 한 문장이 이런 긍정적인 요소들만 시간 속에 존재하지 않음을 암시한다. "이런 것들만 있으면 얼마나 좋겠습니까?" 이어서 시간의 부정적인 요소들 14가지를 등장시켜 시간의 양면성을 강조한다.

이동원 목사의 동일한 설교에 등장하는 또 다른 점강적 강화를 보자. 이번에는 "아름다운 것입니까?"라는 수구 반복을 통해 점점 더 강화, 강조한다.

아니! 어떻게 아름답다고 말할 수가 있습니까?
죽음이 아름다운 것입니까?
질병이 아름다운 것입니까?
노쇠가 아름다운 것입니까?
상실이 아름답다고요?
눈물이 아름다워요?
패배가 아름답다니요?
파괴가 아름답다니요?
침묵이 아름답다니요?
도대체 무슨 소리를 하십니까?[363]

여기서 "아름다운 것입니까?"(혹은 이의 어미를 약간 변형한 질문 형태)라는 수구 반복을 통해 이런 모든 것들이 결코 아름답지 않음을 강조한다. 특히 여기서 사용된 수사적 질문 형태는 대구법의 강화의 효과를 더욱 고조시키고, 마침내 마지막에 수구 반복을 벗어난 한 문장 속에 이런 수사적 질문의 핵심이 등장한다. "도대체 무슨 소리를 하십니까?" 이런 모든 것은 결코 아름답지 않다는 사실을 웅변적으로 강조하며 결론을 맺는다.

## 후렴을 사용한 강화

어리석은 자는 그의 마음에 이르기를 하나님이 없다 하는도다
그들은 부패하고 그 행실이 가증하니
<u>선을 행하는 자가 없도다</u>
여호와께서 하늘에서 인생을 굽어살피사
지각이 있어 하나님을 찾는 자가 있는가 보려 하신즉
다 치우쳐 함께 더러운 자가 되고
<u>선을 행하는 자가 없으니 하나도 없도다</u>(시 14:1-3).

시편 14편 1-3절은 하나님의 존재를 인정하기를 거부하는 어리석은 사람에 대해 묘사하면서, 나아가 인생 가운데 선을 행하는 인간이 없음을 그린다. 여기에 사용된 강화 방법은 "선을 행하는 자가 없도다"라는 후렴을 통한 강화다. 첫째 후렴 앞부분에는 하나님이 없다고 부정하는 어리석은 자의 모습을 그리고, 이어서 이들의 부패하고 행실이 가증한 모습을 그린 후에 선을 행하는 자가 없다는 결론에 도달한다.

두 번째 후렴 앞에 나오는 내용은 하나님께서 인생 전체를 대상으로 살펴보시며, 스스로 지각이 있어 하나님을 찾는 자가 있는가 보았더니 아무도 없었고, 모두 치우쳐 더러운 모습을 보시게 된다. 그리하여 "선을 행하는 자가 없으니 하나도 없다"는 결론에 도달한다.

이렇게 "선을 행하는 자가 없도다"라는 후렴을 반복함으로써, 어리석은 자가 하나님의 존재를 부정하는 모습에서 시작하여 인생 전체의 전적인 부패를 강화, 강조한다. 특히 두 번째 후렴에서는 "하나도 없도다"라는 말이 추가되어 정말 인생 중에 선을 행하는 자가 없다는 사실을 더욱 강조한다.

후렴을 통한 강화는 훌륭한 연설에도 자주 등장하는 대구법이다. 마틴 루터 킹 목사의 "나는 꿈이 있습니다"라는 연설을 보자.

<u>나는 꿈이 있습니다</u>. 언젠가 이 나라가 떨쳐 일어나 진정한 의미의 국가 이념을 실천하리라는 꿈, 즉 모든 인간은 평등하게 태어났다는 진리를 우리 모두가 자명한 진실로 받아들이는 날이 오리라는 꿈입니다.

<u>나는 꿈이 있습니다</u>. 조지아의 붉은 언덕 위에서 과거에 노예로 살았던 부모의 후손과 그 노예의 주인이 낳은 후손이 식탁에 함께 둘러앉아 형제애를 나누는 날이 언젠가 오리라는 꿈입니다.

<u>나는 꿈이 있습니다</u>. 삭막한 사막으로 뒤덮인 채 불의와 억압의 열기에 신음하던 미시시피 주조차도 자유와 정의가 실현되는 오아시스로 탈바꿈되리라는 꿈입니다.

<u>나는 꿈이 있습니다</u>. 저의 네 자식들이 피부색이 아니라 인격에 따라 평가받는 나라에서 살게 되는 날이 언젠가 오리라는 꿈입니다.
<u>지금 나는 꿈이 있습니다!</u>

나는 꿈이 있습니다. 주지사가 연방 정부의 정책 개입과 연방법 실시를 거부한다는 말만 늘어놓는 앨라배마 주에서도, 흑인 소년, 소녀가 백인 소년, 소녀와 서로 손잡고 형제자매처럼 함께 걸어 다닐 수 있는 상황으로 언젠가 탈바꿈되리라는 꿈입니다.

지금 나는 꿈이 있습니다! 모든 계곡이 높이 솟아오르고, 모든 언덕과 산이 낮아지고, 울퉁불퉁한 땅이 평지로 변하고, 꼬부라진 길이 곧은길로 바뀌고, 하나님의 영광이 나타나 모든 생물이 그 광경을 함께 지켜보리라는 꿈입니다.[364]

흑인에 대한 인종차별을 없애기 위해서 그가 행한 위대한 연설에는 "나는 꿈이 있습니다"라는 탁월한 후렴구가 깔려 있다. "나는 꿈이 있습니다"라는 후렴의 반복으로 마치 그가 가진 꿈이 계속 살아 꿈틀거리는 느낌마저 든다. 그리고 킹 목사의 위대한 꿈은 마침내 이루어졌다!

# 6
# 대구법에 탁월한 설교자들

## 예수 그리스도

예수님의 설교에는 수많은 유형의 대구법이 등장한다. 때로 대구법을 이중삼중으로 엮어서 사용하시기도 했다. 산상수훈 중에서 대표적인 대구법의 예들을 뽑았다.

나는 너희에게 이르노니
(A) 도무지 맹세하지 말지니
(B) 하늘로도 하지 말라 이는 하나님의 보좌임이요
(C) 땅으로도 하지 말라 이는 하나님의 발등상임이요
(D) 예루살렘으로도 하지 말라 이는 큰 임금의 성임이요
(E) 네 머리로도 하지 말라 이는 네가 한 터럭도 희고 검게 할 수 없음이라

(F) 오직 너희 말은 옳다 옳다, 아니라 아니라 하라

이에서 지나는 것은 악으로부터 나느니라(마 5:34-37).

여기에 '맹세하지 말라'는 교훈을 갖고, 여섯 번이나 대구법을 사용해 맹세하지 말 것을 강조한다. A콜론에 "도무지 맹세하지 말지니"라는 일반적인 명제를 말씀하신 후에 "하늘로도", "땅으로도", "예루살렘으로도", "네 머리로도" 하지 말라고 구체적인 이미지를 사용해 강조한다. "하지 말라"는 수구 반복이 등장한 이후에 마지막 F 콜론에서는 긍정적으로 "하라"라는 대조적 대구법으로 결론을 맺는다. "옳다 옳다, 아니라 아니라"라는 말 자체도 긍정과 부정이 단어의 짝을 이룬 대구법이다.

나는 너희에게 이르노니

(A) 악한 자를 대적하지 말라

(B) 누구든지 네 오른편 뺨을 치거든 /

　　　왼편도 돌려 대며 //

(C) 또 너를 고발하여 속옷을 가지고자 하는 자에게 /

　　　겉옷까지도 가지게 하며 //

(D) 또 누구든지 너로 억지로 오 리를 가게 하거든 /

　　　그 사람과 십 리를 동행하고 //

(E) 네게 구하는 자에게 주며 /

　　　네게 꾸고자 하는 자에게 거절하지 말라 // (마 5:39-42).

여기서도 첫 콜론에 "악한 자를 대적하지 말라"라는 일반적인 명제를

말씀하신 이후에 예수님께서는 네 개의 구체적인 이미지를 사용한 대구법으로 이 명제를 강화, 강조, 고조시킨다. 악한 자가 행하는 행동들을 뺨치는 이미지, 고발 이미지, 강요된 동행 이미지, 빌리는 이미지를 사용해 설명한다. 이렇게 이미지를 사용한 대구법은 추상적인 명제를 구체적으로 이해할 수 있도록 돕는다.

또한 "대적하지 말라"는 명제도 따라오는 대구를 이룬 콜론에서 '대조적 단어의 짝'을 사용해 설명한다. "네 오른편 뺨을 치거든"과 "왼편도 돌려 대며"가 대조적 대구법을 이루고, "속옷을 가지고자 하는 자에게"와 "겉옷까지도 가지게 하며"가 대조적 대구법을 이루고, "너로 억지로 오 리를 가게 하거든"과 "그 사람과 십 리를 동행하고"가 대조적 대구법을 이루고, "네게 구하는 자에게 주며"와 "네게 꾸고자 하는 자에게 거절하지 말라"라는 말이 역시 대조적 대구법을 이룬다. A 콜론과 B, C, D, E 콜론이 동의적 대구법을 이루고, B, C, D, E 각 콜론 내부에서는 대조적 대구법을 이루는 형태이다.

(A) 너희를 위하여 보물을 땅에 쌓아 두지 말라

(B) 거기는 좀과 동록이 해하며 /

　도둑이 구멍을 뚫고 도둑질하느니라 //

(C) 오직 너희를 위하여 보물을 하늘에 쌓아 두라

(D) 거기는 좀이나 동록이 해하지 못하며 /

　도둑이 구멍을 뚫지도 못하고 도둑질도 못하느니라 //

(E) 네 보물 있는 그 곳에는 /

　네 마음도 있느니라 // (마 6:19-21).

여기서 몇 겹의 대구법을 발견할 수 있다. 먼저 콜론 A, B와 콜론 C, D 가 대조적 대구법을 이룬다. 콜론 E는 결론적인 말이지만 동시에 콜론 A, B와 콜론 C, D 간에 대구법을 이루는 구조로 되어 있다. 좀 더 세부적으로 들어가면 콜론 A와 콜론 C가 정확히 대조적 대구법을 이룬다. "땅에"라는 말과 "하늘에"라는 말이 또한 단어의 짝을 이룬다. 그리고 콜론 B와 콜론 D가 또한 대조적 대구법을 이룬다. 좀과 동록이 해할 수 있는가 없는가가 대조적 대구법을 이루고, 도둑이 구멍을 뚫을 수 있는가 없는가가 역시 대조적 대구법을 이룬다.

콜론 B와 콜론 D를 개별적으로 보면, 그 안에서 동의적 대구법을 이루는 구조다. 땅에 보물을 쌓지 말아야 할 이유를 콜론 B가 동의적 대구법을 사용해 입증한다. 좀과 동록이 해하는 것과 도둑이 도둑질하는 것이 땅에 보물을 쌓지 말아야 이유임을 이중으로 동의적 대구법을 이루어 강조한다.

콜론 D는 우리가 보물을 하늘에 쌓아야 하는 이유를 동의적 대구법으로 설명한다. 좀과 동록이 해하지 못하고, 도둑이 도둑질을 하지 못하기 때문에 하늘에 보물을 쌓아야 한다고 이중으로 동의적 대구법을 사용해 강조한다.

마지막에 나오는 "네 보물 있는 그 곳에는 / 네 마음도 있느니라" //라는 결론도 대구법을 이룬다. '네 보물이 있다'와 '네 마음이 있다'가 대구법을 이루는 구조다. 얼마나 정교하게 짜인 대구법의 구조인가!

(A) 한 사람이 두 주인을 섬기지 못할 것이니
(B) 혹 이를 미워하고 저를 사랑하거나

(C) 혹 이를 중히 여기고 저를 경히 여김이라

(D) 너희가 하나님과 재물을 겸하여 섬기지 못하느니라(마 6:24).

여기서도 콜론 A가 한 사람이 두 주인을 섬기지 못한다는 일반적인 명제를 말하고 있고, 따라오는 콜론 B, C, D는 동의적 대구법을 이루어 이를 더욱 강화, 강조한다.

콜론 B, C를 더욱 세부적으로 분석해 보면, 콜론 A에 나온 "두 주인을 섬기지 못한다"는 명제를 더욱 선명한 이미지를 사용해 설명하는 대구법의 구조다. 특히 콜론 B, C는 밀접한 동의적 대구법을 형성한다. 두 주인을 섬기지 못하는 이유는 미워하고/사랑하는 감정이나, 중히 여기거나/경히 여기는 감정 때문이다. 무엇보다 콜론 B, C는 통사론적 대구법을 이루고 있어 두 콜론의 구문의 배치가 정확히 일치하기 때문에 두 콜론은 매우 긴밀하게 얽혀 있다.

콜론 B와 C의 내부를 들여다보면 "미워하고/사랑하거나"가 대조적 대구법을 이루고, "중히 여기고/경히 여김이라"라는 말이 대조적 대구법을 이룬다. 그리고 마지막에 나오는 콜론 D는 네 개의 대구법의 결론임과 동시에 첫 콜론에 나온 명제와 밀접한 대구법의 관계를 맺고 있다. 여기서도 콜론 A, D가 통사론적으로 유사한 구조를 지닌 대구법을 이루기 때문에 이들의 유대관계를 더욱 돈독히 해 준다. "두 주인"의 정체를 "하나님과 재물"이라고 구체적으로 밝힘으로써, 결코 함께 섬길 수 없는 대상이 곧 하나님과 재물임을 알 수 있다.

(A) 비판을 받지 아니하려거든 / 비판하지 말라 //

(B) 너희가 비판하는 그 비판으로 / 너희가 비판을 받을 것이요 //

(C) 너희가 헤아리는 그 헤아림으로 / 너희가 헤아림을 받을 것이니라 //

(D) 어찌하여 형제의 눈 속에 있는 티는 보고 / 네 눈 속에 있는 들보는 깨닫지 못하느냐 //

(E) 보라 네 눈 속에 들보가 있는데 / 어찌하여 형제에게 말하기를 나로 네 눈 속에 있는 티를 빼게 하라 하겠느냐 //

(F) 외식하는 자여 먼저 네 눈 속에서 들보를 빼어라 / 그 후에야 밝히 보고 형제의 눈 속에서 티를 빼리라 //(마 7:1-5).

A에 나오는 "비판을 받지 아니하려거든 / 비판하지 말라" //라는 명제를 B, C가 동의적 대구법으로 강조한다. 그리고 각 시행 내에서 또한 문법적 대구를 이루는 구조다. A에는 비판을 받는 수동적 행위와 비판을 하는 능동적 행위가 대구를 이루고, B에서는 비판을 하는 능동적 행위와 비판을 받는 수동적 행위가 문법적 대구를 이루고, C에서는 헤아리는 능동적 행위와 헤아림을 받는 수동적 행위가 역시 문법적 대구를 이룬다.

D, E, F는 형제의 눈 속에 티를 보고 비판하는 사람에게는 역설적으로 들보가 있다는 진리를 삼중으로 대구법을 이루어 강조한다. 그리고 D, E, F 각각의 시행 내에서 티와 들보가 단어의 짝을 이루어 대구를 이루는 구조다.

(A) 구하라 그리하면 너희에게 주실 것이요 /

(B) 찾으라 그리하면 찾아낼 것이요 /

(C) 문을 두드리라 그리하면 너희에게 열릴 것이니 //

(D) 구하는 이마다 받을 것이요 /

(E) 찾는 이는 찾아낼 것이요 /

(F) 두드리는 이에게는 열릴 것이니라 //

(G) 너희 중에 누가 아들이 떡을 달라 하는데 / 돌을 주며 //

(H) 생선을 달라 하는데 / 뱀을 줄 사람이 있겠느냐 //

(I) 너희가 악한 자라도 좋은 것으로 자식에게 줄 줄 알거든 / 하물며 하늘에 계신 너희 아버지께서 구하는 자에게 좋은 것으로 주시지 않겠느냐 //

(마 7:7-11).

A, B, C는 문법적 대구법을 이루는데, 원문에는 '명령형 동사 + 접속사 + 직설법 미래형 동사'의 구문 형태로 구조가 똑같다. A, B, C는 또한 의미론적 대구법을 이룬다. 외관상은 달라 보이지만 모두 기도하면 응답하신다는 내용을 다른 이미지를 사용해 강조할 뿐이다.

D, E, F도 역시 문법적 대구법을 이루는데, 원문에는 모두 '관사를 동반한 현재 분사형(명사 상당어) + 직설법 현재형 동사'의 구문 형태로 구성되어 있다. 역시 의미상으로도 대구를 이루는 구조다. 모두 기도하는 자에게 응답이 된다는 내용을 다른 이미지를 사용해 표현하고 있을 뿐이다. 그래서 앞의 세 개가 의미론적, 통사론적 대구법을 이루고, 뒤의 세 개도 의미론적, 통사론적 대구법을 이룬다.

동시에 A, D가 의미상 대구법을 이루고, B, E도 의미상 대구법을 이루고, C, F도 의미상 대구법을 이룬다. 그리하여 기도하면 응답하신다는 내용을 삼중의 대구법으로 강화, 강조하고 있는 구조다. 예수님께서 얼마나 확실한 강조 방법을 사용하시는가!

그뿐인가? 이제 더욱더 생생한 아버지의 이미지를 사용해 하늘 아버지께서 우리의 기도에 확실히 응답하신다는 사실을 강조한다. G, H, I는 육신의 아버지가 자식에게 좋은 것으로 주시는 특성에 착안하여 육신의 아버지보다 비교할 수 없이 좋으신 하늘 아버지께서 기도하는 자에게 더 좋은 것을 주시지 않겠는가라는 진리를 세 개의 대구법을 통해 강화한다.

그리고 G, H, I의 각각의 시행 속에서도 대조적 대구법을 이룬다. "떡을 달라 하는데 / 돌을 주며" //가 대조적 대구법을 이루고, "생선을 달라 하는데 / 뱀을 줄 사람이 있겠느냐" //가 대조적 대구법을 이루고, 마지막 시행에는 "악한 자"(육신의 부모)와 "하늘에 계신 너희 아버지"(하나님)가 대조를 이루는 대구법의 형태이다.

여기 마지막 시행에서 쿠걸이 강조한 대구법의 진수가 드러난다. 악한 육신의 아버지도 좋은 것을 자식에게 줄 줄 알거든 '하물며' 더 좋으신 하늘 아버지께서 좋은 것으로 주지 않겠느냐는 말이다. 예수 그리스도께서 기도 응답의 확실성에 대해서 이만큼 다중의 대구법을 사용해 강조한 것은 다른 어떤 곳에서도 찾아보기 힘들다. 얼마나 확실한 기도 응답의 약속인가!

예수님의 설교를 들은 청중의 반응은 어떠했는가? 산상수훈의 마지막 두 구절이 청중의 반응을 묘사한다. "예수께서 이 말씀을 마치시매 <u>무리들이 그의 가르치심에 놀라니 이는 그 가르치시는 것이 권위 있는 자와 같고 그들의 서기관들과 같지 아니함일러라</u>"(마 7:28-29).

청중들은 예수님의 설교를 듣고 놀라움을 금치 못한다. 주님의 설교는 당시 서기관들의 설교와는 질적으로 달랐기 때문이다. 그 비밀이 어디에 있는가? 예수님께서 성령님의 감동하심으로 사용하신 탁월한 언어의 예술에 비밀이 감추어져 있다.

## 사도 바울

바울은 "설득력 있는 지혜의 말"에 대해 상당히 부정적인 견해를 갖고 있었는데, 그는 과연 히브리 시인들이 사용했던 대구법이라는 수사 기법을 전혀 사용하지 않았을까? 바울의 성장 배경은 헬라문화권이었지만, 그는 가말리엘 문하에서 랍비 교육을 받았기 때문에 히브리적 사고에 큰 영향을 받은 것이 분명하다. 그의 글에 히브리 시인들이 자주 사용하는 대구법이 자주 등장하는 것을 볼 수 있다. 그가 설득력 있는 말솜씨에 대해서 부정적으로 평가한 바로 그 본문 속에서도 히브리인들이 즐겨 사용한 대구법이 존재함을 앞에서 보았다. 히브리어 성경에 능통한 바울은 자신도 모르게 히브리적 수사법에 노출되어 그 패턴을 그대로 따라 하는 것이 아닐까? 그 외에도 바울의 글에 수많은 대구법이 등장한다.

(A) 영광과 욕됨으로 그러했으며 /
   악한 이름과 아름다운 이름으로 그러했느니라 //
(B) 우리는 속이는 자 같으나 / 참되고 //
(C) 무명한 자 같으나 / 유명한 자요 //
(D) 죽은 자 같으나 / 보라 우리가 살아 있고 //
(E) 징계를 받는 자 같으나 / 죽임을 당하지 아니하고 //

(F) 근심하는 자 같으나 / 항상 기뻐하고 //

(G) 가난한 자 같으나 / 많은 사람을 부요하게 하고 //

(H) 아무것도 없는 자 같으나 / 모든 것을 가진 자로다 // (고후 6:8-10).

바울은 복음을 전하는 사도로서 역설적인 삶을 살 것을 반복적인 대조적 대구법을 사용해 강하게 피력한다. A만 동의적 대구법을 이루고(그러나 내부적으로는 두 개의 콜론이 각각 대조적 대구법을 이룬 구조임), 나머지 B, C, D, E, F, G, H는 모두 대조적 대구법을 이룬다. 또 B에서 H까지는 "~자 같으나"라는 수구 반복이 계속 등장하면서, 바울이 역설하는 내용을 반복적 대구법으로 점점 더 강화하는 구조로 되어 있다.

(A) 그러므로 내가 편지로 너희를 근심하게 한 것을 후회하였으나 /

(B) 지금은 후회하지 아니함은 그 편지가 너희로 잠시만 근심하게 한 줄을 앎이라 //

(C) 내가 지금 기뻐함은 너희로 근심하게 한 까닭이 아니요 /

(D) 도리어 너희가 근심함으로 회개함에 이른 까닭이라 //

(E) 너희가 하나님의 뜻대로 근심하게 된 것은 우리에게서 아무 해도 받지 않게 하려 함이라 /

(F) 하나님의 뜻대로 하는 근심은 후회할 것이 없는 구원에 이르게 하는 회개를 이루는 것이요 // (/)

(G) 세상 근심은 사망을 이루는 것이니라 // 보라 하나님의 뜻대로 하게 된 이 근심이

(H) 너희로 얼마나 간절하게 하며

(I) 얼마나 변증하게 하며

(J) 얼마나 분하게 하며

(K) 얼마나 두렵게 하며

(L) 얼마나 사모하게 하며

(M) 얼마나 열심 있게 하며

(N) 얼마나 벌하게 하였는가

너희가 그 일에 대하여 일체 너희 자신의 깨끗함을 나타내었느니라

(고후 7:8-11).

A와 B는 '후회하였다'와 '후회하지 아니한다' 사이에 대조적 대구법을 이룬다. C와 D 사이에도 근심에 대한 부정적인 생각과 근심에 대한 긍정적인 효과(회개함)를 대조하는 대조적 대구법을 이룬다. E와 F 사이에는 "하나님의 뜻대로 하는 근심"의 긍정적인 열매들(해 받지 아니함과 구원에 이르게 하는 회개)이 대구를 이루는 동의적 대구법이다.

반면에 F와 G 사이에는 "하나님의 뜻대로 하는 근심"과 "세상 근심"이 대조적 대구법을 이루고, 이들의 상반된 열매인 "구원에 이르게 하는 회개"와 "사망"이 또한 대조적 대구법을 이룬다. 요컨대 E와 F 사이에는 동의적 대구법을 이루고, F와 G 사이에는 대조적 대구법을 이루는 구조이기 때문에 F는 양쪽에 동시에 걸려 있어 "중심점 패턴"을 이룬다.

H에서 N까지는 "얼마나"라는 수구 반복을 이용한 점강적인 반복적 대구법을 이룬다. 사도 바울이 얼마나 탁월하게 대구법을 사용하고 있는가! 바울의 서신을 읽어보면 바울의 편지는 "무게가 있고 힘"이 있다는 평가는 결코 틀린 게 아니다(고후 10:10).

## 마틴 루터 킹 목사

대구법의 효과는 주로 결론 부분에 피치를 올릴 때 사용해야 최상의 효과를 얻을 수 있다. 킹 목사는 이 사실을 누구보다 잘 알고 연설을 한 것 같다. "나는 꿈이 있습니다" 마지막 부분에 그가 얼마나 강렬한 대구법을 사용하는지 보라.

그리고 만약 미국이 위대한 나라가 되려고 하면, 이것이 반드시 실현되어야 합니다.

그래서 <u>자유가</u> 뉴햄프셔 주의 거대한 언덕 꼭대기들에서 <u>울려 퍼지게 합시다.</u>

<u>자유가</u> 거대한 뉴욕의 산들에서 <u>울려 퍼지게 합시다.</u>

<u>자유가</u> 펜실베이니아 주의 높다란 앨러게니 산맥에서 <u>울려 퍼지게 합시다.</u>

<u>자유가</u> 콜로라도 주의 눈 덮인 로키 산맥에서 <u>울려 퍼지게 합시다.</u>

<u>자유가</u> 캘리포니아 주의 굽이치는 경사지들에서 <u>울려 퍼지게 합시다.</u>

그러나 그뿐 아니라, <u>자유가</u> 조지아 주의 석산에서 <u>울려 퍼지게 합시다.</u>

<u>자유가</u> 테네시 주의 전망산에서 <u>울려 퍼지게 합시다.</u>

<u>자유가</u> 미시시피 주의 모든 언덕과 작은 흙두둑에서 <u>울려 퍼지게 합시다.</u>

모든 산중턱에서 <u>자유가 울려 퍼지게 합시다.</u>

<u>그리고 이렇게 될 때,</u>

<u>자유가 울려 퍼지게 할 때,</u>

모든 마을과 모든 작은 부락에서, 모든 주와 모든 도시에서, <u>자유가 울려 퍼</u>

지게 할 때,

모든 하나님의 자녀들,

흑인 남자들과 백인 남자들,

유대인들과 이방인들,

개신교 교인들과 가톨릭 교인들이

함께 손을 잡고 옛 흑인영가의 가사인

"마침내 자유!

마침내 자유!

전능하신 하나님 감사합니다.

우리가 마침내 자유하게 되었습니다!"라고

노래할 수 있는 그날을 우리는 앞당길 수 있습니다.[365]

인용한 연설문 가운데 앞부분에 킹 목사는 "자유가 …… 울려 퍼지게 합시다"라는 수구 반복을 아홉 번 사용해 반복적 대구법을 이룬다. 이렇게 반복적 대구법을 반복함에 따라 쿠걸과 올터가 말한 "게다가 더한 것은"이라는 강화와 강조의 효과가 점점 더 강하게 누적되어 마지막에 가서 "마침내 자유!"로 폭발한다.

여기 반복적 대구법에 나타나는 각 지명들이 아홉 번이나 다양하게 나타남으로 말미암아 마침내 자유가 미국 모든 지역에 울려 퍼지게 될 것이라는 확신을 심어 준다. "마침내 자유!"라는 승리의 선언이 있기 전에 이 성취의 때를 가리키는 말도 세 번 대구법을 이루어 나타난다.

(A) 그리고 이렇게 될 때,

(B) <u>자유가 울려 퍼지게 할 때</u>,

(C) 모든 마을과 모든 작은 부락에서, 모든 주와 모든 도시에서, <u>자유가 울려 퍼지게 할 때</u>,

A, B, C가 때를 나타내는 말로 대구를 이루면서, 특히 B, C는 "자유가 울려 퍼지게 할 때"라는 동일한 말을 반복하면서, C에 "모든 마을", "모든 작은 부락", "모든 주와 모든 도시"라는 포괄적인 지명을 추가함으로써, 미국의 모든 곳에서 자유가 울려 퍼지는 모습을 한층 더 강화해서 표현한다. 그렇게 될 때 마지막에 "마침내 자유!"가 오는데, 이 말도 세 번의 대구를 이루는 구조로 되어 있다.

<u>마침내 자유!</u>

<u>마침내 자유!</u>

전능하신 하나님 감사합니다.

우리가 <u>마침내 자유하게 되었습니다!</u>

"마침내 자유!"도 첫 두 번은 동일한 말로 반복하지만, 마지막에는 "전능하신 하나님 감사합니다. 우리가 마침내 자유하게 되었습니다!"라고 변화를 줌으로써, 이 차이점이 자유를 얻은 기쁨을 더욱 고조시킨다. 그리고 "마침내 자유!"를 외치는 사람들은 누구인가? 그들은 바로 "모든 하나님의 자녀들"이다. 이 말도 두 겹의 대구법을 사용해 강조한다.

(A) 모든 하나님의 자녀들,

(B) 흑인 남자들과 백인 남자들,

(C) 유대인들과 이방인들,

(D) 개신교 교인들과 가톨릭 교인들이

A에 나오는 "모든 하나님의 자녀들"이라는 말을 B, C, D에서 구체적인 예를 들면서 대구법을 이루어 강화하고 있고, B, C, D 각각은 대조적 대구법을 사용해 강화한다. "흑인 남자들"과 "백인 남자들"이 대조적 어휘 짝을 이루고, "유대인들"과 "이방인들"이 대조적 어휘 짝을 이루고, "개신교 교인들"과 "가톨릭 교인들"이 대조적 어휘 짝을 이룬다. 참으로 정교하게 짜인 대구법이다.

킹 목사의 위대한 연설은 우연히 만들어진 것이 아니다. 그 배경에는 이렇게 반복적 대구법, 동의적 대구법, 대조적 대구법 등 탁월한 수사법이 깔려 있기 때문이다.

## 티 디 제익스 목사

제익스 목사는 미국에서 대구법을 가장 자주 사용하는 설교자 중에 한 사람일 것이다. 그가 예레미야 35장 15절의 말씀을 중심으로 "하나님의 목적의 긴급성"이라는 제목으로 설교한 내용을 보자.

하나님의 긴급한 요청은 무시되어서 안 됩니다.
그분은 당신의 삶에 대해 뭔가를 아시고, 당신이 알지 못하는 당신이 그분과 만난 것을 알고 계십니다.

그분은 언제 사탄의 암살자들이 당신을 죽이기 위해서 공격을 개시했는가를 알고 계십니다.

그분은 언제 죽음의 천사가 그의 일을 하도록 허락을 받았는지를 알고 계십니다.

그분은 언제 그분이 다시 돌아오실지 알고 계십니다.

  당신이 생명을 잃기 전에,

  당신이 신실함을 잃기 전에,

  당신이 아내를 잃기 전에,

  당신이 아들이나 딸을 잃기 전에,

  당신이 미래의 복을 잃기 전에,

  당신이 하나님께서 주신 것을 잃기 전에,

하나님의 긴급한 요청에는 목적이 있습니다. 그분을 무시하지 마십시오.

  당신은 허비할 시간이 없습니다.

  당신은 우회로를 찾을 시간이 없습니다.

  당신은 유치한 짓을 할 시간이 없습니다.

  당신은 반역할 시간이 없습니다.

  당신은 게임할 시간이 없습니다.

  당신은 바람을 피울 시간이 없습니다.

  당신은 중요하지 않은 모임과 위원회에 참여할 시간이 없습니다.

하나님께서 당신을 위해 마련한 곳을 경험하려면, 당신은 아마 어떤 관계는 단절해야 할 겁니다.

  어떤 것은 포기하세요.

하나님의 말씀을 깊이 파고들어 가세요.

자신을 위해서 기도하는 법을 배우세요.

그리고 진정으로 당신의 가정에 제사장이 되세요.[366]

제익스 목사의 설교에 대구법이 차고 넘치는 예를 단적으로 볼 수 있는 설교이다. 첫 문장에 따라오는 네 개의 문장이 "그분은 …… 알고 계십니다"라는 반복적 대구법을 사용함으로써, 하나님께서 당신에 대해서 모든 것을 알고 계시고, 당신이 얼마나 위험에 처해 있는지 알고 계신다는 사실을 점점 더 강하게 고조시킨다.

이어서 따라오는 여섯 개의 시간을 타나내는 부사절들이 "당신이 …… 잃기 전에"라는 반복적 대구법을 사용함으로써, 그때의 긴박성을 강화, 강조, 고조시킨다. 이어서 따라오는 일곱 개의 문장에서 "당신은 …… 시간이 없습니다"라는 반복적 대구법을 사용함으로써, 결코 헛된 곳에 시간을 낭비할 수 없음을 더욱 강화, 강조한다. 마지막 네 개의 권면도 모두 명령형 동사를 사용한 통사론적 대구법을 형성한다.

이들 네 개의 명령들은 또한 하나님의 은혜를 경험하기 위한 방편으로 주어진 것이기 때문에 역시 의미론적 대구법을 이루는 구조다. 이 설교에서 단 몇 개의 문장을 제외하고 모두 대구법을 주된 수사적 기법으로 사용하고 있다.

## 이동원 목사

이동원 목사가 누가복음 14장 15-24절을 본문으로 "내 집을 채우라"

라는 제목으로 설교하면서, 17절을 이렇게 설명한다.

    (A) "오소서 모든 것이 준비되었습니다."
    (B) 옳습니다. 하나님의 나라에는 모든 것이 풍성하게 준비되어 있다는 사실을 아십니까?
    (C) 이 나라에는 여러분이 목말라하는 영생이 있습니다.
    (D) 이 나라에는 여러분이 원하는 평화가 있습니다.
    (E) 이 나라에는 당신이 추구하고 있는 의가 있습니다.
    (F) 이 나라에는 당신이 그리워하는 영원한 기쁨이 있습니다.
    (G) 이 나라에는 넘치는 사랑이 있습니다.
    (H) 이 나라의 주인은 그리스도이십니다.
    (I) 그분은 이렇게 말씀하십니다.
    "오십시오. 당신이 원하는 모든 것이 이 나라에 준비되어 있습니다."[367]

A는 17절 말씀을 현대어적 표현으로 인용하고 있고, 따라오는 B는 수사적 질문 형태로 A와 대구를 이루는 구조다. C, D, E, F, G, H는 B의 수사적 질문에 대해 반복적 대구법을 사용해 "하나님 나라에는 모든 것이 풍성하게 준비되어 있다"는 사실을 구체적인 예를 들어 가면서 강화, 강조한다.

C에서 H까지 여섯 번 "이 나라"라는 수구 반복을 활용한 반복적 대구법을 사용하기 때문에 각각의 문장이 서로 끈끈하게 연결되어, 반복을 할 때마다 더욱더 하나님 나라에 준비된 것들이 강화되도록 고안되어 있다.

마지막 I에서는 대구법의 패턴을 벗어나는 것 같지만 실상은 "그분은 이렇게 말씀하십니다."라는 새로운 내용이 들어감으로 인해 청중의 주의를 끈다. 그리고 앞에서 말한 내용을 포괄하는 대구법으로 이렇게 결론을 맺음으로써, 하나님 나라에는 모든 것이 준비되어 있다는 사실을 더욱 강화한다.

마지막에는 이 나라의 주인 되신 그리스도께서 직접 말씀하시는 형태로 직접 인용문을 사용해 대구법을 구성한다. 이는 또한 B에서 제기한 수사적 질문에 대해 직접 인용 형태의 대구법으로 결론을 맺음으로써 예수님께서 직접 말씀하시는 효과를 얻기 때문에 대구법의 효과는 더욱더 극대화된다.

이동원 목사는 인용문을 사용한 대구법, 수사적 질문을 사용한 대구법, 수구 반복을 사용한 점증적 대구법 등 다양한 대구법들을 자유자재로 구사한다.

다음은 전도서 1장 1-11절을 본문으로 "하나님 없는 삶"이라는 제목으로 한 설교의 마지막 부분에 나오는 내용이다. 그가 설교의 결론을 맺으면서 얼마나 많은 대구법을 사용하는지 보라.

이제 우리는 이 중요한 질문을 던져야 합니다.
(A) "하나님께서 당신을 아십니까?"
(B) 내가 하나님을 얼마나 알고 있는가 하는 사실보다
  더 중요한 질문은, /
  그보다 더 심각한 질문은, /
  그보다 더 본질적인 질문은 //

"하나님께서 당신을 아십니까?"라는 질문입니다.

(C) 하나님께서 당신을 자녀로 아십니까?

(D) 당신은 하나님 앞에서 참으로 거듭난 사실이 있으십니까?

(E) 당신은 하나님과 사랑을 주고받은 체험을 해 보셨습니까?

(F) (당신은) 주님과 사랑에 빠져 밤을 지새운 경험이 있으십니까?

(G) 그래서 당신은 주님의 잊을 수 없는 사랑의 대상이 되어 있습니까?

(H) 영원한 주님과의 사랑의 관계 속에서 이 세상의 삶을 사는 사람들!

(I) 내 심장의 고동이 멎어도 /

   내 몸의 더운 피가 식어도 //

   나를 기억하실 분이 계십니다.

(J) 나를 아실 분이 계십니다.

(K) 그분 때문에 인생의 허무는 극복될 수가 있습니다.

(L) 그분 때문에 헛되고 헛되며 헛되고 헛될 수밖에 없는 인생을 향해서 나아갈 수 있습니다.

(M) 이 하나님 때문에 우리의 인생은 헛되지 않을 수 있습니다.

(N) 당신이 하나님을 향해서 눈을 뜰 수 있다면 ······

(O) 그 하나님과 올바른 관계 속에 들어갈 수 있다면 ······

(P) 그 하나님의 아신 바 되는 사람이 될 수 있다면 ······.[368]

이동원 목사는 설교의 결론 부분에서 거듭남으로 초청하기 위해 중요한 수사적 질문을 던진다. A에 나오는 "하나님께서 당신을 아십니까?"이다. 이 질문은 A, B, C, D, E, F, G에 이르기까지 일곱 번 반복해 나타나는데, 점증적이면서도 다양한 반복적 대구법을 이룬 수사적 질문 형태로 나타난다.

B에서는 "내가 하나님을 얼마나 알고 있는가?"라는 질문과 "하나님께서 당신을 아십니까?"라는 질문 사이에 대조적 대구법을 이루는 질문 형태로 되어 있는데, 특히 이 질문의 중요성을 일깨우기 위해서 "더 중요한 질문은 / 그보다 더 심각한 질문은 / 그보다 더 본질적인 질문은" //이라는 형태로 세 번 동의적 대구법을 사용해 이 대조의 중요성을 강조하면서 나타난다.

일곱 번의 수사적 질문 후에 H에 와서 갑자기 그 답을 아는 사람들을 감탄문의 형태로 소개한다. 그 사람들은 어떤 사람들인가? I와 J에 하나님께서 아시는 사람들이란 사실을 역시 대구법을 사용해 답을 준다. I에서는 "나를 기억하실 분이 계십니다"라는 사실을 강조하기 위해 "내 심장의 고동이 멎어도 / 내 몸의 더운 피가 식어도" //라는 동의적 대구법을 사용해 다시 강화한다. 참으로 정교한 대구법의 구조이다.

그리고 K, L, M에서는 하나님의 아신 바 된 사람들이 허무의 문제를 어떻게 극복할 수 있는지 보여 준다. 역시 삼중의 동의적 대구법을 사용해 역설하기 때문에 하나님 안에서 반드시 허무의 문제가 해결된다는 사실을 더욱더 강화, 강조하여 표현한다. 마지막으로 거듭남의 비밀로 초청하는데, 거듭남의 중요성을 삼중의 동의적 대구법으로 설명함으로써 거듭남이 얼마나 중요한지 거듭 강화, 강조, 고조시킨다.

이런 정교한 대구법의 구사를 생각할 때, 이동원 목사는 대구법의 천재임이 분명하다. 이동원 목사의 설교를 들을 때 감화와 감동이 넘치는 이유가 바로 여기에 있다. 또한 이런 감화와 감동이 넘치는 언어를 구사할 수 있도록 영감을 주시는 분은 성령님이 아니겠는가? 할렐루야!

## 나가는 글

오늘날 강단에서의 승패는 성경 해석의 문제라기보다는 성경을 전달하는 언어의 문제가 가장 큰 관건이라고 생각한다. 성경의 진리는 예나 지금이나 동일하다. 쉽게 질문을 해 보자. 감동적인 설교와 그렇지 못한 설교의 차이점이 무엇이라고 생각하는가? 청중의 마음을 열게 하는 설교와 마음문을 닫아 버리게 하는 설교의 차이점이 뭐라고 생각하는가?

좋은 설교든 나쁜 설교든 신학을 제대로 공부한 사람이 전하는 성경 해석의 내용 자체는 대부분 대동소이하다. 오늘날 성경을 다루는 책은 수없이 출간돼 태산을 이루고 있고 이를 해석하는 눈도 거의 비슷하기 때문이다. 시중에는 수많은 성경주석들과 성경해설서들이 등장하고 있어 웬만한 독해력만 있으면 성경을 이해하는 데는 큰 문제가 없다. 그리고 건전한 신학을 가르치는 신학교에서 공부를 제대로 했다면 성경을 해석한 결과도 거의 비슷하다.

그렇다면 차이는 어디서 나는가? 설교를 준비하면서 그 '동일한 진리'

를 '어떤 언어로 전달하는가'에 달렸다고 생각한다. 감동과 생명력이 넘쳐나는 언어를 사용하는가? 아니면 추상적이고 진부한 언어로 전달하는가? 이 큰 차이를 만드는 것은 특별히 히브리 시인과 예수님이 즐겨 사용했던 그림 언어와 대구법의 사용에 달렸다고 필자는 믿는다.

필자는 이 책에서 히브리 시(詩)문체의 두드러진 특징인 그림 언어와 대구법을 사용하는 구체적인 방법론을 제시하려고 했다. 이는 고전수사학에서 가르치는 수사의 5단계 관점에서 보면 제3단계(문체)에 해당하는 영역이다. 비록 수사학의 한 단계에 속하지만 이 부분은 '설교의 질'을 좌우할 만큼 중요하기 때문에 필자는 이 부분에 초점을 맞추었다.

언어 감각은 타고난다고들 많이 이야기한다. 하지만 모든 설교자가 탁월한 언어 감각을 타고날 수는 없다. 그래서 필자는 성경을 연구한 사람으로서 그림 언어와 대구법을 학문적으로 정립하여 탁월한 언어 감각을 갖추지 못한 설교자들이라고 할지라도 그 원리들을 배워 설교 현장에서 적용할 수 있도록 이 책을 통해 방법론을 제공했다.

시편을 연구하면서 하나님의 말씀은 내용뿐만 아니라 전달하는 형식도 영감을 받았다는 사실을 여러 번 느끼게 되었다. 특히 시편에서 제왕시들(royal psalms)이 특정한 위치에 전략적으로 배치된 것을 보면서 감탄을 금치 못했다. 시편의 특정한 위치에 배치된 제왕시들이 메시아 예수 그리스도의 삶과 사역을 순서대로 예언하는 형태로, 아주 전략적으로 배열되어 있다.

시편 2편은 메시아께서 이 땅에 오셔서 사역 초기에 성령으로 기름 부으심을, 72편은 메시아의 정의로운 삶과 사역을, 89편은 메시아의 고난을, 시편 110편은 메시아께서 부활승천하신 후에 하나님 보좌 우편에 앉으심과 대제사장적 사역을, 132편은 교회 시대에 메시아로서의 사역을, 144편은 재림 직전에 있을 메시아의 종말론적 전쟁을 예언하는 구조다.[369]

이 모든 제왕시의 배치가 우연이겠는가? 시편의 편집자가 성령의 감동 가운데 편집하지 않았다면 제왕시가 이토록 놀랍게 메시아의 전 생애를 묘사할 수 있겠는가?

이는 시편의 원저자뿐만 아니라 시편을 150편으로 묶는 편집자에 이르기까지 하나님의 영감 가운데 이루어졌음을 시사한다. 하물며 시편 기자들이 사용한 말들이나 문체가 그냥 인간 저자의 생각대로 우연히 쓰인 것이겠는가? 필자는 결코 그렇지 않다고 생각한다. 시편 기자는 자신이 쓰는 내용뿐만 아니라 그 내용을 전달하는 형식인 문체도 함께 영감을 받아 기록하였다고 믿는다. 그래서 시편 기자가 그렇게도 자주 사용하는 그림 언어나 대구법도 하나님의 영감 가운데 기록되었다고 믿는다.

그러므로 오늘날 설교자들도 시편이 전하는 내용뿐만 아니라 시편이 전하는 문체도 배워야 한다. 더 넓게 보면 성경이 전하는 내용뿐만 아니라 성경이 사용하는 다른 문체도 배워야 한다. 그렇다고 성경이 말하듯이 문자적으로 그대로 말하라는 뜻이 아니라, 영감 받은 성경 기자들이 사용했던 수사학적 원리를 터득하여 적용하자는 의미이다.

예수님은 놀라운 그림 언어와 대구법을 사용했고, 어느 누구와도 비교할 수 없는 뛰어난 설교자이시다. 지금까지 이 책을 면밀하게 읽은 독자들은 이 사실을 분명하게 깨달았을 것이다. 예수님의 산상수훈에 나오는 수많은 표현들은 집약된 그림 언어와 대구법으로 구성되어 있다.

'하나님 나라'라는 심오한 진리를 전하실 때도 예수 그리스도께서는 당시 세상에서 누구나 쉽게 관찰하기 쉬운 이미지들을 비유라는 장르에 실어서 전달하셨다. 그러기에 청중들은 예수님의 설교에 감동, 감화를 받았고, 그 복잡하고 어려운 진리를 쉽게 이해할 수 있었으리라.

사도 바울도 문체에서 예수님의 뒤를 바짝 좇고 있다. '운동선수가 달리기하는 이미지'를 여러 차례 사용하고, 서신에는 대구법들이 넘쳐난다. 또 교회 역사상 위대한 설교자들의 공통점도 이 책에서 다룬 그림 언어와 대구법을 주된 문체로 사용한다는 점이다. 찰스 스펄전 목사의 오감에 호소하는 그림 언어, 조나단 에드워즈의 사실적인 그림 언어, 마틴 루터 킹 목사의 대구법이 그렇다.

한국의 설교자 가운데 이동원 목사의 설교는 다양한 대구법으로 설교문을 읽는 것보다 들을 때 더 큰 감동으로 다가온다. 대구법이라는 독특한 반복의 효과가 음성으로 더 잘 표현되기 때문이다.

마지막으로 독자 여러분께 부탁드리는 바는 이 책에서 다룬 이론을 단지 한 번 읽은 것으로 끝내지 마시고, 설교자들은 매주일 설교문을 작성하면서 그림 언어와 대구법을 하나씩 하나씩 적용해 보길 바란다. 지금까지 설교에 예화를 사용하지 않은 설교자라면 당장 그림 언어가 살아 있는 몇 개의 예화를 사용해 보라. 청중의 반응이 분명히 달라질 것이다.

만약 추상적인 용어를 쓴다면 그냥 넘어가지 말고, 구체적으로 마음의 그림을 그릴 수 있는 그림 언어로 3, 4번 반복적 대구법을 사용해 표현해 보라. 청중들이 말씀을 듣는 태도가 달라질 것이다. 아무쪼록 이 책이 독자들의 말씀 목양 사역에 조금이라도 도움이 되길 기도한다.

Soli Deo Gloria!

# 주

1) Jay E. Adams, *Sense Appeal in the Sermons of Charles Haddon Spurgeon* (Studies in Preaching, vol. 1; Presbyterian and Reformed Publishing Company, 1976).
2) 시편 114편의 실례는 롱맨 교수가 설명한 것을 나름대로 각색해서 여기에 인용하였다. Tremper Longman III, *How to Read the Psalms* (Downers Grove: IVP, 1988), 112-114.
3) 김지찬, "설교자는 이미지스트(imagist)가 되어야 한다: 설교에 있어서 이미지적 사고의 중요성,"「신학지남」64/4 (1997): 173-174.
4) 신설교학에 대한 복음주의적 평가는 류응렬의 두 논문을 참조하라. 류응렬, "최근의 설교학(New Homiletics), 어떻게 이해할 것인가?"「복음과 실천신학」제11권 (2006):299-319; 류응렬, "Eugene Lowry의 설교신학과 평가,"「복음과 실천신학」제20권 (2009): 209-231.
5) George A. Kennedy, *Classical Rhetoric & Its Christian and Secular Tradition from Ancient to Modern Times* (2nd ed.; Chapel Hill and London: The University of North Carolina Press, 1999), 1-182.
6) George A. Kennedy, *Aristotle On Rhetoric: A Theory of Civic Discourse* (New York & Oxford: Oxford University Press, 1991), ix.
7) 아우구스띠누스,『그리스도교 교양』(성염 역; 교부 문헌 총서 2; 왜관: 분도출판사, 1989), 300-301.
8) Fred B. Craddock, *As One Without Authority* (St. Louis, Missouri: Chalice Press, 2001), 64.
9) 시와 단상, "하루살이와 메뚜기,"「나비존」, 2015년 1월 27일 접속, 온라인: http://nabizone.net/ nara/sub5_1/20448.
10) Craddock, *As One Without Authority*, 64.
11) 워렌 W. 위어스비,『상상이 담긴 설교: 마음의 화랑에 말씀을 그려라!』(이장우 옮김; 서

울: 요단출판사, 2003), 32.
12) 위어스비, 『상상이 담긴 설교』, 58.
13) 위어스비, 『상상이 담긴 설교』, 32.
14) Bryan Chapell, *Using Illustrations to Preach with Power* (Wheaton, Ill: Crossway Books, 2001), 19쪽에서 재인용.
15) David Van Biema, "Spirit Raiser: Preacher," *Time* (2001. 9. 17.): 53. 서두의 "들어가는 글"에서 밝힌 대로 필자는 제익스 목사와 신학적 노선을 달리하고 있다. 대구법이라는 설교기법을 떠나서 신학적인 면을 다룰 때는 주의를 요한다.
16) Van Biema, "Spirit Raiser," 53.
17) 다른 수사법들도 있지만, 설교에서 있어서 이 두 가지 수사법처럼 요긴하지 않기 때문에 이 두 가지 수사법에 필자는 초점을 맞추었다.
18) Longman, *How to Read the Psalms*, 116.
19) Longman, *How to Read the Psalms*, 116.
20) 여기에 사용된 "… / … //"라는 표시는 쿠걸이 시행 안의 대구 관계를 표시하기 위해서 사용한 기호이다. James L. Kugel, *The Idea of Biblical Poetry: Parallelism and Its History* (Baltimore and London: The Johns Hopkins University Press, 1981), 1-2.
21) Adele Berlin, "Parallelism," *ABD* 5:155.
22) W. M. W. Roth, "Rhetorical Criticism, Hebrew Bible," in *Dictionary of Biblical Interpretation* (ed. John H. Hayes; Nashville: Abingdon, 1999), 396-399.
23) 김지찬, "설교자는 시인이 되어야 한다: 설교에 있어서 은유적 사고의 중요성," 「신학지남」(1995 겨울호): 229-271.
24) Stephen Ullmann, *Language and Style* (Oxford: Basil Blackwell, 1964), 174쪽에서 재인용.
25) Ullmann, *Language and Style*, 175쪽에서 재인용. 울만은 그림 언어에 대한 부정적인 평가도 알고 있지만 이는 '장식적(ornamental) 의미의 이미지'를 가리키는 것이지, '기능적(functional) 의미의 이미지'를 가리키는 것이 아니라고 했다. 기능적 그림 언어는 모든 문학작품의 일부분이라고 평가하고 있다.
26) 조선닷컴, "문창극, 식민 지배·남북분단 하나님 뜻…'국무총리도 하느님의 뜻?' 비난봇물," 「조선닷컴」(2014년 6월 12일), 2015년 1월 16일 접속, 온라인: http://news.chosun.com/site/data/html_dir/2014/06/12/2014061201986.html.
27) N. M. de S. Cameron, "Providence," in *New Dictionary of Theology* (Downers Grove: IVP, 1988), 541-542.
28) George R. Fitzgerald, *A Practical Guide to Preaching* (New York/Ramsey: Paulist Press, 1980), 95.
29) Longman, *How to Read the Psalms*, 101.
30) 이 "I have a dream" 연설문은 1963년 8월 28일 Martin Luther King, Jr. 목사가 "March

on Washington"에서 행한 연설문인데, 온라인 사이트에서 인용한 것임. 온라인: http://www.let.rug.nl /usa/documents/1951-/martin-luther-kings-i-have-a-dream-speech-august-28-1963.php.

31) 대구법은 3부에서 자세히 다루는데, "반복적 대구법"은 "동의적 대구법", "대조적 대구법", "상징적 대구법" 등과 함께 설교에서 가장 자주 사용되는 대구법 중 하나이다.

32) T. D. Jakes, "Don't Let the Devil Destroy You!" in *T. D. Jakes Speaks to Men* (Minneapolis: Bethany House, 1997), 32.

33) Kennedy, *Classical Rhetoric & Its Christian and Secular Tradition from Ancient to Modern Times,* 29-93.

34) Gordon D. Fee, *The First Epistle to the Corinthians* (NICNT; Grand Rapids: Eerdmans, 1987), 94-97. 소크라테스와 플라톤이 비난했던 궤변론이 바울이 사역했던 당시에 "제2의 궤변론"으로 다시 살아나게 되어, 바울은 바로 이런 성향의 수사술에 대해서 부정적인 평가를 한 것으로 보인다. Kennedy, *Classical Rhetoric & Its Christian and Secular Tradition from Ancient to Modern Times,* 47-50.

35) Fee, *The First Epistle to the Corinthians,* 96.

36) 아우구스띠누스, 『그리스도교 교양』, 297-411.

37) Kennedy, *Classical Rhetoric & Its Christian and Secular Tradition from Ancient to Modern Times,* 1-182.

38) Kennedy, *Classical Rhetoric & Its Christian and Secular Tradition from Ancient to Modern Times,* 98-126.

39) George A. Kennedy, *New Testament Interpretation through Rhetorical Criticism* (Chapel Hill and London: The University of North Carolina Press, 1984), 13-14.

40) Haddon W. Robinson, *Biblical Preaching: The Development and Delivery of Expository Messages* (2nd ed.; Grand Rapids: Baker, 2001).

41) 위어스비, 『상상이 담긴 설교』, 57쪽에서 재인용.

42) Fitzgerald, *A Practical Guide to Preaching,* 95.

43) Wikipedia, "Jonathan Edwards (Theologian)," *Wikipedia,* 온라인: http://en.wikipedia.org /wiki/ Jonathan_Edwards_(theologian).

44) Jonathan Edwards, "Sinners in the Hands of an Angry God," *Christian Classics Ethereal Library,* 온라인: http://www.ccel.org/ccel/edwards/sermons.sinners.html.

45) A. W. Blackwood, *Preaching from the Bible* (New York: Abingdon-Cokesbury Press, 1941), 27.

46) Adams, *Sense Appeal.*

47) Adams, *Sense Appeal,* 10-11.

48) Adams, *Sense Appeal,* 10.

49) Adams, *Sense Appeal,* 8. 김지찬 교수도 비슷한 관찰을 하고 있다. 김지찬, "설교자는 이

미지스트가 되어야 한다: 설교에 있어서 이미지적 사고의 중요성," 「신학지남」 (1997 겨울호): 177.
50) Adams, *Sense Appeal*, 30.
51) Adams, *Sense Appeal*, 3.
52) 심리학에서는 이미지를 시각적, 청각적, 후각적, 미각적, 촉각적, 유기적, 동적 감각들로 분류하고 있다. S. Foley, "Imagery," in *The Princeton Encyclopedia of Poetry and Poetics* (ed. Roland Greene at al.; Princeton: Princeton University Press, 2012), 663.
53) Adams, *Sense Appeal*, 9. 원래 출처는 C. H. Spurgeon, *Spurgeon's Sermons: The Memorial Library* (20 vols.; New York: Funk and Wagnalls Co., n.d.), 1:14-15에 있다.
54) 이사야서와 시편에 사용된 그림 언어의 실례와 예수님의 그림 언어 사용 실례를 더 보기 원하는 독자를 위해 〈성경 해석과 설교 연구소〉 웹사이트(preaching.or.kr)에 더 많은 실례들을 올려놓았다.
55) Craddock, *As One Without Authority*, 64-65.
56) Paul Scott Wilson, *Imagination of the Heart: New Understandings in Preaching* (Nashville: Abingdon Press, 1988), 20에서 재인용.
57) The Bishop's Committee on Priestly Life and Ministry, *Fulfilled in Your Hearing* (U.S. Catholic, 1982), 25.
58) Craddock, *As One Without Authority*, 65.
59) Longman, *How to Read the Psalms*, 112-114.
60) Longman, *How to Read the Psalms*, 111-114.
61) Leland Ryken at al. eds., "Imagery" in *Dictionary of Biblical Imagery* (Downers Grove: IVP, 1998), xiii. 필자는 이미지의 집합명사인 'imagery'라는 단어를 문자적으로 번역하지 않았다. 왜냐하면 '이미저리'라는 단어가 우리말에는 생소하기 때문이다. 그리고 한국어 자체에는 명사에 수(數)개념이 없기 때문에 이미지라고 단수로 사용해도 통하기 때문이다. 그래서 앞으로 그냥 『성경 이미지 사전』이라고 칭하겠다.
62) B. A. Strawn, "Imagery" in *Dictionary of the Old Testament: Wisdom, Poetry, and Writings* (ed. Tremper Longman III and Peter Enns; Downers Grove: IVP, 2008), 306-314.
63) Ryken at al. eds., "Imagery", xiv.
64) Ryken at al. eds., "Imagery", xiv.
65) Wilfred G. E. Watson, *Classical Hebrew Poetry: A Guide to its Techniques* (JSOTSup 26; Sheffield: JSOT Press, 1986), 251.
66) Watson, *Classical Hebrew Poetry*, 251-252. 왓슨이 인용한 울만의 출처는 다음 각주를 보라.
67) Ullmann, *Language and Style*, 178-179.
68) John N. Oswalt, *The Book of Isaiah: Chapters 1-39* (NICOT; Grand Rapids:

Eerdmans, 1986), 217.
69) W. J. T. Mitchell, *Iconology: Image, Text, Ideology* (Chicago and London: The University of Chicago Press, 1986), 9-10.
70) W. J. T. Mitchell & B. Glavey, "Image," in *The Princeton Encyclopedia of Poetry and Poetics* (4th ed.; Princeton: Princeton University Press, 2012), 660-662.
71) Norman Friedman, "Imagery" in *The New Princeton Handbook of Poetic Terms* (ed. T. V. F. Brogan; Princeton: Princeton University Press, 1994), 112-119.
72) 지혜서에 등장하는 시각적 그림 언어의 실례를 보려면 〈성경 해석과 설교 연구소〉 웹사이트(preaching.or.kr)를 참조하라.
73) Adams, *Sense Appeal*, 12.
74) Adams, *Sense Appeal*, 13.
75) Adams, *Sense Appeal*, 14.
76) Adams, *Sense Appeal*, 14.
77) Adams, *Sense Appeal*, 14.
78) Adams, *Sense Appeal*, 14.
79) Adams, *Sense Appeal*, 17.
80) 시편 150편에 사용된 청각적 이미지의 실례를 보려면 〈성경 해석과 설교 연구소〉 웹사이트(preaching.or.kr)를 참조하라.
81) Fee, *The First Epistle to the Corinthians*, 630-632. 피에 의하면 당시의 고린도 교인들은 방언을 '천사의 말로 여겼음을 두 가지 증거를 들어 변증한다. 첫째 유대인들의 문서에 의하면 방언은 천상의 언어로 여겨졌고, 둘째 고린도교인들의 영성에 의하면 영적인 사람은 천사와 같은 상태에 이르러 천사의 언어를 사용한다고 믿었다.
82) Fee, *The First Epistle to the Corinthians*, 632.
83) Adams, *Sense Appeal*, 18-19.
84) 문재학, "진정으로 사랑합니다," 『삶의 풍경』 (서울: 도서출판 신세림, 2011). 이 시는 「시 사랑 시의 백과사전」이란 웹사이트에서 인용한 것임, 2014년 6월 4일 접속, 온라인: http://www.poemlove.co.kr/bbs/board.php?bo_table=tb01&wr_id=219122.
85) Adams, *Sense Appeal*, 23.
86) Adams, *Sense Appeal*, 23.
87) Adams, *Sense Appeal*, 23.
88) Duane Garrett, *Song of Songs* (WBC 23B; Nashville: Thomas Nelson Publishers, 2004), 146.
89) Garrett, *Song of Songs*, 146-147.
90) 바울이 사용한 후각적 이미지의 실례를 보려면 〈성경 해석과 설교 연구소〉 웹사이트(preaching.or.kr)를 참조하라.
91) Adams, *Sense Appeal*, 26.

92) Adams, *Sense Appeal*, 26.
93) Adams, *Sense Appeal*, 26-27.
94) Adams, *Sense Appeal*, 27.
95) 욥이 사용한 미각적 이미지와 바울이 사용한 미각적 이미지의 실례를 보려면 〈성경 해석과 설교 연구소〉 웹사이트(preaching.or.kr)를 참조하라.
96) Adams, *Sense Appeal*, 24.
97) Adams, *Sense Appeal*, 25.
98) Adams, *Sense Appeal*, 25.
99) 표준국어대사전, "유기적(有機的)," 「표준국어대사전」, 2015년 1월 17일 접속, 온라인: http://stdweb2.korean.go.kr/search/List_dic.jsp.
100) Fee는 여기에 사용된 "그리스도"는 "그리스도의 몸"을 위한 환유법(metonymy)으로 해석하고 있다. Fee, *The First Epistle to the Corinthians*, 603.
101) Fee, *The First Epistle to the Corinthians*, 601.
102) Oswalt, *The Book of Isaiah: Chapters 1-39*, 225.
103) Oswalt, *The Book of Isaiah: Chapters 1-39*, 224.
104) Oswalt, *The Book of Isaiah: Chapters 1-39*, 225-226. 6절에 나오는 기뻐함은 유다의 적들의 좌절에 대한 기뻐함이라고 오스왈트는 해석한다.
105) Longman, *How to Read the Psalms*, 115.
106) Strawn, "Imagery," 307.
107) Longman, *How to Read the Psalms*, 116.
108) 문영식, "수사학의 활용방식으로서 설교와 설득의 문제," 「신학과 철학」 제18호 (2011): 159-185.
109) 문영식, "수사학의 활용방식으로서 설교와 설득의 문제," 174.
110) 위어스비, 『상상이 담긴 설교』, 32.
111) Wikipedia, "Jimmy Swaggart," 온라인: http://en.wikipedia.org/wiki/Jimmy_Swaggart.
112) 위어스비, 『상상이 담긴 설교』, 32쪽에서 재인용.
113) W. G. E. Watson, "Hebrew Poetry," in *Text in Context: Essays by Members of the Society for Old Testament Study* (ed. A. D. H. Mayes; Oxford: Oxford University Press, 2000), 270.
114) William D. Mounce, *Pastoral Epistles* (WBC 46; Nashville: Thomas Nelson Publishers, 2000), 577-578.
115) Ryken at al. eds., "Imagery," xiv.
116) Ryken et al. eds., "Legal Images" in *Dictionary of Biblical Imagery* (Downers Grove: IVP, 1998), 501.
117) Max Black, *Models and Metaphors: Studies in Language and Philosophy* (Ithaca,

NY: Cornell University Press, 1962).

118) Strawn, "Imagery," 308.
119) Strawn, "Imagery," 308.
120) Strawn, "Imagery," 308-309.
121) Longman, *How to Read the Psalms,* 118-121.
122) 13절에 "용들"로 번역된 말을 ESV는 "괴물들"(monsters)로, NIV는 "괴물"(monster)로 번역하고 있고, RSV는 "용들"(dragons)로 번역하고 있다. 13-14절에 우리말 "머리"로 번역된 원문은 모두 복수로 나타나고 있다. 그래서 머리가 여럿 달린 괴물임을 알 수 있다.
123) Longman, *How to Read the Psalms,* 119.
124) Longman, *How to Read the Psalms,* 119.
125) Longman, *How to Read the Psalms,* 121.
126) Strawn, "Imagery," 309. Othmar Keel, *The Symbolism of the Biblical World: Ancient Near Eastern Iconography and the Book of Psalms* (repr., Winona Lake, IN: Eisenbrauns, 1997 [1972]).
127) 도상해석학에 대한 연구는 패노프스키의 책을 참조하라. E. Panofsky, *Studies in Iconology: Humanistic Themes in the Art of the Renaissance* (Icon Editions: Boulder, CO: Westview, 1972 [1939]).
128) Keel, *The Symbolism,* 263 (이미지 번호 353). 이 도식은 킬의 책에서 인용한 것이다.
129) Keel, *The Symbolism,* 256.
130) Keel, *The Symbolism,* 253-256. 이 도식은 킬의 책(255쪽; 이미지 번호 342)에서 인용한 것이다.
131) Ryken et al., "Imagery," xiv.
132) Ullmann, *Language and Style,* 179-180쪽에서 재인용.
133) Ullmann, *Language and Style,* 181.
134) Ryken at al. eds., "Imagery," xiv.
135) Artur Weiser, *The Psalms: A Commentary* (trans. H. Hartwell; OTL; Philadelphia: Westminster, 1998), 348.
136) 왓슨은 직유법을 위해 사용된 특수한 히브리어 어휘들로 "케/케모," "마샬," "임," "케…켄" 등을 들고 있다. Watson, *Classical Hebrew Poetry,* 257-258.
137) 직유법이 사용된 실례들을 더 보려면 〈성경 해석과 설교 연구소〉 웹사이트(preaching.or.kr)를 참조하라.
138) Watson, *Classical Hebrew Poetry,* 258-260.
139) Watson, *Classical Hebrew Poetry,* 258.
140) 본 절에 대한 학자들의 주된 견해는 이는 BC 701년 히스기야 당시에 산헤립이 유다를 침공한 결과를 가리킨다고 보고 있다. Joseph Blenkinsopp, *Isaiah 1-39* (AB 19; New York: Doubleday, 2000), 183.

141) Watson, *Classical Hebrew Poetry*, 259.
142) 연속적 직유와 확대된 직유의 실례들을 더 보려면 〈성경 해석과 설교 연구소〉 웹사이트 (preaching.or.kr)를 참조하라.
143) 여기서 두 권의 책을 주로 참조하였다. Friedman, "Imagery", 112-119; George Lakoff and Mark Johnson, *Metaphors We Live By* (Chicago and London: The University of Chicago Press, 2003).
144) 위의 레이콥과 존슨의 책을 참조하라.
145) 위어스비, 『상상이 담긴 설교』, 60쪽에서 재인용. 원본의 출처는 Joseph Conrad, *The Nigger of the "Narcissus": A Tale of the Sea* (London, William Heinemann, 1898)의 서언에 나오는 내용이다.
146) 위어스비, 『상상이 담긴 설교』, 64쪽에서 재인용. 원본의 출처는 Sallie McFague, *Metaphorical Theology* (London: SCM, 1983), 17쪽에 있다.
147) Ullmann, *Language and Style*, 200쪽에서 재인용.
148) Ullmann, *Language and Style*, 175쪽에서 재인용.
149) 위어스비, 『상상이 담긴 설교』, 60.
150) Longman, *How to Read the Psalms*, 116-117.
151) Lakoff and Johnson, *Metaphors*, 3-6.
152) Lakoff and Johnson, *Metaphors*, 3.
153) Lakoff and Johnson, *Metaphors*, 4.
154) 성경에 사용된 은유적 표현을 더 보려면 〈성경 해석과 설교 연구소〉 웹사이트(preaching.or.kr)를 참조하라.
155) Watson, *Classical Hebrew Poetry*, 263; Ullmann, *Language and Style*, 184.
156) Watson, *Classical Hebrew Poetry*, 263.
157) 아래 도식은 왓슨의 글에서 아이디어를 얻어 적용한 것이다. Watson, *Classical Hebrew Poetry*, 263.
158) Watson, *Classical Hebrew Poetry*, 251.
159) Lakoff and Johnson, *Metaphors*, 33.
160) 의인법의 실례를 더 보려면 〈성경 해석과 설교 연구소〉 웹사이트(preaching.or.kr)를 참조하라.
161) 김지찬, 『언어의 직공이 되라』 (서울: 생명의말씀사, 1996), 171-194.
162) 조선닷컴, "[사설] 청와대 '문고리 권력' 논란 끊이지 않는 이유가 뭔가," 「조선닷컴」 (2014년 6월 27일), 2015년 1월 17일 접속, 온라인: http://news.chosun.com/site/data/html_dir/2014/06/26/2014062604710.html.
163) 골닷컴, "축구계 가장 재미있는 별명 TOP 10," 「골닷컴」 (2009년 8월 12일), 2015년 1월 17일 접속, 온라인: http://www.goal.com/kr/news/1063/hit-goalcom/2009/08/12/1435614/%EC%B6%95%EA%B5%AC%EA%B3%84-%EA%B0%80%EC%9E%A5-

%EC%9E%AC%EB%AF%B8%EC%9E%88%EB%8A%94-%EB%B3%84%EB%AA%85-top-10.
164) John Day, "Baal (Deity)," *ABD* 1: 545-559.
165) 환유법의 실례를 더 보려면 〈성경 해석과 설교 연구소〉 웹사이트(preaching.or.kr)를 참조하라.
166) Lakoff and Johnson, *Metaphors,* 36.
167) Lakoff and Johnson, *Metaphors,* 36-38.
168) P. C. Craigie, et al., *Jeremiah 1-25* (WBC 26; Dallas: Word Books, 1991), 301.
169) 표준국어대사전, "우화05(寓話),"「표준국어대사전」, 2015년 1월 17일 접속, 온라인: http://std web2.korean.go.kr/search/List_dic.jsp.
170) 표준국어대사전, "비유01(比喩/譬喩),"「표준국어대사전」, 2015년 1월 17일 접속, 온라인: http:// stdweb2.korean.go.kr/search/List_dic.jsp.
171) 성경속의 비유들에 대한 설명을 더 보려면 〈성경 해석과 설교 연구소〉 웹사이트(preaching.or.kr)를 참조하라.
172) Ullmann, *Language and Style,* 193. 울만은 은유가 상징으로 바뀌는 조건을 두 가지 밝히는데, 첫째는 "수단(vehicle)이 구체적이고 감각적일 것," 둘째 "반복적이고 중심적으로" 나타날 때에 상징이라고 보았다.
173) 상징법의 실례를 더 보려면 〈성경 해석과 설교 연구소〉 웹사이트(preaching.or.kr)를 참조하라.
174) 위어스비,『상상이 담긴 설교』, 57쪽에서 재인용. 원본의 출처는 McFague, *Metaphorical Theology,* 26쪽에 있다.
175) David Buttrick, *Homiletic: Moves and Structures* (Philadelphia: Fortress Press, 1987), 132. 위어스비,『상상이 담긴 설교』, 57쪽에서 재인용.
176) Buttrick, *Homiletic,* 123. 위어스비,『상상이 담긴 설교』, 57쪽에서 재인용.
177) Wilson, *Imagination of the Heart,* 45쪽에서 재인용.
178) 김지찬, "설교자는 이미지스트가 되어야 한다," 206. 김지찬 교수는 설교에 있어서 "논리적 논증보다 이미지가 훨씬 효과적"이란 사실을 인정하지만, "그렇다고 성경에도 없는 제 멋대로의 이미지들을 만들어내라는 말이 아니라"라고 제한을 가하고 있다.
179) "갯가재의 곤봉다리 구조로부터 가볍고 튼튼한 방탄조끼를 만든 자연 이미지"에 대한 설명을 보려면 〈성경 해석과 설교 연구소〉 웹사이트(preaching.or.kr)를 참조하라.
180) Longman Dictionary of Contemporary English, "hot potato," 2015년 1월 17일 접속, 온라인: http://www.ldoceonline.com/dictionary/hot-potato.
181) 사회문화 속에서 나온 그림 언어의 실례를 더 보려면 〈성경 해석과 설교 연구소〉 웹사이트(preaching.or.kr)를 참조하라.
182) 위키백과, "서울특별시,"「위키백과」, 2015년 1월 17일 접속, 온라인: http://ko.wikipedia.org/ wiki/%EC%84%9C%EC%9A%B8%ED%8A%B9%EB%B3%84%E

C%8B%9C#.EC.9D.B8.EA.B5.AC.
183) Wikipedia, "Urbanization by Country," *Wikipedia*, 2015년 1월 17일 접속, 온라인: http://en. wikipedia.org/wiki/Urbanization_by_country.
184) 이수진, "'취업 우울증' 20대 자살로 내몬다," *Kormedi*, 2015년 1월 17일, 온라인: http://donga.kormedi.com/health/news/New_View.aspx?artId=1188234.
185) 과학기술 속의 그림 언어를 더 보려면 〈성경 해석과 설교 연구소〉 웹사이트(preaching.or.kr)를 참조하라.
186) 권태응, "어린 고기들,"「시 사랑 시의 백과사전」, 온라인: http://www.poemlove.co.kr/bbs/board.php?bo_table=tb01&wr_id=35887.
187) Wikipedia, "Schindler's List," *Wikipedia*, 2015년 1월 17일 접속, 온라인: http://en.wiki pedia.org/wiki/Schindler's_List. 영화를 소개하는 내용은 Wikipedia를 참조하였다.
188) 어떤 경우에는 척추뼈가 드러나고 골격 근육까지 찢겨지고 찢어진 살은 피범벅이 되어 매달려 있는 경우도 있었다고 한다. 이에 대한 추가적인 연구는 다음 책을 참조하라. 리 스트로벨,『예수는 역사다』(윤관희, 박중렬 옮김; 서울: 두란노, 2002), 251-269.
189) 드라마 속에 나타난 그림 언어를 보려면 〈성경 해석과 설교 연구소〉 웹사이트 (preaching.or.kr)를 참조하라.
190) 2010년 9월 26일(주일) 백석대학교회에서 했던 설교이다.
191) 마이클 샌델,『정의란 무엇인가』(이창신 옮김; 서울: 김영사, 2010).
192) Daniel I. Block, *The Book of Ezekiel: Chapters 1-24* (NICOT; Grand Rapids: Eerdmans, 1997), 192.
193) Block, *The Book of Ezekiel: Chapters 1-24,* 193-194.
194) Block, *The Book of Ezekiel: Chapters 1-24,* 194-195.
195) Leslie C. Allen, *Ezekiel 1-19* (WBC 28; Dallas: Word Books, 1994), 66.
196) 선지자들의 상징적 행동의 실례를 더 보려면 〈성경 해석과 설교 연구소〉 웹사이트 (preaching.or.kr)를 참조하라.
197) 설교 시에 영상매체와 마인드맵의 사용에 대한 좀 더 자세한 연구는 다음 소고를 참조하라. 전요섭, 김양중, "이미지언어를 통한 설교전달,"「복음과 실천」(2006 가을호): 129-153.
198) James A. Fischer, *How to Read the Bible,* (Upper Saddle River, NJ: Prentice Hall Trade, 1982), 39.
199) 성경에 나오는 그림 언어의 실례를 더 보려면 〈성경 해석과 설교 연구소〉 웹사이트 (preaching.or.kr)를 참조하라.
200) Bryan Chapell, *Christ-Centered Preaching: Redeeming the Expository Sermon* (Grand Rapids: Baker Books, 1994), 263-312.
201) 이정원 외, "600원 라면 숫자까지… 세 母女의 고단했던 가계부",「조선닷컴」(2014년 3

월 1일; 2014년 3월 3일 수정), 2015년 1월 19일 접속, 온라인: http://news.chosun.com/site/data/ html_dir/2014/03/01/2014030100184.html.

202) 이는 하비 칸 교수가 Westminster Theological Seminary의 수업시간에 예를 들어 설명한 것을 인용하였다. 예수님 당시의 유대인들이 사마리아인들을 이단시했던 모습을 칸 교수는 현대 정통 신앙인들이 여호와증인들을 이단시하는 모습에 착안하여 이런 실례를 들었다.

203) 신문에 나오는 그림 언어의 실례를 더 보려면 〈성경 해석과 설교 연구소〉 웹사이트(preaching.or.kr)를 참조하라.

204) 위어스비, 『상상이 담긴 설교』, 46.

205) 위어스비, 『상상이 담긴 설교』, 48-49.

206) 조선닷컴, "돌고래의 의리 …… 동료가 숨 못 쉬자 몸으로 떠받쳐",「조선닷컴」(2014년 7월 1일), 2015년 1월 19일 접속, 온라인: http://photo.chosun.com/site/data/html_dir/2014/07/01/20 1070100885.html.

207) 이 사진은 "국립수산과학원 고래연구소"에서 제공했다.

208) 위어스비, 『상상이 담긴 설교』, 45쪽에서 재인용.

209) Patricia Wilson-Kastner, *Imagery for Preaching* (Minneapolis: Fortress Press, 1989), 12.

210) 아베노믹스에 드러난 스토리텔링 전략을 보려면 〈성경 해석과 설교 연구소〉 웹사이트(preaching.or.kr)를 참조하라.

211) "예수님은 이야기의 천재이시다"라는 글을 보려면 〈성경 해석과 설교 연구소〉 웹사이트(preaching.or.kr)를 참조하라.

212) Eugene L. Lowry, *The Homiletical Plot: The Sermon as Narrative Art Form* (Atlanta: John Knox Press, 2001).

213) Lowry, *The Homiletical Plot*, 23-86.

214) 이 마지막 단계에 대해서 필자는 로우리와 다른 견해를 갖고 있다. 성경의 원리는 때로 순종하도록 강한 도전을 하는 경우가 많다고 보기 때문이다. 예수님은 선한 사마리아인의 비유를 끝마치면서 결론 부분에 "너도 이와 같이하라"(눅 10:37)고 도전하셨다.

215) 참고, Lowry, *The Homiletical Plot*, 22-26.

216) Steven D. Mathewson, *The Art of Preaching Old Testament Narrative* (Grand Rapids: Baker Academic, 2002), 44-47.

217) Akash Karia, *How to Deliver a Great Ted Talk* (eBook Creator: Neeraj Chandra, 2013), 167-172.

218) 손대명, "어머니… 얼마나 추우셨어요?",「반딧불」(2007년 12월 20일), 2015년 1월 20일 접속, 온라인: http://vandibul.net/bbs/search.php.

219) Buttrick, *Homiletic*, 127쪽에서 재인용.

220) 찰스 피니의 성령세례 체험 간증을 보려면 〈성경 해석과 설교 연구소〉 웹사이트(preaching.

or.kr)를 참조하라.
221) Buttrick, *Homiletic,* 141-143.
222) 시편 18편에 사용된 그림 언어를 보려면 〈성경 해석과 설교 연구소〉 웹사이트 (preaching.or.kr)를 참조하라.
223) 렘브란트의 "돌아온 탕자"에 대한 설명은 어느 천주교회의 웹사이트에서 인용한 것인데, 우리의 용어에 맞게 몇 군데만 고쳐서 인용하였다. 신앙나누기, "〈성화(聖畵) 속의 숨겨진 이야기〉 1.렘브란트의 '돌아온 탕자'," 「천주교 샌디에고 한인성당」, 2015년 1월 20일 접속, 온라인: http://www.kcc osd.org/node/748.
224) "미켈란젤로의 피에타 조각상에서 얻는 그림 언어의 영감"을 보려면 〈성경 해석과 설교 연구소〉 웹사이트(preaching.or.kr)를 참조하라.
225) William Christie, "Handel: Messiah," 「고! 클래식」, 2015년 1월 20일 접속, 온라인: http://www.goclassic.co.kr/club/board/members_files/Handel%20-%20Messiah.pdf.
226) Jbcmission, "찬송가 413장 내 평생에 가는 길 배경," 「설교의 모든 것」 (2013년 4월 15일), 2015년 1월 20일 접속, 온라인: http://blog.naver.com/PostView.nhn?blogId=jbcmission&logNo=50169499664. 온라인의 글을 이 맥락에 맞게 조금 수정하여 실었다.
227) 만약 엑세스 데이터베이스에 대해 문외한이면 필자가 이미 만들어 놓은 것을 제공하려고 한다. 필자가 운영하는 〈성경 해석과 설교 연구소〉 웹사이트(preaching.or.kr)에서 다운로드 받을 수 있도록 올려놓았다. 유용한 그림 언어나 예화들을 이 웹사이트에서 함께 공유하면 서로에게 도움이 될 것이다.
228) William Safire, ed., *Lend Me Your Ears: Great Speeches in History* (New York: W. W. Norton & Company, 2004), 473.
229) Safire, ed., *Lend Me Your Ears,* 474.
230) 위어스비, 『상상이 담긴 설교』, 93-94. 역자의 번역 중에 부정확한 것을 원서를 참조하여 수정하였다. 원서: Warren W. Wiersbe, *Preaching and Teaching with Imagination: The Quest for Biblical Ministry* (Wheaton: Victor Books, 1994), 67.
231) Wikipedia, "Charles Spurgeon," *Wikipedia,* 2015년 1월 21일 접속, 온라인: http://en.wiki pedia.org/wiki/Charles_Spurgeon.
232) C. T. Cook, ed., *C. H. Spurgeon's Evangelistic Sermons* (Library of Spurgeon's Sermons; Grand Rapids: Zondervan, 1959), 7-8.
233) Wikipedia, "Peter Marshall (preacher)," *Wikipedia,* 2015년 1월 21일 접속, 온라인: http://en.wikipedia.org/wiki/Peter_Marshall_(preacher).
234) Catherine Marshall, *The Best of Peter Marshall* (Carmel, NY: Guideposts, 1983), 41-51.
235) Wikipedia, "Billy Graham," *Wikipedia,* 2014년 10월 5일 접속. 온라인: http://en.wikipedia. org/wiki/Billy_Graham.

236) Wikipedia, "Billy Graham", 페이지 없음.
237) William Safire, ed., "Billy Graham Preaches about Salvation through Jesus", in *Lend Me Your Ears: Great Speeches in History* (New York: W. W. Norton & Company, 2004), 519.
238) Safire, ed., "Billy Graham Preaches about Salvation through Jesus," 523-525.
239) Chapell, *Christ-Centered Preaching*, 118.
240) 오늘날 다수의 한국학자들이 영어의 parallelism이란 의미를 살려 "평행법"이라는 말을 사용하지만, 국립국어원 『표준국어대사전』에 등록된 어휘는 "대구법"이다. 『표준국어대사전』은 "대구법"(對句法)을 "비슷한 어조나 어세를 가진 어구를 짝 지어 표현의 효과를 나타내는 수사법"이라고 정의를 내린다. 온라인: http://stdweb2.korean.go.kr/search/List_dic.jsp.
241) Kugel, *The Idea of Biblical Poetry;* Robert Alter, *The Art of Biblical Poetry* (New York: Basic Books, 1985).
242) 김정우 교수가 대구법을 설교에 적용하고 있으나 아직 성경 해석의 단계에 머물고 있어 아쉽다. 그는 단지 "하나님 말씀의 올바른 이해"를 위한 도구로만 사용하고 있는 실정이다. 설교학적인 관점에서는 이에서 한걸음 더 나아가 설교자들이 어떻게 대구법의 원리를 활용하여 청중들을 감동시킬 것인가에 대한 더 구체적인 방법론이 필요하다고 본다. 김정우, "시편의 평행법 이해와 설교적 적용", 「헤르메니아」 제52호 (2011가을): 55-70 (esp. 69).
243) Chapell, *Christ-Centered Preaching*, 118.
244) 대구법을 기술하는 용어인 시행(line)과 콜론(colon)을 구분할 필요가 있다. 시편 2편 1절의 예를 들면, "이방 나라들이 분노하며 / 민족들이 헛된 일을 꾸미는가" //를 "시행"(line)이라고 칭하고, "이방 나라들이 분노하며"와 "민족들이 헛된 일을 꾸미는가"를 각각 "콜론"(colon)이라고 칭한다. 시편 2편 1절은 두 개의 콜론으로 구성된 시행이다. Longman, *How to Read the Psalms*, 96. 현창학은 콜론을 "반절"이라고 칭하면서, 앞의 반절을 '전반절'이라고 칭하고 뒤의 반절을 '후반절'이라고 칭한다. 이영미는 콜론을 "소절"이라고 칭한다. 구미학자들과 마찬가지로 한국학자들도 각각 다른 용어를 사용하고 있는 실정이어서 필자는 롱맨의 용어를 그대로 사용하고 있다. 현창학, "히브리 시의 수사기법," 「신학정론」 제31권 1호 (2013. 06), 9-34; 이영미, "히브리 시의 평행법에 관한 소고," 「신학연구」 제46집 (2004), 93-121.
245) E. J. Young, *The Book of Isaiah (Vol 1): Chapters 1-18* (Grand Rapids: Eerdmans, 1965), 80-82.
246) Oswalt, *The Book of Isaiah: Chapters 1-39*, 105-106.
247) Martin Luther King, Jr., "The Drum Major Instinct" in *A Gift of Love: Sermons from Strength to Love and Other Preachings* (Kindle version; Boston: Beacon Press, 1981), 162-178.

248) King, "The Drum Major Instinct," 175-178.
249) Kennedy, *Classical Rhetoric & Its Christian and Secular Tradition from Ancient to Modern Times*, 10-11; 키케로, 『수사학: 말하기의 규칙과 체계』 (코기토 총서 007; 안재원 편역; 서울: 도서출판 길, 2007), 119.
250) Longman, *How to Read the Psalms*, 95.
251) Longman, *How to Read the Psalms*, 96.
252) 현창학, "히브리 시의 수사 기법," 9-34; 이영미, "히브리 시의 평행법에 관한 소고," 93-121.
253) Longman, *How to Read the Psalms*, 96.
254) Longman, *How to Read the Psalms*, 96.
255) Tremper Longman III, "Stanza, Strophe," in *Dictionary of Old Testament: Wisdom, Poetry & Writings* (ed. T. Longman III & P. Enns; Downers Grove: IVP, 2008), 772-775. 연을 구분하는 기준은 이합체, 후렴, 셀라, 내용 등이 있지만, 가장 중요한 구분의 기준은 내용이다. 그러나 연을 구분 짓는 엄격한 잣대는 존재하지 않고, 이는 "감의 문제"("a matter of feel")라고 왓슨은 보고 있다. Watson, *Classical Hebrew Poetry*, 163.
256) Longman, *How to Read the Psalms*, 96-98; Adele Berlin, *The Dynamics of Biblical Parallelism* (Bloomington and Indianapolis: Indiana University Press, 1992).
257) Longman, *How to Read the Psalms*, 96-97.
258) Berlin, "Parallelism", *ABD* 5: 155; Robert Lowth, *Lectures on the Sacred Poetry of the Hebrews* (Repr., London, 1835[1753]); Robert Lowth, *Isaiah: A New Translation with a Preliminary Dissertation and Notes* (Repr.; London, 1848 [1778]). 1753년에 라틴어로 출판된 *De sacra poesi Hebraeorum*은 1787년 G. Gregory에 의해서 *Lectures on the Sacred Poetry of the Hebrews*(『히브리인들의 성시(聖詩)에 관한 강연』)로 번역이 되었다. 온라인: http://fair-use.org/robert-lowth/lectures-on-the-sacred-poetry-of-the-hebrews/.
259) Longman, *How to Read the Psalms*, 99-100.
260) Berlin, "Parallelism", *ABD* 5: 155에서 재인용. 이는 벌린 이 Lowth, *Isaiah: A New Translation with a Preliminary Dissertation and Notes*에서 인용한 것이다.
261) Longman, *How to Read the Psalms*, 97.
262) Longman, *How to Read the Psalms*, 97.
263) Berlin, "Parallelism", *ABD* 5: 155.
264) Kugel, *The Idea of Biblical Poetry*, 8.
265) Kugel, *The Idea of Biblical Poetry*, 51.
266) Kugel, *The Idea of Biblical Poetry*, 51.
267) Berlin, *The Dynamics of Biblical Parallelism*, 10-11에서 재인용.

268) Alter, *The Art of Biblical Poetry*, 4-7; Berlin, *The Dynamics of Biblical Parallelism*, 3-7. 벌린은 높은 빈도의 대구법과 생략법이 히브리 시의 특징이라고 보고 있다.
269) Alter, *The Art of Biblical Poetry*, 10-12, 19.
270) Alter, *The Art of Biblical Poetry*, 13-26.
271) Berlin, *The Dynamics of Biblical Parallelism*, 7-17.
272) Berlin, *The Dynamics of Biblical Parallelism*, 19-30; Berlin, "Parallelism", *ABD* 5: 156. 올터도 흐루쇼브스키(Hrushovski)를 통해 대구법을 연구하는 데 있어서 통사론적, 형태론적, 음성학적, 의미론적 접근의 필요성을 인지했지만 이를 구체적으로 발전시키지는 못했다. Alter, *The Art of Biblical Poetry*, 8.
273) Berlin, *The Dynamics of Biblical Parallelism*, 25.
274) Kugel, *The Idea of Biblical Poetry*, 70-76.
275) Alter, *The Art of Biblical Poetry*, 4-7; Berlin, *The Dynamics of Biblical Parallelism*, 3-7.
276) Longman, *How to Read the Psalms*, 93.
277) Berlin, *The Dynamics of Biblical Parallelism*, 6.
278) Longman, *How to Read the Psalms*, 94, 111-122.
279) Kugel, *The Idea of Biblical Poetry*, 8.
280) 개역개정판 성경을 인용하였지만, 이 부분은 원문의 뜻을 살려 다시 번역하였다.
281) Alter, *The Art of Biblical Poetry*, 10쪽에서 재인용.
282) Alter, *The Art of Biblical Poetry*, 11.
283) Alter, *The Art of Biblical Poetry*, 7-11.
284) Jakes, "So You Call Yourself a Man?," 90.
285) Jakes, "So You Call Yourself a Man?," 90-91.
286) Berlin, *The Dynamics of Biblical Parallelism*, 29.
287) Berlin, *The Dynamics of Biblical Parallelism*, 29.
288) Berlin, *The Dynamics of Biblical Parallelism*, 28-29.
289) Longman, *How to Read the Psalms*, 99-106.
290) Longman, *How to Read the Psalms*, 99.
291) 많은 한국학자들이 로우쓰의 "antithetic parallelism"을 '반어적 대구법'이라고 번역하는데, 이는 오해의 소지가 있다. 때로는 '반어적'이라기보다 단순한 '대조'를 이루는 경우에도 동일한 말을 사용하기 때문에 '반어적'이라는 말보다는 '대조적'이라는 번역이 이 대구법의 성격을 잘 나타내리라고 본다. 사실 영어 'antithetic'은 '반어적' 혹은 '대조적'이라는 의미를 모두 포괄하는 개념이다.
292) Longman, *How to Read the Psalms*, 99.
293) Longman, *How to Read the Psalms*, 99-100.

294) Longman, *How to Read the Psalms*, 100-101.
295) Longman, *How to Read the Psalms*, 101.
296) 이는 대구법의 구조에 맞추기 위해서 영역본 NIV를 그대로 번역한 것이다.
297) Longman, *How to Read the Psalms*, 103.
298) Berlin, "Parallelism," *ABD* 5: 156-157.
299) Longman, *How to Read the Psalms*, 101.
300) Longman, *How to Read the Psalms*, 101.
301) Longman, *How to Read the Psalms*, 101-102.
302) Longman, *How to Read the Psalms*, 101-102; Berlin, "Parallelism," *ABD* 5: 156.
303) Berlin, *The Dynamics of Biblical Parallelism*, 3.
304) Watson, *Classical Hebrew Poetry*, 282-283.
305) Berlin, "Parallelism," *ABD* 5: 157.
306) 창세기 49장 26절은 벌린과 왓슨이 모두 예로 들고 있는 야누스 대구법인데, 원문의 의미를 살린 벌린의 번역을 따랐다. Berlin, "Parallelism," *ABD* 5: 157; Watson, *Classical Hebrew Poetry*, 159.
307) Berlin, *The Dynamics of Biblical Parallelism*, 65-66.
308) Berlin, "Parallelism," *ABD* 5: 157.
309) Berlin, "Parallelism," *ABD* 5: 157; Berlin, *The Dynamics of Biblical Parallelism*, 66-72; J. P. Fokkelman, *Reading Biblical Poetry: An Introductory Guide* (trans. Ineke Smit; Louisville: Westminster John Know Press, 2001), 64-73.
310) Berlin, *The Dynamics of Biblical Parallelism*, 31.
311) Berlin, *The Dynamics of Biblical Parallelism*, 32.
312) Berlin, *The Dynamics of Biblical Parallelism*, 32-35.
313) Berlin, *The Dynamics of Biblical Parallelism*, 33.
314) Berlin, *The Dynamics of Biblical Parallelism*, 35-53.
315) 성경 예문들은 벌린의 책에서 인용한 것이다. Berlin, *The Dynamics of Biblical Parallelism*, 35-46.
316) Berlin, *The Dynamics of Biblical Parallelism*, 53.
317) Berlin, *The Dynamics of Biblical Parallelism*, 53. 예를 들어 히브리 시에 자주 등장하는 생략법을 깊은 구조에 따라 재구성하면 정확한 구문상 일치를 발견할 수 있다. 시편 88편 6절을 NIV는 "You have put me in the lowest pit, in the darkest depths."라고 번역하고 있는데, 이의 깊은 구조를 살리면, "You have put me in the lowest pit, / (you have put me) in the darkest depths." //의 구조다.
318) Berlin, *The Dynamics of Biblical Parallelism*, 53-63. 서법(敍法)이란 "인도 · 유럽 어족에서는 '직설법', '명령법', '가정법', 국어에서는 '평서법', '의문법', '감탄법', '명령법', '청유법'을" 가리킨다. 영어의 mood를 서법이란 말로 번역한다. 표준국어대사전, "서법02(敍

法)",「표준국어대사전」, 온라인: http://stdweb2.korean.go.kr/search/List_dic.jsp.
319) 이 구절의 콜론 B는 명사상당어의 실체를 보이기 위해서 문자적으로 번역하였다.
320) Jakes, "So You Call Yourself a Man?," 121.
321) 이동원, 『이렇게 삶을 보라』 (서울: 나침반사, 1987), 138.
322) 박목월, "가정,"「우리말 사랑 누리집」, 2014년 12월 13일 접속, 온라인: http://woorimal.net/ hangul/hyundai-poem/kajung%28park%29.htm.
323) 표준국어대사전, "각운-01(脚韻),"「표준국어대사전」, 온라인: http://stdweb2.korean.go.kr/search /List_dic.jsp; 표준국어대사전, "두운-02(頭韻),"「표준국어대사전」, 온라인: http://stdweb2.korean.go.kr/search/List_dic.jsp; 표준국어대사전, "압운(押韻),"「표준국어대사전」, 온라인: http://stdweb2.korean.go.kr/search/List_dic.jsp.
324) 왓슨은 소리의 짝을 주로 "반복"(repetition)이라는 관점에서 다루고 있는데, 벌린은 음성학적 대구법의 관점에서 다룬다. 필자의 의견에는 소리의 반복도 넓은 의미의 대구법에 속하기 때문에 벌린의 접근방법을 선택하였다. Watson, *Classical Hebrew Poetry*, 273-274.
325) Berlin, *The Dynamics of Biblical Parallelism*, 103-104.
326) Berlin, *The Dynamics of Biblical Parallelism*, 104-105.
327) Berlin, *The Dynamics of Biblical Parallelism*, 105.
328) Berlin, *The Dynamics of Biblical Parallelism*, 107-109.
329) Berlin, *The Dynamics of Biblical Parallelism*, 111.
330) Berlin, *The Dynamics of Biblical Parallelism*, 112.
331) Berlin, *The Dynamics of Biblical Parallelism*, 112-121.
332) Berlin, *The Dynamics of Biblical Parallelism*, 113-118.
333) 이동원, 『당신은 예수님의 VIP』 (서울: 두란노, 2010), 29.
334) Alter, *The Art of Biblical Poetry*, 19-26, 62-84.
335) Alter, *The Art of Biblical Poetry*, 19.
336) Alter, *The Art of Biblical Poetry*, 19.
337) 이는 요일 2:17을 인용한 것인데, 개역개정판은 "이 세상도, 그 정욕도 지나가되 오직 하나님의 뜻을 행하는 자는 영원히 거하느니라"라고 번역한다.
338) 이동원, 『이렇게 삶을 보라』, 52.
339) 이동원, 『예루살렘에서 땅 끝까지: 사도행전 연구』 (이동원 목사 설교시리즈 21; 서울: 나침반사, 1990), 16-17.
340) Alter, *The Art of Biblical Poetry*, 19.
341) Alter, *The Art of Biblical Poetry*, 20.
342) Alter, *The Art of Biblical Poetry*, 20.
343) 이동원, 『이렇게 삶을 보라』, 72.
344) 이동원, 『이렇게 삶을 보라』, 29.

345) Alter, *The Art of Biblical Poetry*, 20-21.
346) Philip J. Budd, *Numbers* (WBC 5; Nashville: Thomas Nelson Publishers, 1984), 260.
347) Alter, *The Art of Biblical Poetry*, 20.
348) Jakes, "So You Call Yourself a Man?," 43.
349) Alter, *The Art of Biblical Poetry*, 20-21.
350) Alter, *The Art of Biblical Poetry*, 20-21.
351) Edward J. Young, *The Book of Isaiah, Chapters 40-66* (vol. 3; Grand Rapids: Eerdmans, 1972; reprint, 1993), 291.
352) Alter, *The Art of Biblical Poetry*, 21.
353) Alter, *The Art of Biblical Poetry*, 21.
354) Alter, *The Art of Biblical Poetry*, 21.
355) Jakes, "So You Call Yourself a Man?," 18.
356) Alter, *The Art of Biblical Poetry*, 23.
357) Alter, *The Art of Biblical Poetry*, 64.
358) Alter, *The Art of Biblical Poetry*, 64.
359) Alter, *The Art of Biblical Poetry*, 64쪽에서 재인용.
360) Alter, *The Art of Biblical Poetry*, 64-65.
361) Jakes, "So You Call Yourself a Man?," 32.
362) 이동원, 『이렇게 삶을 보라』, 56-57.
363) 이동원, 『이렇게 삶을 보라』, 59-60.
364) 마틴 루터 킹, "마틴 루터 킹 목사의 워싱턴 대행진 연설: 나에게는 꿈이 있습니다!" 「세계를 바꾼 연설과 선언」, 2015년 1월 2일 접속, 온라인: http://terms.naver.com/entry.nhn?docId= 1720343&cid=47336&categoryId=47336. 네이버의 번역을 대체로 그대로 인용했지만 "저에게는 꿈이 있습니다"를 "나는 꿈이 있습니다"(I have a dream)라고 고쳐서 인용했다.
365) Martin Luther King, Jr., "I have a dream" (페이지 없음), 온라인: http://www.let.rug.nl/usa/documents/1951-/martin-luther-kings-i-have-a-dream-speech-august-28-1963.php. 이는 필자가 번역한 것이다.
366) Jakes, "So You Call Yourself a Man?," 94-95.
367) 이동원, 『이렇게 찾으라』 (서울: 나침반, 1983), 17-18.
368) 이동원, 『이렇게 삶을 보라』, 32-33.
369) Jinkyu Kim, "Psalm 110 in its Literary and Generic Contexts: An Eschatological Interpretation" (Ph.D. diss.; Westminster Theological Seminary, 2003); Jinkyu Kim, "The Strategic Arrangement of Royal Psalms in Books IV-V," *Westminster Theological Journal* 70 (2008.5.), 143-157.

## 사명선언문

너희가 흠이 없고 순전하여……세상에서 그들 가운데 빛들로
나타내며 생명의 말씀을 밝혀 _ 빌 2:15-16

**1. 생명을 담겠습니다**
만드는 책에 주님 주신 생명을 담겠습니다.
그 책으로 복음을 선포하겠습니다.

**2. 말씀을 밝히겠습니다**
생명의 근본은 말씀입니다.
말씀을 밝혀 성도와 교회의 성장을 돕겠습니다.

**3. 빛이 되겠습니다**
시대와 영혼의 어두움을 밝혀 주님 앞으로 이끄는
빛이 되는 책을 만들겠습니다.

**4. 순전히 행하겠습니다**
책을 만들고 전하는 일과 경영하는 일에 부끄러움이 없는
정직함으로 행하겠습니다.

**5. 끝까지 전파하겠습니다**
모든 사람에게, 땅 끝까지, 주님 오시는 그날까지
복음을 전하는 사명을 다하겠습니다.

## 서점 안내

**광화문점**  서울시 종로구 새문안로 69 구세군회관 1층
02)737-2288(T)  02)737-4623(F)

**강남점**  서울시 서초구 신반포로 177 반포쇼핑타운 3동 2층
02)595-1211(T)  02)595-3549(F)

**구로점**  서울시 구로구 시흥대로 577 3층
02)858-8744(T)  02)838-0653(F)

**노원점**  서울시 노원구 동일로 1366 삼봉빌딩 지하 1층
02)938-7979(T)  02)3391-6169(F)

**분당점**  경기도 성남시 분당구 황새울로 315 대현빌딩 3층
031)707-5566(T)  031)707-4999(F)

**신촌점**  서울시 마포구 서강로 144 동인빌딩 8층
02)702-1411(T)  02)702-1131(F)

**일산점**  경기도 고양시 일산서구 중앙로 1391 레이크타운 지하 1층
031)916-8787(T)  031)916-8788(F)

**의정부점**  경기도 의정부시 청사로47번길 12 성산타워 3층
031)845-0600(T)  031) 852-6930(F)

**인터넷서점**  www.lifebook.co.kr